首阳教育书系

语文：培东有约

【修订本】

肖培东 著

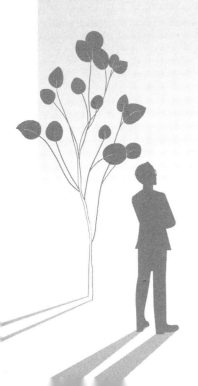

陕西师范大学出版总社 西安

图书代号　JY24N1961

图书在版编目（CIP）数据

语文：培东有约／肖培东著. -- 2 版，修订本.
西安 ：陕西师范大学出版总社有限公司，2024. 9.
ISBN 978-7-5695-4704-7

Ⅰ. G633.302

中国国家版本馆 CIP 数据核字第 20245KW928 号

语文：培东有约【修订本】
YUWEN PEIDONG YOU YUE (XIUDING BEN)

肖培东　著

出 版 人	刘东风
责任编辑	张莉莉
责任校对	胡　静　赵晓文
封面设计	安　梁
出版发行	陕西师范大学出版总社
	（西安市长安南路 199 号　邮编 710062）
网　　址	http：//www.snupg.com
印　　刷	中煤地西安地图制印有限公司
开　　本	710 mm×1000 mm　1/16
印　　张	26
插　　页	2
字　　数	275 千
版　　次	2024 年 9 月第 2 版
印　　次	2024 年 9 月第 1 次印刷
书　　号	ISBN 978-7-5695-4704-7
定　　价	88.00 元

读者购书、书店添货或发现印装质量问题，请与本社营销部联系、调换。
电话：(029)85307864　(029)85251429

序一

我认识的培东

一

认识培东是十多年前,我在"中华语文网"开博客,培东给我留过言。我以为他是我众多的青年教师读者中的一个,并没有太深的印象。

后来,生病手术,培东给我打过电话,非常温暖,我却又以为这问候电话多半是来自远方并不相识的语文教师朋友。记住培东,只因为他的名字和我们语文组一位同事的名字只一字之差。

培东似乎并不以我的怠慢和愚钝为意。彼时,他已是名满中学语文教坛的"男神"级人物。培东很像清华才子歌手李健,深情恬淡,儒雅丰神。我蛰居东北小城太久,不知道外面的世界,不知道培东已把"教师最美的姿态"深深刻在语文人的精神世界里。

到了微信时代,朋友圈热闹非凡。不知道哪一天谁人发了一张培东的照片,就是后来那张"经典"的培东式"标准照":四十五度角上仰,清雅脱俗,深思却飞扬的脸。"好气度!"我在心中赞叹,并且心下大惊:这就是那个被我误认为青涩的青年教师"肖培东"?!

宜兴,初次见面,我和培东等四位老师讲公开课。我坐在台下规规矩矩地听培东的《春酒》。淡淡的,气定神闲,波澜不惊,果然是课中上品。如果是瓷器,一定是宋瓷,雨过天青的那一种,绝没有唐三彩的热闹。如果是国画,一定是宋元的水墨山水,可以工笔可以写意,但绝不是红与绿的交响。

如果是家具，一定是至简的明代家具，绝不是清代的繁复的雕刻……总之，是一节地道的语文课。有素面朝天的底气，不炫技，不邀宠，令人想起东坡的"人间有味是清欢"。

二

诗意语文年会办了两届，每次请工作室老师"点课"，培东总是名列榜首。他静静地来，浅浅地教，在食堂吃工作餐，默默地陪工作室的老师联欢到深夜，不声不响地去机场。而且，每一次，无论多忙都要给我发一条告别的短信。

在深圳的一次全国会议上，培东上示范课《一棵小桃树》。这是一节初中课，培东是跨年级段"课王"，他的观摩课可以从小学、初中、高中一路上过来。

课件简素到极致，白底儿的 PPT 只是端端正正显示四个问题。我对工作室同去的张茵老师说："这四个问题设计得如何？"张茵告诉我："这是一篇自读课文，问题全部出自教材的旁批，是现成的设计。"

我望着报告厅黑压压的人群，近千名教师听课，过道加满了凳子，心里替培东捏了一把汗。贾平凹的这篇散文，我以为托物言志得"浅"而"显"，可以说一读便知。那样的励志文章，有心灵鸡汤之嫌。培东的课，没有夺目的画面，没有迁移的材料，没有……什么都没有，甚至无我忘我，却又似乎什么都有。那种计白当黑、大有大无、大音希声的格调成了语文课的一道光。培东是真正的高手，那一节课他三次"谢幕"，听课老师们用真诚而热烈的掌声向他、向他的语文课致敬。

培东是语文教师中的伊尹。用清洁素淡的语言与文字征服了听课老师的味蕾，淡味乃至味。

培东的主张是"浅浅地教语文"。然而，浅浅里有浓浓的悲悯。即使是借班上课，在短短的四十五分钟的课堂里，他的眼中心中也永远有那"角落里"的学生。没有一个学生回答不上来培东的"问题"。因为师生的对话不唯关乎文本,还关乎心灵和感悟。培东是"上医",上医医心。在与学生的对望凝视中,他精准地完成望、闻、问、切,语到病除。于是,那个孩子、那些孩子,都会走出角落,站在阳光下,一起完成自我的救赎、汉语的救赎,以及文化与心灵的救赎。

网上有大量培东上课时被抓拍的照片,更多的时候,他是俯身倾听的姿态。他的目光里有温暖的爱。

培东的随笔里,有他的农民出身的父亲和母亲,还有偶遇的人:出租车司机、邻居、学生,等等。他用脉脉的温情真诚以待。

记得培东记录自己有一次外出讲课乘高铁返程,前座的两名女大学生正在备考教师资格证。两个年轻人为自读课如何教很茫然,莫衷一是。培东真诚相告。当她们惊喜地问道"您也是参加考试的老师?"时,培东说了一声"嗯",之后"迅速低下头"。

好一个"嗯",好一个"迅速低下头"。那是一份浓得化不开的语文人的爱与悲悯。

常怀爱与悲悯,让培东对文本理解总是充满正能量。他的课有一种崇高,一种担当,一种肝胆,却又云淡风轻。

正是这种爱与悲悯,赋予他的语文课以大大的境界。

小学、初中、高中语文课,他教起来都是得心应手的。其实,培东的文章也是圆融的状态。他可以在散文随笔和学术论文中怡然笔走龙蛇,兔起鹘落。

曾经在会场中,坐在培东身边,看他把刚刚上完的课增删润色成实录。看见他专注地把两千字的教学反思打出来。再看看时间,还不到一节课,培东是真正的快手。

在数年里,他给三四家中学语文品牌期刊写专栏。漂亮的文字,有筋有骨有血有肉有力道;他有着扎实的理论功底,对课堂对教学的思考深刻有力,对人生和生活的感悟也深情绵长。培东的浅浅地教,是深入浅出之"浅"。

培东只是师专毕业,后来他读了研究生。读书是他专业发展的助推器,而书籍更是他怡然的后花园,培东有扎实的"书底"。

浅浅地教的背后是满满的教学智慧与教学机智。培东的作文课《好久不见》整堂都是即兴,整堂皆是生成。潺潺湲湲而又惊涛拍岸,"风也听见,沙也听见"。课堂的题目是和学生现场"聊"出来的,是这个班级的孩子们刚刚写过的作文《好久不见》。曾经写的内容由一组同学板书在黑板上,然后师生"聊"修改。突破一下内容的边界局限,再一次请同学板书。发散思考后的内容不仅天宽地阔,而且连缀起来就是一首诗。妙哉!其清浅。

培东说,上课前五分钟他还没想好具体讲什么。讲台之下是几百名听课的老师。培东不急不躁地和孩子们"有话好好说""有事慢慢聊"。不曾设计的设计,那种大的收放与开阖,美醉了多少语文人,让人忘情在培东浅浅的语文里。其实,那个瞬间培东已不再是培东,他已化身为语文。

贵州贵定中学是依山而建的一所学校,有高高的台阶。"拾阶"而上时,我看见同来讲课的培东,他正在拣一片落叶,我们互相问候。我十分诧异那片被培东拿到手里的黄绿相间的叶子。培东说:"刚刚我看到几位熟悉的老师,他们听过我的课,我想换一节新课。老师们那么远赶过来,却听我一节旧课,太过意不去了,所以我考虑换一节新课。"看一下时间,只剩二十分钟,到会场,上课的时间就差不多了。我心里替他紧张得怦怦乱跳,可是他的神情还是那样温润如玉,淡定如常。

诗意语文工作室第二届年会在云南曲靖召开。培东执教《外国诗二首》,他把《未选择的路》和《假如生活欺骗了你》穿插着讲。"留连戏蝶时时舞,自在娇莺恰恰啼",不知道为什么我竟然想起这两句诗。培东的课"大巧若拙",巧中之巧是在课堂进行到三分之二处时,教室外雷雨大作,电闪雷鸣,培东"仰手接飞猱,俯身散马蹄",瞬间"雷雨"就成了他的课程资源。天衣无缝,浑然天成,雷公电母云情雨意都成了他的助教,友情出演。培东的课已至化境。

妙中之妙是在培东另外一节公开课上,其中坐在角落里的一个女孩儿自卑成一道影子。培东的目光不时地照向那里。面对培东温文而雅的提问,女孩儿极不自信地站起来,用极轻极小的声音说道:"我没想好。"全体听课老师感觉到的是坚硬、冰冷、拒绝和决绝的自我封闭。全场寂静沉默……培东依然微笑着,气定神闲地请那个女孩子把"我没想好"这几个字再轻轻地读一遍,然后,追问:"如果从这四个字里选一个字表达你对文本的理解,你会选哪一个?"女孩子顿悟,笑了,为老师的善意、定力与智慧所深深折服。那一问鲜花绽放,满树芬芳。

对于培东而言,他永远见山开路,遇水搭桥。他喜欢课堂上的挑战,于绝处逢生。

我不知道有什么可以阻挡培东的教学,我不知道还有什么可以成为培东语文课堂的障碍。培东携爱与智慧为语文而生。

培东说,他只想浅浅地教语文。"浅浅"背后是他的谦卑与敬畏,是他的仰望与坚守,是浓浓的悲悯,是深深的思考,是厚厚的积淀,是大大的境界和满满的教学智慧。

三

我与培东曾共同做"四方杯"全国优秀语文教师选拔大赛评委。我们在各自的忙碌中停下脚步,整整两天相邻而坐,听课评课。

评课的打分票印在一起,要撕下小小的一张供每节课用,每节课前培东一定细心地帮我把属于我的那份细心折好、拆开。

课间,有一位长发长裙的中年女子到前排来看培东,培东的目光里有温厚,有疼痛。

老师们告诉我,那位女子是培东的姐姐。姐姐很早就去深圳辛苦打拼,三十年来与家人聚少离多。这次大赛正好设在深圳,倒也成就了培东姐弟俩难得的相聚。培东用目光追随着姐姐，那目光里有人性至洁的光辉，深深的手足情义。

参赛选手中，有一位老师的朗读特别好。史铁生的《秋天的怀念》我教过多遍，也听别人讲过多遍，热爱过，感动过。但是这一次，整节课让我泪水滂沱。父亲刚刚去世半年，所有好的阅读是必须有人生感悟和人生体验在其中的。

培东递给我一张面巾纸，我却看到了同样泪流满面的培东。他轻声说："听着听着，我想我阿爸了。"我读过培东写怀念父亲的文章，农民出身的他的父亲给了他本色示人、浅浅教语文的人生格局和底气。

就那样，我们两个人坐在第一排的评委席上任泪水奔涌。培东说："我们都好好地……"我知道，后面省略的是"教语文"。

培东嘱我给他的书写序。我问：有什么要求？多少字数？书名叫什么？

培东说："我的书，你应该知道大概的样子。你随便写，想怎样写就怎样写，想写多少就是多少……"我听后大笑。是呀，我写文章最怕条条框框。我知道，培东懂我。当然，我更知道，善解人意如他，他懂很多很多的学生和朋友。

于是，我在微信里给他留一句话：培东，你是个好老师。

果然，我看到这本书，较之上一版本更为精致，也更成系统。很好的书名，也是很好的期待。培东，语文有约。

说起来，也有几年不见了。

2024 年 8 月 28 日

序二
语文生长的美好姿态

很久很久以前,我就惊叹于肖老师的课。

肖老师的课,温暖而激情,浅浅而深深,永远在美丽的文字里,永远在学生的眼眸里,贴着文字,贴着学生。于是我们看到了语文飞翔的美好姿态,于是我们自己也有了飞一般的感觉。

很多老师喜欢听肖老师的课,包括一些非语文学科的老师。记得肖老师第一次来我学校上课,一堂《皇帝的新装》,让和我一个办公室的数学老师吴老师感慨:我们农村的学生原来也是能说会道的,语文课,原来可以这样美!一堂课,让我们重新认识了自己朝夕相处的学生,重新发现了语文的魅力。确实,听肖老师的课,总是让我们有新的发现——对于语文,对于学生,对于这个世界,当然还有对于语文教学。

于是,以肖老师的课堂教学为例的语文教学论文如雨后春笋般生长于各种语文期刊。这些论文往往采用正副标题,正标题一般是语文教学的某个原理、规律或理念,副标题则大多是"以肖培东老师的某某教学为例"。研读名师的课,并以论文的形式来呈现研究成果的老师很多,但这么多老师热衷研究肖老师的课,以至于掀起一股"培东热"的,实在是不多。这样的论文见诸各类语文期刊,很多老师看了论文之后忍不住要到网上去搜索这些课的完整实录。

我也忍不住重新品咂了肖老师的课,感佩于其课的朴素自然与行云流水。如何让语文回归语文？如何透过语言品味去感受文字背后的灵魂？如何才能经营好自己的语文生涯，诗意地栖居在语文的大地上？每每读完肖老师的课例，我都会这样思考。我知道，我更需要寻找和探究的是肖老师课堂以外的东西。

于是，这样一本有些偏重理论的书就站在了我的眼前。于是，语文，培东有约。

这是一本在理论和实践之间行走的书，正是因为这种语文行走的方式，让这本书显得厚重，有了一种生长的力量。

这是一本生长于实践和理论之间的书。

其实，我也不知道肖老师是从理论走向实践，还是从实践走向理论的，但我能肯定的是，这是一本从实践中长出来的书，是一朵从自己的课堂实践中长出来的花。第一篇《立足文体 浅浅教学》一文中有言："对于文体和文体意识，相关的文章论述颇多，不再赘言。这里就浅谈语文教学中文体意识的具体渗透及文体意识下的具体教学实践。"肖老师是主张从"教学实践"的角度谈"文体"，谈"具体教学实践"的。这本书分为三辑。第一辑是"语文浅教"。肖老师追求"浅浅教学"，他用自己的教学实践来诠释对这一教学主张的理解，从题目来看，就是在"浅浅教学"的实践视域下审视并关注"文体"和"解读"，立足"文本""学生""语言""读书""目标""资源""设计""提问""活动""对话""自读"，无论是"关注"还是"立足"，都是为了更好地走向"浅浅教学"。

阅读这些文章，会有一种深切的感受，那就是——肖老师对自己的教学案例都是信手拈来，并且和自己所阐述的理论贴合得亲密无间，那些难以理解的教学理论由此一下子变得通俗起来。因此对一线教师的实践指导也就更强，"亲民"是这本书的最大特征之一。

最近肖老师给我微信留言："少讲自己不知道的，多提炼自己实践的。"

肖老师勉励我从实践入手,提炼自己的教学理论,因为他就是这么做的。我想这样的理论才是自己的,这样的语文教学才是打上了个人风格烙印的独特的语文教学。

肖老师经常告诫我:我们必须研读语文教学理论,但再多的理论不落实在课堂上,都是空谈,教师首先必须上出好课。他对语文教学如痴如醉,别人邀请他去讲学,原来安排一节课一个讲座,他往往要把这个讲座也变成一节课,甚至两节课,这样的安排一线老师是喜欢的,肖老师也喜欢。当然,肖老师也十分注重教学理论研读,他走到哪里都随身带着书,几乎每天都要写教学反思,他把学习所得融化在自己的课堂中。所以,肖老师的讲座基本不用课件,很多时候就是从心底流出来的,自然不做作,不故弄玄虚。我想,您能在这本书中读到这种感觉。

当然,这样有些"个人风格"的表述方式,可能会让人觉得有些感性。但其实,这种有些感性的理论阐释摒弃了一味理性论述的枯燥乏味,让一线教师倍感亲切。课堂实践为理论知识提供了活的情境,教师在这种活的情境中希望看到课堂活动背后的东西。肖老师的课无疑是精彩的,这是有目共睹的,但是为何如此精彩,这本书的呈现就是最好的回答,是精彩的实践孕育出的精彩的理论。

因此,肖老师无意间给我们提供了一种一线教师研究语文的范式,那就是行走在理论和实践之间。如果"道"是学术性、"器"是操作性的话,那么教师的研究,应行走在"道"与"器"的中间地带。在这里,理论指导实践,实践发展理论,是教育科研的广阔天地。

这是一本生长于守正与创新之间的书。在这本书里,较少看得到大概念教学、项目化学习、跨学科学习,反复念叨的是"学生""活动""资源""设计""备课""上课",触摸到的是"文本""文体""语言""对话",不断思考的是"教学",是"语文",看到的是"语文教学"。但细思之下,无论是大概念教学,还是项目化学习,其核心不都是"语文教学"吗?是"语文教学",那离得开"学生",离得开"语言"吗?学习方式的变革永远无法离开"语文教学",自然也无法离开"语文教学"的核心目标——语言运用。所以,这是一本关于语文教学的"守正"之书。

但"守正"并不等于故步自封,也不等于偏执一端,亦不等于反对创新。面对一些新的教学名词,肖老师总是喜欢用辩证的眼光来理性看待。第二辑中的《语文教学:行走在情理之间》《语文教学:自由与不自由之间》《阅读情境教学的重构与价值回归》都是这样的思考。面对"双减"政策,肖老师更是写出了《守与变:"双减"政策下语文教学的反观与回归》。"守正与创新"永远是肖老师对语文教学的思考主题,也是我们每一位语文工作者永远的追求。

这还是一本不断生长的书。一方面,这是从知其然到知其所以然的生长。我们不仅可以读到课堂的精彩,更可以收获精彩背后的教学理据。且不说第一辑中"立足"的诸多篇目已经为很多教师耳熟能详,单是第二辑的《备课,我们该想些什么》一篇也早已成为教师备课的必读宝典。因为知其然,更知其所以然,只有理解了,才能迁移运用,所以从教学实践的角度看,本书为我们一线教师提供了备课、上课等一些可迁移生长的方法策略。另一方面,从语文科研的角度,提供了案例型论文写作的一些方法。细读第三辑,我们又会清晰地看到肖老师语文教学路上深深浅浅的行走痕迹。从疫情期间的网课到平日里的语文教学实践,从向名师大家学习到自我教学反思,字字句句无不展示着肖老师对语文教学的热爱与追求。浅教、深思、笃行,是肖老师语文生命的构成元素,也是我们每个语文人与语文真诚相约的方式。因为经常研习肖老师的课,我还总结出了"片段赏析型""单课例评析型""多课例聚焦型""多课例聚焦比较型""基于磨课的课例论文"等案例型论文类型,建构了案例型论文写作的一般步骤,梳理出案例型论文写作的一些问题和对策。这本书中的文章大多数是案例型论文,我们可以研读学习,看看每种类型都是如何写的,这是另外一种收获。

这是一本生长于我和大家之间的书。经常有老师疑惑:肖老师的精彩能否复制?我笑笑,这个问题曾经也是我的问题。曾经我也用肖老师的课件去上过课,但效果不佳。于是,我说:"肖老师的课不可复制。"但这并不表明自己彻底放弃,而是决心走上一条研习肖老师课堂的路。我会在课堂实录上进行批注,发现精彩背后的原理,想着自己以后在备课和上课的时候也能结合自己的教学对象灵活运用这些原理。我可以自豪地说,我的课堂教学是在研习肖老师的课堂中慢慢成长起来的。我第一篇被人大复印报刊资料全文转载的文章是《走向思想和情感的深处——以肖培东老师的〈那树〉为例》,当时散文教学的浅表化现象突出,我从肖老师的课例中找到了解决的策略。后来的《论肖培东老师对统编教材资源的运用》《寻找撬动文本的支点——肖培东文学性文本解读艺术谈》《等待是一门教学的艺术——肖培东〈在沙漠中心〉教学片段赏析》《融:语文课堂教学追求之境》《小说教学要抓好对话细读》《透视人物对话背后的深层意蕴:从语用的角度解读〈孔乙己〉》等文章陆续发表,其中《小说教学要抓好对话细读》亦被人大复印报刊资料全文转载。通过深度研习,我看到了肖老师教学艺术的冰山一角,自己的课堂教学能力也由此得到提升。

对肖老师课例的研习,我肯定不是第一个,也不是最后一个。越来越多的人加入这个研习的队伍中来,越来越多的文章在发表。

他,一向是做事认真的人。他的课堂,他的文章,他的思考,甚至他的指导,都是如此。正如骆文俊师兄所言:"在这个用'倍速'推进的时代,是他浅浅的语文世界,常常让我在文字和生活中,慢下来,爱起来。"清新而隽永,简单而认真,在这个略显浮躁、功利且充满着种种不确定和不稳定的时代里,能这样与他的语文有约,聆听,思索,生长,且持续这么多年,真是幸福。

让我们一起认真阅读这本书，一起认真地生长，这是语文生长的美好姿态。

肖老师是我的师父，让我为这本书写序，我是怀着忐忑的心情，说了一些沉淀了很久的心里话。

我终于相信理论和实践是共生的，师父的课和师父的文章是共生的，师父的课和文章与老师们的研习文章是共生的，共生该是语文教学的美好姿态。

现在，我已惊叹于多年之前师父所描述的教育美好的生长姿态。

2024 年 9 月 6 日

这个浮躁的年代，语文的躯体也成了一条河流，起伏不定。我们都在解构与重建中流淌，在怀疑与坚定间突围，在无限的流动中接受着新的召唤。但正是语文，为我们守住了许多值得用生命去替换去敬重的东西，我们爱过的和还在爱着的世界。那些浅浅深深的语文痕迹，星子和玫瑰一般闪耀，让我对未来和远方永不淡漠。

——肖培东

目录

第一辑　语文浅教

立足文体　浅浅教学

　　浅浅地教语文,并不意味着随意,更不意味着肤浅。浅浅地教学,是基于语文教师深刻领悟语文课程性质、正确把握语文教学规律、敏锐捕捉教材教学价值、对学生发展方向起积极引导作用而展开的深入浅出的教学。浅浅教学的背后,是对文体意识的关注,对文本内容、文本特征和文本教学目标较为深刻的解读与领悟,是对编者意图和单元目标纯熟的理解,是根植于文本语言之中的学习和运用,是对学情比较准确的预判,是课堂教学中学生主体地位的落实等。这其中,对文体意识的关注极为重要。语文教学要重视文体,要能辨文识体,且能紧扣文体,依体而教。对于文体和文体意识,相关的文章论述颇多,不再赘言。这里就浅谈语文教学中文体意识的具体渗透及文体意识下的具体教学实践。

一、文体与教学内容

　　文体有各自不同的含义和特点,文体的差异决定了在具体教学过程中应结合文本确定教学价值、教学方法和教学目标。《义务教育语文课程标准（2022 年版）》指出："阅读叙事性作品，了解事件梗概，能简单描述印象最深的场景、人物、细节，说出自己的喜爱、憎恶、崇敬、向往、同情等感受；阅读诗歌，大体把握诗意，想象诗歌描述的情境，体会作品的情感。受到优秀作品的感染和激励，向往和追求美好的理想。阅读说明性文章，能抓住要点，了解文章的基本说明方法。"这其实就是在引导我们思考不同文体的教学内容。王荣生教授提出"依据一定体式进行阅读"，也是在提醒我们阅读教学要依体而教，抓住重点，深入文本，准确理解。《皇帝的新装》是一篇童话，童话的特点是通过丰富的想象甚至夸张来塑造人物形象，反映现实生活，潜移默化地对儿童进行思想启蒙教育。依据文体特征，我们可以如此确立教学内容，解读品味文中的想象和夸张来思考、探究这篇童话的主旨，即要求学生读出文章的想象和夸张，读出闹剧背后成人世界的复杂心态，改换文章的结尾以探究童话的意义。《孔乙己》是一篇经典小说，我们可以在把握人物形象、了解故事情节、欣赏环境描写等方面下功夫，聚焦小说的构思艺术、叙事角度、线索安排、情节设置、语言艺术、人物形象、场景布局等，进行真正富有小说教学味道的教学。《一棵小桃树》是一篇散文，散文阅读重在悟情。寻常的情景，不寻常的情感，教学中教师要引导学生细读那棵小桃树，品味作者独特的情感认知、个人化的言说对象和个性化的言语表达，思考小桃树中复杂多姿的人生感悟，感受作者在迷茫和探索中成长的真实历程，从而真正将作品情、作者情和读者情"三情"结合，获得美的感受。循着文体特征去教，真正把童话教成童话，把小说教成小说，把散文教成散文。

二、文体与教学导入

课堂导入是一门艺术,很多教师会花大力气去设计一个贴切、精练、新颖、富有启发性和艺术感的导入。其实,从文体特征入手,直接渗入文体意识,课堂切入会更加简约明快又重点突出。比如,教学《皇帝的新装》一课,一开场我就问学生文章的体裁,学生众口回答说是"童话"。这时,我顺势一问:"同学们,以你的读书经验,你怎么就判断《皇帝的新装》是一篇童话?"学生开始七嘴八舌地回答他们对童话的理解,有说故事是假的不真实的,有说是写给小孩子看的,有说故事里有深刻道理的,等等。这些回答,都是学生对童话最直接而朴素的感性理解,是他们从自己的阅读体验中提取的。教师对此再做整合与提升,让学生理解童话的文体特征。从《皇帝的新装》的童话身份入手,让学生自觉比较并归纳童话的主要特点,这样,不仅童话的文体知识点能得以有效落实,学生学习的自主性也能得到充分尊重,课堂氛围顿时活跃,教学就有了很好的情境,可谓一石三鸟。再比如,教学《美丽的颜色》,用猜问题的方式导入,也是基于文体意识的渗透。"自读这篇课文后,猜猜老师会问什么问题?"学生的回答各式各样,多是从文本内容、文本主旨、标题内涵等方面思考。其实这也是引领学生回顾整篇文章,了解他们的自读情况。接着,教师从文章体裁入手,要求学生思考传记阅读的相关内容。叶圣陶在《语文教学二十韵》中讲过:"作者思有路,遵路识斯真。"导入有文体意识,学生阅读的目光自然会聚焦在文本表达的最大特色上,这能极好地促进学生对传记文体知识的建构,可谓事半功倍。

三、文体与问题设计

语文阅读教学的问题设计，是最见教师功力的。由于缺乏文体意识，很多课堂中教师的提问雷同而机械，多是就内容和理解设问，人文泛化、讨论泛滥而教不得体。其实，教学目标的确立、教学方法的选择、教学问题的设计，都会受到文体的制约。文无体不立，同样，问无体不立。我们可以尝试依体而问，根据课文的文体、类别设计教学问题。比如，统编教材老课文《植树的牧羊人》是一篇小说，面对七年级学生，教学时不必把小说全部的文体知识融入教学，但要关注文体意识。在学生读懂牧羊人植树创造的高原奇迹和奇迹背后的伟大精神后，我曾设计这样一个问题："这篇文章也是一个奇迹，故事是虚构的，作者是怎样把这个不真实的故事写得如此感动如此逼真的呢？"这个问题其实就是激发学生思考小说的虚构艺术，理解第一人称的叙述视角及其作用。这样，文体意识成为一种语文素养在课堂上、在学生中渗透和生成。再比如，《美丽的颜色》是一篇名人传记，真实性和生动性是这种文体的特征，学生很容易理解相关镜头式的描写所体现出来的生动性，但对于真实性，教师在设计问题时要有所思考。怎样做到无痕衔接？我紧扣"美丽的颜色"，问学生这篇文章在写法上的"美丽的颜色"是什么，巧妙地把学生的思维引到这篇传记的结构形式和语言表达上。学生注意到文章在叙事中多次引用了居里夫人的话，很快理解了这一文体特点。又比如，教学《春酒》，开场要求学生读出标题的情感，是基于散文的"这一篇"情感设问的；教《我的早年生活》，问"丘吉尔的早年生活一定还有除此以外的其他事情，作者为什么不写"，是基于自传选材的典型性提问的。通过有文体意识的问题启发学生思考阅读(无须做文学理论的阐述),是为了让学生了解该文体最本质的内涵,深入文本最核心的内容,循着文章思路更好地理解文章的真意,进而实现从感性到理性的飞跃。

四、文体与语言品析

众所周知,语文教学要以语言为核心,但很多课堂中教师选择的语言品析点很随意,直接原因是缺乏文体意识,没有依体而教,没有明白文体对语言表达具有规定性这一浅显的道理。不同的文体特点具有明显不同的语言风格,不同文体的语言品味有着不同的视角,教师应引导学生有针对性地把握品味的要点,进而品出文本至味。"记叙文的语言品味,立足精彩的遣词造句、精巧的句式表达、精美的情感抒发;说明文的语言品味,立足严密的文章构思、严谨的内部结构、严格的修辞运用;诗歌的语言品味,立足凝练的语言、精练的形式、洗练的意境;童话的语言品味,立足天真的儿童幻想、纯真的儿童形象、至真的儿童情感;寓言的语言品味,立足形象的语言描绘、具象的画面故事、抽象的寓意揭示。"这样,教学《皇帝的新装》,就抓文章中想象和夸张的语言去品味人物心理特征,如"站在街上和窗子里的人都说:'乖乖! 皇上的新装真是漂亮! 他上衣下面的后裙是多么美丽! 这件衣服真合他的身材!'"为什么用感叹号,为什么要说"真是""多么",竭力赞美的背后究竟隐藏着什么,这些都要从语言中感悟。比如《美丽的颜色》,居里夫人在发现镭的那个晚上的语言很值得品味。两个"看哪"、四个"转向",让居里夫人"自行"展现她的思想情感、性格特点,传记的生动性由此得以深刻地展现。《春酒》中一句"我是母亲的代表,总是一马当先,不请自到,肚子吃得鼓鼓的跟蜜蜂似的",细细品读,我们可以读出母爱、乡情和孩子的天真烂漫,散文情感就真实地流露出来了。有文体意识的教学,更能引导学生关注语言和言语形式,而不仅仅是关注教材内容。

文体是阅读教学的重要抓手。教师在组织教学时,应当以文体为课堂教学的基点,设计符合该类文体类型的教学活动,应该遵照其文体的不同特点,找到文本的核心价值,采取不同的教学策略。有文体意识的浅浅教学,才能教得准确,教得轻松,教得大气。

立足解读　浅浅教学

浅浅地教语文,并不是教给学生一望而知的东西,而要教给学生一望不可知、需要经过教师深入浅出地教才能领会的东西。这是语文教学的意义,也是一名语文教师的职责所在。从某种意义上讲,你能读到哪个程度,你就有可能教到哪个程度。所以,教师的文本解读虽是课前的功夫,却对整个语文课堂教学至关重要。文本解读是语文教学技能的支柱。于漪老师说过,钻研教材是教师十分重要的基本功。语文教师钻研教材的能力是自身阅读能力能否切实深入的具体反映;吃透教材,洞悉教材的底里,教课就有把握,学生问问题,心中就不慌。这里的"钻研教材"除了把握编者意图之外,最重要的就是文本解读,这既是考验语文教师"自身阅读能力"的试金石,又是让自己在课堂上运筹帷幄、游刃有余,面对课堂的学情变化及时做出智慧反应的前提,更是实现深入浅出教学的保障,是"浅浅教学"的基石。

关注解读,浅浅教学。教师带着自己对文本的解读和思考,在学生和文本之间搭起一座桥梁,引发师生、生生之间的对话,实现教学的意义。

"浅浅教学"的文本解读主要基于以下四个原则。

一、教师自我

说到文本解读，教师一定要独立思考，不能不动脑筋、人云亦云。而要做到不"人云亦云"就必须"素读"，就是教师先不看"教参"，不照搬"教参"的解读，也不去翻看其他资料，而是带着自己的生活背景，以一个鲜活的生命个体的姿态走向本文，读透文本，读出自己，让教师的自我视域与文本的视域自然融合。钱梦龙老师说："每教一篇课文之前，我总要反反复复地读，或朗读，或默诵，或圈点，或批注，直到真正'品'出了味儿，才决定教什么和怎么教。"[1]这里的"'品'出了味儿"的境界，应该是"我中有你，你中有我"的文本解读境界。因此，拿到一篇新课文，教师首先"反反复复地读"，并用笔圈出文本的关键处、语言的品读点、文本的思想情感的深化处，以及学生学习的疑难点。只有"心中有文本"，课堂上才不慌，才能灵活应变。

比如，对《那树》的解读，我反复读后被文章的"美"和"悲"深深打动，作者就是要"把美毁灭给人看"，让读者受到心灵的震撼，继而走向对人和自然、人和文化关系的深度反思。在此基础上，我就将"悲剧"作为这堂课的主题词进行教学设计，让学生感受树的美，让学生感受美的树的毁灭，让学生感受美被毁灭之后的痛心，以及痛定思痛后对作品主题的思考。一切都是那么的自然，而这种自然是基于前面对文本"反反复复地读"，只有教师自己读得深，才能顺着文本的肌理设计教学，才能教得深入浅出。"有的文章自己读不出感觉，教学时肯定也找不到兴奋点。"钱梦龙老师如是说。

二、学生实际

文本解读要讲究深度。学生自己能读得出来的,教师就不要再枯燥乏味地给学生讲了。浅浅地教学,不是教浅,而是浅教。如《春酒》,学生一下子能读到的是对家乡的思念;如《斑羚飞渡》,学生一下子能读到的是环保问题;如《美丽的颜色》,学生一下子能读到的是居里夫妇的坚持不懈、无私奉献等精神品质。那么,教师对文本的解读就不能只停留在这些层面,因为这样的解读不需要教师再教了,再教就是教浅了。但另一方面,文本解读也不是越深越好,我们要考虑学生的实际,不能脱离学生本位而过分地追求拓展延伸、超越教材。文本的深度解读要通过教师的教来让学生感受到、领悟到,而不应是深到即使教师教了学生也不能理解。所以,理想的文本解读,应该是教师着眼于学生的“最近发展区”。

比如《那树》,可以讲人与自然的和谐问题,但这个层面的内容学生一般也能读到。所以,作为教学就不能仅仅停留在这个一望而知的层面。如果教师研读到位,就会知道王鼎钧散文很重要的一个特点是寓言化写作,基于文本的这一特点,我们完全可以把学生的思考引向一个更广阔的思维空间。教学中,我启迪学生读出更深的寓意,又以“你觉得比树的悲剧更可悲的是什么”一问,引发学生深度思考。学生经过讨论后,说:“悲剧发生了,人们还是像往常一样平静地生活,麻木,这就是更大的悲剧!”学生自然、精彩的回答,源于教师对《那树》这一文本的适度解读。这一解读,是学生“跳一跳就能摘到”的,是基于文本个性,基于学生学情的。

再如《一双手》,既是苏教版九年级上册的课文,又曾是北师大版小学四年级下册的课文,内容较浅显。面对九年级的学生,我们还需要适当地凿深文本。"那只大手把我的手紧紧地裹住了",这"裹"不仅是指手大,更在说人的热情。"他的手仍呈木色",这"仍",让我们看到人物的内心。还有"看着这双手,我仿佛看到了一山山翠绿的森林……",这省略号里有什么,教师也应该去深思细嚼。这样一想,文章的内涵就越来越丰富了。教师钻研教材,最重要的是教学内容的确定。基于学生实际的文本解读,要求教师把较好、较深的解读转化为中学生能够接受的教学处理、教学设计,这样,才能让学生看到更多更美的语文风景。

三、时代生活

苏霍姆林斯基指出:"请记住:没有也不可能有抽象的学生。"[2]真正的教育必然是触及学生心灵的,而学生总是某个时代生活中的具体学生,学生都是带着自己的生活经验走进课堂、参与课堂对话的。所以,教师对文本的解读也必须基于时代生活,指向和唤起学生鲜活的生活经验。如此,尽管文本可能是深厚的,但因为与学生的时代生活有了关联,学生自然也就容易理解了。教学对话在时代生活这个平面上得以顺利展开,也就是"浅教"了。特别是对于一些年代久远、与学生生活有些隔阂,让学生感觉高不可攀的文章,教师解读时尤其要注意尽量从学生生活的角度去理解、去解读。钱理群教授在给中学生讲鲁迅作品时,在"怎么教"上指出最重要的一点是"要寻找鲁迅与学生之间的生命契合点、连接点,构建精神通道"[3],而这个"生命契合点、连接点"必然是与学生的时代生活密不可分的。

一次，我和多位教师同课异构教学《孔乙己》，所教班级的学生得知那天是我的生日，就在课前安排了一个祝贺环节，这也很自然地成了我教学的切入点。我在感谢同学们记住我生日的同时，自然把这一生活事件引向了"你们记得孔乙己的生日吗"这一文本问题，教学紧扣一个"记"字流畅而生动地展开。"你们都记住了孔乙己的什么？""小说中的其他人物最能记住孔乙己的什么？""他们这样是真的记住孔乙己了吗？"这样，课是从生活中来的，又是走向生活的。这看似"浅浅的教"，却教得深刻。《皇帝的新装》这篇经典童话，一般的解读是讽刺统治者的腐朽、虚伪、愚蠢，政治色彩太过浓厚，远离了学生生活。为了能唤起学生的生活经验，引导他们对这个社会进行深度思考，我改写了童话的结尾，把"小孩"换成了"大人"，让学生比较哪个结尾好。有些学生觉得安徒生的结尾好，因为在他的生活经验内，小孩是纯洁的，从不说谎的；但也有学生觉得改写后的结尾好，认为"现在很多小学生、中学生比大人的虚荣心要厉害多了"。我又追问"是谁让我们学会了说假话"，让他们思考自己的生活，思考自己所在的这个社会，说出自己的心声。文本解读和教学设计是基于"时代生活"的，用学生的话来说就是"现在"，教师、学生、文本在"现在"这个点上相遇相知，教师也因此而找到了这篇经典童话与学生之间的生命契合点、连接点，构建了精神通道，收到了"浅教"而"教深"的效果。

四、言语个性

一般读者只需要读到文章"写了什么"这个层面，不太会去思考文章是"怎么写的"和"为什么这样写"，而语文教师就不行。因为语文课程要培养的是学生运用语言文字的能力，语文教学的内容应该重点关注文章的"言语形式"，所以，语文教师对文本的解读不能仅仅停留在"意"上，而要立足在"言"上，即文章是"怎么写的"和"为什么这样写"。正因如此，一篇课文无论你读得多么深刻，如果仅仅是依靠外来的参考资料读出来的，那么对于语文教学来说，也不能说是达到了目的。"文本细读"对语文教学的意义也就在此。语文教师带领学生在文本中走多个来回，就是和学生一起在寻找破译文本的密码。而要找到破译"这一篇"文本的密码，关键是要找到属于"这一篇"文本的言语个性，即所谓一把钥匙开一把锁。教师只有把握了文本的言语个性，才能教得深，才能恰如其分地"浅浅的教"。

教学《皇帝的新装》，抓住童话夸张和想象的言语个性，让学生通过朗读和想象体会这种夸张的趣味和强烈的讽刺味道。学生读得兴味盎然，读得体验深刻。教学《那树》，抓住这篇文章情感内敛冷静叙述和诗意化的叙述这一言语个性构建教学。为了让学生感受冷静的叙述风格，我聚焦文章标题——"那树"，使其体会第三人称的冷静叙述风格，继而抓住"于是"，在反复朗读中体会作者"节制而含蓄"的表情达意，使学生感受到了文字背后深沉的痛惜与愤激。为了让学生感受诗意化的叙述，我又聚焦文章对树之美充满诗情画意的描述，还有对树受戮时悲壮的描述，这些感受都是通过层层推进的朗读得以落实的。教学《孔乙己》，我抓住这篇小说最具特色的对话描写，通过对对话的反复品读加深学生对孔乙己、掌柜、"我"、短衣帮及这个社会的认识，使其感受孔乙己命运的悲剧性。于漪老师曾说，凡是名文佳作，各有自己的个性，钻研文章如不能识得个性,很难说是真正读懂。把握文本的言语个性,既是对文本解读的要求,也是实现"浅浅的教"的保证,这实在是每一位语文教师所应追求的目标。

教学设计的独具匠心,教学实施的灵活机动,都有赖于教师文本解读的准确深入。我们语文教师应不断提升自己的文本解读能力,基于自我体验,基于学生实际,基于时代生活,基于言语个性。只有胸中有文本,解读有个性,学生有体验,言语有建构,"浅浅的教"才能真正做到"浅教"又"教深"。

[1]钱梦龙.教师的价值[M].上海:华东师范大学出版社,2014:42.

[2]苏霍姆林斯基.给教师的建议[M].杜殿坤,编译.北京:教育科学出版社,1984:1.

[3]钱理群.经典阅读与语文教学[M].桂林:漓江出版社,2012:103.

立足文本　浅浅教学

　　文本是学生学习语言的范例，也是课堂教学最主要的凭借。语文"浅"教，是在提醒语文教师要立足文本，以教材为载体，充分发挥教材的文本价值。在语文课堂上，教师应立足于文本，紧紧扣住文本语言引导学生讨论、鉴赏、体悟并学习、运用国家通用语言文字，提升学生的语文素养。

一、立足文本多读

　　语文教师的基本任务是指导学生正确理解和运用国家通用语言文字，语文课必须让学生多读书、多感受、多体味。叶圣陶先生说过，语文教学"唯有不忽略讨究，也不忽略吟诵，那才全而不偏。吟诵的时候，对于讨究所得的不仅理智地了解，而且亲切地体会，不知不觉之间，内容与理法化而为读者自己的东西了"[1]。文本教学必须得益于阅读，收效于阅读，不能在空谈中荒废语文教学的本质。从教育实践看，对入选课文进行充分而有感情的朗读，有利于激发学生情感，增加欣赏的趣味。同时借助于语气和表情表达文章的神采,更有利于提高学生的鉴赏能力。如果忽视朗读,再精妙的讲解分析也是支离破碎的。《乡愁》中余光中凭海临风怅望大陆的孤寂身影,《秋天的怀念》中史铁生对母亲的愧疚和感恩,《春》里清新美丽的江南春景等,这烙印在人们心里的对家乡对亲人对自然的深沉爱恋,这些蕴含着作者深沉炽热情感的文字,唯有在倾情的反复朗读中,在动情的想象中,在尽情的品评中,在激情的背诵中,方能融入我们的血脉。"培养学生的读书能力不能仅仅靠教师的讲,不能仅仅靠脱离文本的对话讨论,主要的还得靠学生自己的'读'。"杨绛在写老王之孤时用了这样一个看似平和冲淡却至苦至悲的句子:"有个哥哥,死了,两个侄儿,'没出息',此外就没什么亲人。""有个哥哥",正当我们因老王还能有亲情的依靠而高兴时,猛然间"死了"两字却带给我们一种无言的伤痛;紧接着"有两个侄儿"峰回路转,希望尚存,但"没出息"又让人再次走向绝望的深渊。在朗读过程中,引导学生读出节奏,读出情感变化,在"有个哥哥"和"有两个侄儿"后适当停顿,如此,他们对情感的跌宕起伏才有更真切的感受。没有读文本的言语实践,学生也就没有了言语体验,更谈不上情动于中形显于外,自然无法感受文章的语言风格和体会作者的深沉情感。

二、立足文本细品

学生语文能力的形成,主要靠语言实践。语文教学必须以语言为核心,要注重学生对语言文字的积累、感悟和运用。钱梦龙先生说道:"无论是'人文'还是'素质',都不是独立于语言文字之外的抽象的存在……学生在充分领悟、欣赏文章的语言文字之美和思想感情之美的同时,必然受到课文所蕴含的人文精神的熏陶感染,素质教育自然也在其中了。"[2] 这也就是要求我们在课堂上要精研文本,加强语言学习,回归语文教学的本真。要想建构真实有效的语文课堂,我们就必须坚持把文本作为语言训练的主要凭借,让学生亲近文本,倾听文本语言发出的细微声音,理解文字蕴藏的深意,体会字里行间流淌的思想情感。比如,教学贾平凹的《一棵小桃树》,文本批注已经告诉我们"课文中一些描写反复出现,比如多次描写小桃树'没出息'。散文中这类地方,往往寄托着深意,要仔细体会"。多读多品,学生才能真正对小桃树有直观而立体的感受。作者描写小桃树"没出息"的语段很值得深品细嚼。比如"弯了头""紧抱",拟人化的描写生动形象地写出了小桃树的可怜姿态,长在角落里的孤独、害怕、惶恐都在其中;"瘦瘦的""黄黄的"分别从形体和色彩写出了小桃树的"面黄肌瘦""营养不良""先天不足";还有那个"拱"字,让我们感受到小桃树生长环境的恶劣、小桃树生命力量的虚弱和缺乏,也暗示了小桃树的坚强和不屈,为后文的"有出息"埋下伏笔。再细细读,我们还能从副词中读出深意,"它竟从土里长出来了""第二天才舒开身来",这一"竟"一"才",让人感慨万分,读来自然充满怜爱、心疼和担忧,也隐含一份惊叹与敬重。再比如,教学《紫藤萝瀑布》,我们习惯于用"生命的长河是无止境的"这样抽象的语言讲生命哲理,如果能引领学生进入紫藤萝花叫嚷的那句"我在开花"并细细品味、揣摩,教学效果就会更明显。"我在开花!"哪一个字最值得重读? 重读"我",是对自我生命的肯定和珍惜;重读"在",是对宝贵时光的珍视;重读"开",是对自我实践的催促;重读"花",是对美好理想的守望。宗璞通过紫藤萝花告诉我们什么? 无论是在凄风冷雨中还是在灿烂阳光下,请秉承这样的生命信念:"我在开花!""阅读训练是以文本为凭借的语言训练,如果没有这样的语言训练,那就抽空了阅读教学的内容。"凌空蹈虚式的人文讨论、探究,脱离了文本,脱离了文本语言,也就谈不上贴着文本教学。

三、立足文本深悟

真正的阅读,是与文本作者心灵的对话。阅读是读者对文本的叩问、质疑、充实、延伸。语文教学要重视学生对文本的"悟",要把学生从消极被动的接受对象转化为积极能动的感悟主体,使其在求知的快感中萌生出学习兴趣和创造欲望。比如,杨绛的《老王》,是一曲淳朴人性的颂歌,还是一段精神灵魂的拷问? 是一腔情感收支不对等下的自责,还是一声正义良知反思中的呐喊? 这篇文章语言冲淡却字字含情,朴素平和却别致耐读。要让学生真切体验老王悲至极致的不幸,深刻感悟作者感人肺腑的"愧怍",依靠的不该是教师强势的灌输和过度的材料印证,而是学生主动积极的文本体悟。再比如,安徒生的《皇帝的新装》,传统教学多停留在揭露统治阶级的虚伪和贪婪这样贴标签式的主题讲解上。而只有进入文本深处,反复品读相关细节,引导学生进入深层的文本分析,不让理解只是停留在表面,不用"圆形人物"与"扁形人物"的认知判断来分析童话中的人物形象,学生才能很自然地从人性的角度来观照《皇帝的新装》。又比如,鲁迅的《从百草园到三味书屋》,百草园的自由、快乐、自然是显而易见的,百草园的自由快乐可以衬托出书屋的枯燥无味,可以对比出对束缚儿童身心发展的封建教育的不满,但是细细阅读,我们更可以看出百草园与三味书屋的和谐关系,它们一样是鲁迅童年生活的一段美好回忆,一样表现了儿童热爱自然、追求新鲜知识、天真幼稚欢乐的心理,而这,也正是文章意境美和韵味美之所在。所以,没有用心、仔细地阅读,是不能真正读懂文本的。缺乏了对文本的真心亲近和深入探究,语文教学就是在传达理解"定论"而不是传授阅读方法。文本的意义因读者的感悟体验而彰显其价值,阅读的感悟体验必须根植于文本才能超越文本。立足文本深悟,让学生走进文本深处思考探究,才能有效地帮助学生从真正意义上悟旨达意,也才能让学生独特的阅读感受、体验和理解与文本真正对接。

四、立足文本巧拓

语文教学要尊重文本、立足文本,也要努力追求对文本的超越和升华。文本的阅读不应该是一般地吸收和扩充知识,更重要的是人生体验,是阅读过程中的感悟和生命的体验。走进文本,再走出文本,获得阅读上的超越,这才是阅读的高境界。这样,教师就应该立足文本,巧妙拓展,沟通生活,构建激发学生求知欲、质疑欲的情感场,从更广的层面上来培养学生的语文素养。我们可以关联生活,让学生读有所思,学有所获,真正意义上实现文本对学生的人生观、价值观和世界观的指导作用。教学《老王》,可以联系社会现实,让学生思考怎么对待生活中的弱势群体,怎样学会珍惜他人的善良与真诚帮助。教学《美丽的颜色》,可以对当下浮躁功利的世态做讨论,瞻仰居里夫人献身科学、淡泊名利的精神境界,做一个灵魂高贵、有所追求的当代学子。这是把文本与自我与生活做了联系。我们也可以从文本的情节角度进行延伸与拓展,比如想象皇帝穿新装游行结束后发生了什么,比如思考绽放出花朵的小桃树会怎样感激风雨。如此通过对文本情节的延伸和开拓,既能加深学生对课文内容的理解,又能训练其创新思维。我们也可以搜集相同议题的更多文章,结合教材及课外读物,进行群文阅读,弥补文本阅读教学模式的不足,增加学生的阅读量,扩大学生的阅读面,从而有效地提高其阅读能力。教活文本,开拓文本资源,角度和方法还有很多。需要注意的是,文本是语文教学的立足点,是根本,追求对文本的超越和升华,或者说创造性地使用文本,开拓文本,都必须基于文本,必须守住文本价值的底线。否则,任何创造都是在误用文本教学,而于语文教学无益。

阅读教学既是训练学生语用能力的过程,也是传递文化、陶冶人性、建构人格、唤醒灵魂,促进生命个体成长的过程。要让这个过程呈现出实实在在的精彩,既需要教师才华的个性展示,更需要课程自身的理性引领。语文教师要有文本意识,研究教材,吃透教材,用心开掘文本资源,力避肤浅与浮躁,创造性地使用文本。一句话,立足文本,"浅浅"教学。

参考文献

[1]叶圣陶,朱自清.精读指导举隅　略读指导举隅[M].开封:河南教育出版社,1989:11.

[2]钱梦龙.关于语文教学若干问题的思考[J].上海教育,2000(10):43.

立足学生　浅浅教学

　　钱梦龙先生的"三主"导读教学模式，核心是"以学生为主体"，因为"它是教学的根本出发点，也是基本立足点"[1]。钱先生这种"'目中有人'的语文教学"[2]值得每一位语文教师学习，"浅浅地教语文"就应该是这种"'目中有人'的语文教学"，是贴着学生去教的语文，是学生积极主动地掌握语文学习方法、形成语文能力、积淀语文素养的美好过程。也只有这样的语文教学，才是一座通向不教之理想教学境界的桥梁。

　　如何才能立足学生，贴着学生去教？尊重是最好的教学方式。尊重学生，就是要尊重学生的"未成熟状态"。生长的首要条件是未成熟状态，"我们说未成熟状态就是有生长的可能性"[3]。但是，我们往往把学生的未成熟状态只是当作"缺乏"，把生长当作填补未成熟人和成熟人之间空缺的东西。这样，当语文教育成为一种"填补"，而不是作为一个生命成长的无限可能时，语文教育可能就蜕变成了机械化的"语文教学"和应试化的知识技能训练。尊重学生必须关乎"心灵"，如果做不到这一点，尊重也就成了一种形式，一句空话。

一、 基于学生已有经验

学习是建构内在心理表征的过程,学习者并不是把知识从外界搬到记忆中,而是以原有的经验为基础,通过与外界的相互作用来建构新的理解。学习活动不是由教师单纯向学生传递知识,也不是学生被动地接受信息的过程,而是学生凭借原有的知识和经验,通过与外界互动,主动生成信息的意义过程。学习的过程是自我生成的过程。基于学生经验的课堂教学,才是被需要的,是真实的、创生性的。这样思考,语文教学就必须链接学生已有的知识和经验"浅浅教学",把教学活动建立在学生的认知发展水平和已有的知识经验基础之上,促进学生新知识的学习建构。

从学生经验出发设计课堂,教师就要对学情有较为精准的预判。一篇文章,教师读得深厚自然必不可少,但还要从学生角度思考他们对文章的阅读状况,了解学生已知的,分析他们未知的,有针对性地设计教学目标、教学内容、教学方法等。对学生已有经验的了解与把握,教师既需要实际接触,也需要凭自己的教学经验去合理推测,敏锐感知。比如曾入选统编教材的《走一步,再走一步》,学生读懂这篇文章应该没任何障碍,对文章蕴含的"学会分解困难并战胜困难"这样的生活哲理也基本能把握,那么,教学这一课,我们就必须在其他方面下点功夫,比如心理描写,比如"走一步,再走一步"可提炼出更多的人生哲理。教学《美丽的颜色》,很多教师教的是"美丽的颜色"的双重含义及居里夫人的科学精神,其实,这是学生能够自己阅读出来的。那么,科学家人性之美、传记写法之美等就值得师生在课堂上好好研读。教学《皇帝的新装》,笔者没有直接出示童话的概念,因为学生都是在听童话过程中长大的,已经积累了一些对童话的经验认识,所以笔者就先唤起他们对童话的原初感受:"以你以往的阅读经验来看,你说说《皇帝的新装》为什么是一篇童话?"用这样的问题开启这一课的教学,让学生调动已有的童话经验参与到童话概念的建构中来。在讨论过程中,学生的回答丰富多彩:虚构的故事,有童真的故事,是过去的故事,有寓意的故事,想象奇特……童话的概念就在学生个体经验的唤醒中逐渐清晰起来,这样的结论是在学习过程中慢慢生成的。当然,立足学生,浅浅教学,备课时要备学生,教学时同样还要备学生,做好随机调整。笔者的教学导入多为直奔文本,往往是用这样的提问开启:"同学们,你们读了这篇课文,都读出了什么?"课前要求学生先说说阅读感受,是为了了解学生已有的知识和经验,然后据此做出课堂教学的调整。很多次上公开课,到了现场,才发现要教的课文已经教过。是按照原来的教学设计再上一遍,还是先了解学生学习的收获,然后在此基础上调整自己的教学?笔者选择是后者。在浙江嘉兴上《皇帝的新装》是如此,在江西南昌上《老王》也是如此。正因如此,教师读书、备课、考虑学生都要力求深刻、周全。

教育心理学家奥苏伯尔有过这样的经典论述:"假如让我把全部教育心理学仅仅归纳为一条原理的话,那么,我将一言以蔽之:影响学习的唯一最重要的因素就是学生已经知道了什么,要探明这一点,并应据此进行教学。"基于学生已有经验,引导学生运用已有知识探索新知,可以发挥学生的主体作用,使其从"被动接受"变为"主动汲取",这样,既调动了学生学习的积极性,又达到了良好的学习效果,学生的学习能力也能得到提高。

二、学会倾听和等待

语文教学,尤其是文学作品的教学,是学生对作品个性化体验的审美过程。这种审美体验的获得,只有通过学生的亲历才能办到。只有尊重学生个性化的情感体验,学生才能在积极主动的思维和情感活动中获得审美愉悦,习得审美方法。教师要学会倾听,去感受学生的感受,和学生分享自己的感受,而不能以自己的阅读代替学生的阅读,更不能以自己的阅读感受和体验代替教学过程,正所谓"教育的过程是教育者与受教育者相互倾听与应答的过程"。当这一过程被阻断或者处于混乱无序状态的时候,师生之间的交往和沟通就将陷入困境。"当学生的叙说或言说,被教师拒绝倾听,或有意无意地遗漏的时候,失聪就出现了。"[4] 尊重学生,教师就要做一个称职的倾听者。

倾听,是教育的原点,也是教育思想的原点。李政涛先生在反省自己的教育经历时说道:"在我的教育生涯中,是否也有一些学生因为我的不愿倾听或缺乏倾听,失去了前行和向上的动力,从而陷入被湮没的自生自灭的境地?"可以说,教师是否有倾听的敏感、意识,具有什么样的"倾听能力"和"倾听习惯",是教育能否成功的起始所在和关键所在。选择性的倾听、虚假的倾听,以及错听、漏听等,都将导致教育者对受教育者存在的遗忘。浅浅教学,是"眼里有学生"的教学,是怀着深深的谦虚和忍耐,满怀热爱、信心和期待去迎接稚嫩生命之音的教学。

倾听,首先是听完整,不要随意打断,更不可粗暴压制,要鼓励学生即便磕磕绊绊、吞吞吐吐也要说完整。其次是要在听中敏锐捕捉,巧妙引导,将倾听内容化成课堂教学的好资源。如教学《斑羚飞渡》,有学生发言,说这样牺牲一半保存一半的飞渡是很自私的,这种理解笔者觉得很是意外,但这是学生真实的情感体验,笔者没有急着否定,而是在追问中去感受学生产生这种体验的原因。学生说:"为什么都是老斑羚去给小斑羚做出牺牲,却没有一只年轻的斑羚为老斑羚去付出呢?"这样的阅读发现与思考很新颖,笔者追问:"你若是沈石溪,会怎么写?"学生讨论后,说可以写成"所有的斑羚纷纷争着去牺牲",更能彰显生命的平等性,小斑羚的献身精神也浮出水面,提升了小说的境界。倾听并巧转,一方面对学生的体验加以鼓励肯定,另一方面对学生的理解进行写作意义上的解释,这种解释基于学生的独特理解,同时在学理上进行解释提升。再如教学《孔乙己》,一学生读文章,那句"店内外充满了快活的空气",几次都被漏读了一个"外"字。笔者听出了"外"的缺失,很敏锐地察觉到这次漏读带来的教学契机,就问学生:"大家想想,'店内外'充满了快活的空气,这'外'字,会让我们读出什么来?"由此延展新的教学过程,使教学呈现出另一种样貌。这种来自学生朗读的失误,变成了可贵的教育资源,正是所谓从预设到生成的实际表现,而背后支撑的是教师长期教学因倾听所积累的理性直觉。"你对这个问题怎么看?""你为什么会这么认为?""老师想听听你的想法""你同意这位同学的观点吗?"课堂上,笔者常常这样说。笔者希望听到学生对文本内容、对语言形式最真实的声音,或深刻,或肤浅,或全面,或片面,声音都将是独一无二的,都将汇成课堂对话奔腾不息的河流,在激荡碰撞前行中迸溅出最美丽的思维火花。

倾听,是教师必备的一门功课,其实质也是等待,让学生有时间去叙说,去言说。我们应该看到,每一位学生都是一个鲜活的生命个体,不仅学习的起点不一样,而且在兴趣、关注点、思维方式、思维进度、思维深度等方面也有着较大差异,因而,每位学生的学习态度、学习方式、学习进度也都会千差万别。面向全体,尊重每一位学生,说说简单,做起来却并不容易。在现实教学中,为了保持教学顺畅,很多教师往往忽视学生的个体差异,课堂因而成为学优生展示的舞台,学困生则成了观众,特别是在公开课中,这种表现尤其突出。不给学生充分的读书时间,不给学生充足的思考、讨论时间,不顾及学生的学习状况,语文教学就是赶着、催着的。语文教学的特点是熏陶渐染、潜移默化,语文课堂教学是要放慢脚步,教师的耐心等待既是对教育对语文教学的尊重,也是对学生的真正尊重。笔者的教学口头禅是"慢一点""想一想再说",坐在角落里的、不敢举手的或者回答吞吞吐吐的学生是笔者在课堂上最为关注的。等就是尊重,就是舍得慢。这种慢不是少慢差废,而是针对学生思维深浅调整的一种教学状态。"读读文章,再发言",从教师角度看,教师给予学生学习、理解、研究的时间,促进学生发展;"先别急着举手,想明白了再说",从学生角度看,思维仍在进行,知识仍在积累和建构,绝不是减慢或停止。"教师在孩子的成材之路上,可能是促进者,也可能是扼杀者。教师是否具有人文情怀和人格魅力,决定了教师在教育中将扮演怎样的角色。""语文教育需要对每一个言语生命给予充分肯定和激励。"[5]等待,让课堂慢下来,再给以精巧的点拨和引导,学生的生命成长才真正有了土壤。在《我的早年生活》课堂上,等待,让遇到问题不思考就推说"我不会"的男孩,最后自信地喊出了"我是一只敢发光的萤火虫";在《在沙漠中心》课堂上,等待,让一再没答上来的女同学,最后在改写标题的时候,居然说出了"领略一次海风的滋味"这样诗意的标题。浅浅教学,既要关注文章的思想、文字的魅力,更要关注学生的眼睛、生命的诉求和灵魂的体验。

舍得慢,是风度,是涵养,是艺术。愿意等待,是真诚,是尊重,是科学。很多教师怕等待,担心这样的"等待"会使得课堂教学完成不了任务,恰恰相反,最后完成不了教学任务的正是焦虑急躁、战战兢兢又疲于奔命的教师。因为他们的任何一个教学环节都是步履匆匆,无甚效果。课堂教学的各个环节其实是相互平衡的,上一个环节舍得等待,学生的思维得以打开,下一个环节就能提速。而且,很多所谓完成不了教学进度的课,多半是安排了一些意义不大、作用不明的教学环节。教学内容的"纯粹",教学环节的"瘦身",教学手段的"灵活"等,都可能使语文课堂教学的节奏张弛有度。

如此,浅浅教学,我们看着孩子的眼睛教语文。

参
考
文
献

[1]钱梦龙.教师的价值[M].上海:华东师范大学出版社,2015:115.

[2]钱梦龙.期待"目中有人"的语文教学[J].语文学习,1995(7):10.

[3]杜威.民主主义与教育[M].王承绪,译.北京:人民教育出版社,2001:62.

[4]李政涛.倾听着的教育[M].上海:华东师范大学出版社,2018:3.

[5]潘新和.语文教师素养随想[M].福州:福建人民出版社,2014:3.

立足语言　浅浅教学

　　阅读教学是师生围绕文本展开多重对话的过程。"阅读具有双主体的主体间性",阅读是学生与文本之间的对话,"阅读教学则具有多主体间性"[1],阅读教学是师生、文本、作者及教材编者之间的对话。寻找相互的联系点、相似点是对话赖以发生的必要条件,而这个核心联系点就是——文本。因此,立足文本,立足语言,"浅浅"地教"浅浅"地学,是解决当前貌似丰富深刻实则"凌空蹈虚"的泛语文阅读教学问题的一剂良药。

　　立足语言,浅浅教学,语文阅读教学必须在师生有效的对话中进行。俯下身来,放低姿态,语文教师要站在学生的角度读课文,读字词,读篇章,读作者,读编者。唯有如此,才能在课程、教材、教师和学生等多个层面真正实现良性共振。

一、立足文本言语形式的读析

　　阅读教学常发轫于文本的言语形式,经由言语内容,最后抵达言语意图,这是阅读教学的基本路径。现在的语文教学之所以怪象迭出,是我们教师忽略了极为关键的第一步——言语形式,而又扭曲了后两步"言语内容""言语意图"的教学。没有"言语形式"的内容或意图教育都是空的、虚的、元气不足的语文教学。那关于文本"言语形式"的教学,我们要关注哪些方面的内容呢? 或者说要关注文本语言的哪些元素呢?

(一)细叩标点,体味与原文表达的不同

阅读教学就是要教会学生读书,让他们潜入文字中去,不放过一个标点。因为标点也是文本内容的有机构成。吕叔湘、朱德熙在《语法修辞讲话》中指出:"标点符号是文字里的有机组成部分,不是外面加上去的。每一个标点符号都有一个独特的作用。说它们是另一形式的虚字,也不为过分。"[2]从语言运用的角度来看,交际双方因为不同的言语意图,不同的言语环境,会运用与之对应的语调,会选择与之相应的标点符号(相当于表语气的虚词),来达成其言语交际的目的。相同的言语结构,因为语调的不同也会区分出不同的语用意义。语调同言语意图紧紧相连,说话人的某种特殊语用意义常常能通过其特殊的语调表现出来。如《孔乙己》一文中当掌柜得知孔乙己"打折了腿了"的一声"哦"字,就可以让学生尝试用句号、问号和感叹号三种不同的语气分别来品读。学生在陈述句、疑问句和感叹句这三种句型的体验中,自然可以辨析出原文感叹号的好处——掌柜的惊讶、好奇,甚至是猎奇的心理。同理,《雷雨》一文中周朴园的"哦"字的语气、语调更是丰富多彩,学生可以通过一个"哦"字不同语调的朗读体验,辨析出周朴园复杂又微妙的心理发展过程。我们不难发现,特别是鲁迅这一类早期的现代作家,以及像曹禺这一类剧作家,常以其独有的语调实现其独特言语意图的表达,这时候标点就会成为他们表达的应手工具。扩而言之,凡对话体文章的教学,师生常可从标点入手(甚至是通过它们串起整篇文章的教学),品读对话,品读对话双方的语气语调,从而更好地走进人物的内心世界,最终理解和把握人物的言语意图。

还有一些隐性的标点也值得我们去关注和研读。这些标点虽然看不到,但一定要想方设法让学生感受和体验到,比如舒婷《致橡树》一诗中的"绝不像攀缘的凌霄花"和"绝不学痴情的鸟儿",其中的"绝不像""绝不学"后应做较明显的朗读停顿,只有这样学生才能体味到作者坚定的态度。同理,"我们分担寒潮、风雪、霹雳"和"我们共享雾霭、流岚、虹霓"中的"分担"和"共享"后也应作明显的停顿,只有这样,学生才能充分体会到"这种"同分享、共承担的坚贞、伟大的爱情。

王尚文教授说:"语文教学就是从一个个标点、一个个词语、一个个句子开始建构或更新学生的言语世界,与此同时建构或更新学生的人文世界。"[3]一个个标点同一个个词语、一个个句子在语用功能上是接近的,但在现实教学中常常会被老师们忽略,这实在是一件憾事。问问学生标点符号是否可以替换,一起读读"标点",比比"标点",想想"标点",体验体验"标点",阅读教学定会多一份细腻、多一处精彩。

(二) 涵泳词句,体验与作者情感的共振

"涵"是潜入水中,有沉浸之义;"泳"是游于水中,有长游之义。涵泳词句,就是要求学生深入语言文字的内部,沉浸其中悉心揣摩,像学习游泳那样来阅读文章,以获得真切的感受,从而切实地达到与作者情感共振的程度。"涵泳"强调对语言文字切实的感受。

南宋陆九渊《读书》诗："读书切戒在慌忙，涵泳工夫兴味长。"细细读，慢慢赏。反观当下阅读教学的现状，师生在应试的大环境下就像赶集一样匆匆忙忙。即使教师让学生读的是一些非常优美而又悠闲的文章，他们也经常是飞速地读，什么回忆的味道、散文的味道、淡淡的味道统统被读没了，原因常常就是教师长期忽视了对文本"字""词""句"的关注与涵泳。比如教学《金岳霖先生》，学生常常读不出金先生真正的品质，自然也就读不出作者汪曾祺真正的言语意图。作者在文章首尾反复表达"希望熟知金先生的人把金先生好好写一写""联大的许多教授都应该有人好好地写一写"，学生如果走马观花地泛泛而读，那就很难读出两个"好好"的应有之义。若让学生静下心来，好好地涵泳"好好"一词，他们就能思考作者的写作目的——"从金岳霖这些联大的学者身上，我们学到了什么"，这样他们就能感悟到"现在这个物质的社会很需要这样'精神'的人"。若对这两个句子再做进一步的涵泳、品析，我们还可以读出作者汪曾祺这一群人对当时联大深深的怀念之情。同样是"好好"一词，也出现在初中课文《秋天的怀念》的开头——"咱娘儿俩在一块儿，好好儿活，好好儿活"，此时也一定要让学生在"好好"上好好驻留、揣摩，体悟母亲为儿子着急、对儿子真切担忧的情绪。这句话如果再联系后文"妹妹"对母亲病情的描述，学生更能进一步读出母亲的心酸、痛苦、不容易，还有一份了不起的坚毅，这样他们就能体味到"为母则强"的道理。

涵泳词句，有时还要对语言文字进行比较和推敲，确切地说就是对文本的字、词、句等采用加一加、减一减（说明文宜用减法）、调一调、换一换的策略,从而让学生在比较中理解和把握语言文字内涵的丰富、语意的准确、运用的精妙。但涵泳的目的,绝非仅仅了解语言文字的意义,还要逐步接近作品的旨趣,去抚摸隐藏在语言文字背后的深厚情意,从而使自己得到浸染。因为从整体来看,人的阅读可以看成是一个全息的过程,从一字一句到读完一篇文章,其中每个词句都是整体里的词句,如教学《春酒》,从标题"春酒"一词到《春酒》一文是一个整体扩大的过程,而不是从部分到整体的过程。因此涵泳"春酒"一词,学生各有各的读法,说明各有各的理解,但从整篇文章来看,他们的看法却是相洽的,是浑然一体的,是和作者的情感相协的,是统一在作者对母亲、对家乡的各种复杂的情感里的。

(三)阅读体式,体悟与编者意图的相协

文章体式是文章言语最显著的形式,依据文章体式展开教学应成为我们阅读教学的基本常识,而当下的阅读教学似乎还远未达成这样的共识。各种弃置言语形式只教思想内容的现象屡见不鲜,这样做的结果会使语文教学越来越向"高""深""玄"的方向走去。有的课气氛似乎也很热闹,也很尊重学生的主体性,但细细回味后,我们会发现属于语文元素的似乎什么也没有。

阅读教学,常常受课程研制的滞后、传统教学的保守等多方面因素的制约,教师所教授的课程,通常不是体现编者意图的课程而是属于自己的课程。比如教学《美丽的颜色》就不能只讲文章的思想内容,因为这些学生都能看得懂,我们应根据"人物传记"这一文章体式确立教学的大方向,再在写法上确定这篇文章的教学个性——探究引述"人物原话"的表达效果。再如《跨越百年的美丽》的教学也是这样，常听到居里夫人"美在何处"，却很少甚至就没去探讨这篇"人物散文"写法上"美在何处"。

文章体式会带动词语的色彩、句式的整散等一系列形式的变化，因此语文的美，主要美在一个个字、一个个词、一个个句子，甚至是一个个标点。虽然言语形式离不开言语内容，但它的确是阅读教学的特质所在。抓住言语形式就抓住了语文教学的魂灵，像新闻、寓言和童话等文体，只需贴着它们的文体特性，贴着它们相应的语言风格展开教学即可。如《皇帝的新装》的教学，用童话的"夸张"特点就可以串起全文的教学。阅读教学实在是一种关于文体思维的教学，实在无须设计过多的策略，安排海量的活动。阅读教学最大最好的活动便是阅读本身，把"读"本身活动化，读字、读词、读句式、读篇章，直至读懂编者意图为止。把传记教成传记，把新闻教成新闻，把散文教成散文，把教读课教成教读课，把自读课教成自读课……一句话，老老实实地教会学生读书。而要真正地"教会"，文章体式的意识着实不可或缺。

二、关注师生语言品质的提升

语文是一门关于国家通用语言文字运用的课程，要充分地立足语言，保证语用。语文课程的目的在于提高学生听、说、读、写的能力，提高学生言语的能力。与此同时，"言语直观"也是语文教学的主要手段，教师主要通过自己的言语来达成最终的教学目的。在语文课堂中，学生使用言语来学习语言使用，教师使用言语来传授语言使用。师生互相使用与文本有机关联的语言，互动多重对话，来达成师生与文本语言的相融。在这个对话的过程中要处理好这样几组关系:生生关系,师生关系,师生和文本的关系。

(一)个体和集体学生言语思维的协同提升

语文课上,我们经常能看到几个活跃分子不断地发言,教师们也特别愿意让他们发言,因为他们的思维积极,表达流畅,有助于课堂推进,成功地完成所谓的各个教学环节。若有些学生思维呆板,表达生涩,我们难免会内心发慌、生厌。难怪有人认为我们的课堂节奏只是针对优等的那一部分学生。不仅如此,除了沉默的大多数,还有一些的的确确是我们应该要关怀的"学困"对象。这些学生在我们的语文课上长年默默不语。我们在一次次成功推进教学任务之后,能否反思一下?能否停下等等他们?甚至多关注他们?这实在是一个非常值得研究的有意义的课题,比如一个学生站起来答不出问题,事后我们还会不会有针对性地再次让他发言并进行再度思考,甚至再三鼓励引导他,让他从说不出到说得出,从说得出到说得流畅呢?

阅读教学本质上是教学各方一种视域的融合——学生视域、教师视域和文本视域的融合。学生个体和集体的言语思维应该要有一个特定时机接榫,尤其是不善言辞而又"学困"的学生,教师一定要善于等待,善于倾听,哪怕是表达错了,那也是一种表达,一种不无意义的言语实践。只有学生个体和集体的言语智慧协同提升,语文课堂才能真正变得宏大,富于价值。

(二)教师表达与教学诸元素的兼容并进

朱光潜说:"话说得好就会如实地达意,使听者感到舒适,发生了美感,这样的说话,就成了艺术。"[4]教师的课堂教学语言更是一门艺术,它要有温度,更要有准度。教师高度的语言修养是合理利用教学时间的重要条件。尤其是我们的语文教学,教师的课堂语言还肩负着一个其他学科所没有的特殊责任——言语本身的示范功能。当你花的教学功夫还不深时,课堂语言难免拖拖拉拉,教学节奏自然松松垮垮,教学效果也就不会好到哪里去。

语文教师的课堂教学语言是学生进行语文学习的关键资源,师生在整个课堂的对话过程中所生成的语言片段,都是具有言语本身的实践意义的。其中,教师的言语常是我们学生学习语言最为鲜活的原始材料。因此,我们必须修饰并锤炼课堂教学语言,使自己的课堂教学语言简洁而又优美,准确而又自然。教师锤炼语言,一定要融合文本和学生这两个要素。教师在与学生的对话中,教学文本是我们的语言范本,我们所有的言语都是源自那里,这是我们必须要重点关照的。其次,我们的教学面向的是学生,学生自有属于他们这个年龄段的心智特点和发展水平。唯有兼顾两者,抓住言语,浅浅教学即可。

总之,阅读教学中要实现学生、教师、教材和课程之间的多重"对话",就要从"对话"作为认知方式的特性出发,多角度引导学生阅读文本,涵泳文本。小到标点字词,大到篇章体式,都是我们教学的重点。不要总是把双方的精力集中在文本外的知识上,不要将多媒体用得眼花缭乱,剥夺了学生应有的感受、体验和想象的空间。师生完全可以用文本解决文本,其中最主要的办法就是阅读涵泳,浅浅展开。阅读对话的进行必须建立在学生对文本语言的理解之上,无论是学生与文本的对话,还是学生与教师的对话都离不开文本的"言语形式"。立足语言,浅浅教学,才有可能把教学深深烙在学生的心坎上。因为,语文教学区别于其他学科教学的特质就在于其特有的言语实践性。其他学科的教学重心在讲"写了什么",而语文学科的教学重心则是构成这个"写了什么"的言语特点——"怎么写"。因此,教师经由言语形式,浅浅教学,老老实实地教会学生读书,才能顺利完成应达到的教学目的和课程目标。

[1]王尚文.语文教学对话论[M].杭州:浙江教育出版社,2006:6.

[2]吕叔湘,朱德熙.语法修辞讲话[M].北京:中国青年出版社,1979:151.

[3]王尚文.人文语感对话:王尚文语文教育论集[M].上海:上海教育出版社,2010:268.

[4]朱光潜.谈美书简[M].上海:上海文艺出版社,1980:111.

立足读书　浅浅教学

语文课程是"一门学习国家通用语言文字运用的综合性、实践性课程"，要致力于培养学生的语言文字运用能力，提升学生的综合素养。怎样培养学生正确理解和运用国家通用语言文字的能力？用钱梦龙老师的话来说，只有一个办法，就是老老实实地把学生引领到读、写、听、说的实践中去。这其中，"读"是基础，因为学生只有在"读"的过程中才能更好地积累语料，形成语感，悟得语言规律，发展语言能力，同时又接受文本语言所蕴含的思想、情感、情趣、情操、价值观的熏陶感染。浅浅教学，也是在要求我们回归语文教学的本真，在语文教学实践中求真务实，化繁为简，实实在在地引导学生多读书、多积累，重视语言文字运用的实践，让学生在实践中领悟文化内涵和语文应用规律，从而切实地提升学生的语文素养。

"书读百遍，其义自见。""读书破万卷，下笔如有神。"读，在语文教学中有着举足轻重的作用。我们常说，语文教学不能架空文本，不能脱离文本，语文课，必须上出"语文味"，必须"紧贴文本地面行走"，"在言语的丛林和字里行间穿行"。其实,这都是在强调语文教学要重视对文本展开真切又充分的"读",必须充分利用课堂时间指导学生读文章,尽可能地让学生多读几遍,在读中理解,在读中感悟,在读中思辨,引导学生在读中逐步掌握阅读的策略和方法,最后达到不待教师教而自能读书的目的。读,包括朗读和默读,两者各有不同的作用。而朗读对培养语感、体会文本的思想情感尤为重要,却长期被我们所忽视。目前语文教学的一种倾向是教师讲得多,学生读得少,有的则完全是把语文课变成"多媒体操作课"。语文课堂,已很难听到琅琅书声,"即使有,也不过是走走过场、应应景而已"[1]。殊不知,语文教学区别于其他所有学科的个性与品质,就是朗读。朗读,是语文教学最基本的活动,是语文教学最主要的方法或手段,也是语文教学的重要目标[2]。琐碎的理性分析会湮没语文课堂的美,浅浅教学,要求教师在语文课堂上加强对阅读方法的指导,让学生逐步学会精读、略读和浏览,通过熟读、诵读或默读文章去感知体味,以利于积累、体验、培养语感。浅浅教学,"读"占鳌头,简简单单,实实在在。

一、读出文本的"情"

汉语是一种音乐性、感悟性很强的语言,特别应当通过吟诵来体悟。叶圣陶先生曾经说过,语文教学"唯有不忽略讨究,也不忽略吟诵,那才全面不偏。吟诵的时候,亲切地体会,不知不觉中,内容与理法化而为读者自己的东西"。文本教学必须得益于阅读,收效于阅读,不能在空谈中荒废语文教学的本质。阅读的方式有许多,朗读则最为重要。朗读时,心、口、耳、唇、舌等多种感官积极投入阅读活动,使静态的书面文字符号转化为生动活泼的语言材料，使得阅读者的感觉、知觉、注意力、理解力、想象力、记忆力充分活跃起来。而从教育实践看，对入选教材的课文进行充分有感情的朗读，有利于激发学生情感，增加欣赏的趣味。同时借助于语气和表情表达文章的神采，更有利于提高学生的鉴赏能力。忽视朗读，再精妙的讲解分析也只能是支离破碎。

语文教材中以情动人的文章很多，课堂教学必须教会学生有感情地朗读，情动于中形显于外，因读而进入文本去体验作者的情感。《我爱这土地》中艾青对祖国至死不渝的爱的表白，《乡愁》中余光中凭海临风怅望大陆的孤寂身影，这烙在人们心里对祖国和家乡的深沉爱恋，这些蕴含着作者深沉炽热情感的文字，唯有在倾情的朗读中，在动情的想象中，在尽情的品评中，在激情的背诵中，方能融入我们的血脉。《巴尔扎克葬词》一文，既是一篇文艺性很强的散文体演说稿，也是一篇优美的抒情散文。作者雨果在文中渗入了全部的深情，用高亢的语调、诗化和哲理性的语言，评述了巴尔扎克的伟大贡献，表达了对死者的无尽悼念之情，言之切切，令人感动。"这不是黑夜，而是光明！这不是结束，而是开始！这不是虚无，而是永恒！"语调铿锵，激昂慷慨，句句含情，字字讴歌。这样的文章，如果教师只停留在简单的生平介绍和文体分析上，却置朗诵于不顾，读不出悲壮、激越和无限景仰之情，又怎能带领学生走进巴尔扎克和雨果这两位伟人崇高的精神世界？又怎能切实感受到拉雪兹公墓太阳西沉时的霏霏细雨？归有光的《项脊轩志》表达了人亡物在、三世变迁的感慨，以及对祖母、母亲和妻子的深切怀念，真切感人，"无意于感人，而欢愉惨恻之思，溢于言语之外"。怎样读出平凡的生活细节中所含的真挚情感？

怎样吟咏淡淡言语里所寓的伤悲？文言文的教学是否就只是对文意的疏通？这些都是语文教师手执文本时真正需要深思的问题。

下面这个教学细节，是一位教师执教史铁生《我与地坛》时的一些真实感受。"第一次接触《我与地坛》，竟不知如何下手……'本篇为自读课文，我带个头，自己先读……'哗然一片，这中间包含着的也仅仅只是'这么长的文章也读？'一层意思……在我尚未把第二部分第二自然段朗读完时，我已有一种控制不住的内在东西需要溢出，学生几乎是个个低着头，几位女生掩着面。……'我真想告诫所有长大了的男孩子……'点状的低泣连成片，聚成流。我几乎是用尽了自己最后的一点'朗读本能'支撑完最后的一句。我不敢也不愿抬起头；而当我不得不抬起头，面对的同样是不敢也不愿抬起头的学生……这样的文章，还须'分析'吗？这样的课堂，还要'补充'吗？"你看，读到牵肠情自深，读出意境理自喻。文本朗读之功效，由此可见一斑。

二、读出语言的"味"

缀文者情动而辞发，作家要抒写情感，必然得借助于语言。语言是思想的外壳，文章的思想感情是通过语言表达出来的。读文章，就是要在文章的语言中来来回回地读透、读深，通过阅读和思考语言文字的内涵，去咀嚼语言文字的滋味，去体验语言文字的感情。"阅读教学中，教师要引导学生细心咀嚼课文中的语言，让他们自己动脑筋，经常比较、揣摩，养成习惯。"（叶圣陶）北京大学中文系教授陈平原先生强调，教学中要培养学生"发现的目光"。发现什么？"发现表面上平淡无奇的字里行间所蕴含

着的汉语之美、文章之美、人性之美及大自然之美。"（陈平原《一辈子的道路取决于语文》）

诵读是品味语言最基本的方法，通过诵读，把"写在纸上的语言变成活的语气"（朱自清），把"原汁原味"的气韵声调、思想情感传达出来，得其滋味，让学生比较、推敲、品味语言使用的妙处，形成语感。这样，由语言文字的品味到布局谋篇、立意构思的揣摩，我们方能深入探究、领悟作者所表达的思想感情。

杨绛先生的散文《老王》，语言冲淡却字字含情，朴素平和却别致耐读。老王住在"一个破破落落的大院"，里面有"几间塌败的小屋"，并且还"住那儿多年了"。老王只有一只眼，"那只好眼也有病，天黑了就看不见"，行将就木时，"两只眼上都结着一层翳，分不清哪一只瞎，哪一只不瞎"。杨绛先生在叙述老王的不幸时语调平和、节制，这样的素朴清淡，课堂上若不加细读咀嚼，学生在叙述老王之不幸时多容易浅显视之，老王的不幸也就有了相对的距离感。这样，课堂教学中引导学生读出看似平淡的语言文字中饱含着的深情，就成了很重要的感悟体验环节。比如，杨绛先生在写老王之孤时用了这样一个句子："有个哥哥，死了，有两个侄儿，'没出息'，此外就没什么亲人。"这一句看似平和冲淡，却至苦至悲。"有个哥哥"，正当我们因老王还能有亲情的依靠而高兴时，猛然间"死了"两字却带给我们一种无言的伤痛；紧接着"有两个侄儿"峰回路转，希望尚存，但"没出息"又让人再次走向绝望的深渊。在朗读的过程中，引导学生读出节奏，读出情感变化，在"有个哥哥"和"有两个侄儿"后适当停顿，情感的跌宕起伏才有更真切的感受，老王孤苦无依的悲凉处境也才更入人心。其沉定简洁的语言,看起来平平淡淡,无阴无晴。然而平淡不是贫乏,阴晴隐于其中[3]。读出不幸才能产生情感的共鸣。这样的句子还有吗?还能从哪些语言中感受到老王不幸之深之痛?又该怎样读出其中滋味?如此,以读代析,因读而悟,散文语言深处的情感才能渐渐浮出并溢满心胸,我们对作者的"愧怍"才会有更深的思考和体悟。

贾平凹的散文《一棵小桃树》,是统编教材中的一篇自读课文。编者在旁批中提示我们,要在自读中注意课文中一些反复出现的描写,比如多次描写小桃树"没出息"。旁批中有:"散文中这类地方,往往寄托着深意,要仔细体会。"所谓仔细体会,就是要潜入文字深处细细品味,引导学生披情精读,去感受作者遣词造句的深厚功力,察觉作者写作的深意。文章中对没出息的小桃树的描写语言很值得深品细嚼。比如"弯了头""紧抱",拟人化的描写生动形象地写出了小桃树的可怜姿态,长在角落里的孤独、害怕、惶恐都在其中。"瘦瘦的""黄黄的"分别从形体和色彩写出了小桃树的"面黄肌瘦""营养不良""先天不足"。那个"拱"字,则让我们感受到小桃树生长环境的恶劣、土质的坚硬,及生命力量的虚弱,也暗示了小桃树的坚强和不屈,为后文的"有出息"埋下伏笔。细细读,我们还能从副词中读出深意。"它竟从土里长出来了""第二天才舒开身来",这一"竟"一"才",让人感慨万分,读来自然充满怜爱、心疼和担忧。

散文语言的品读如此,其他文体的文章语言也如此。议论文语言严密的逻辑性,说明文语言的准确性和科学性,诗歌语言的生动性和韵律感等,都是要在有效的读中体验感悟。读语言,读出语感和情趣,读到位了也就理解了,多读少讲或者适时点拨即为浅浅。

三、读出文本的"旨"

功利主义泛滥的时代，一些语文教师在急功近利的追求中违背了教育规律，消减乃至耗尽了学生对语文课的兴趣和激情。语文不用读或者读书不需要情感注入，只求看过不求悟透，语文的学习变成一种快餐式的吞咽。叶圣陶先生说，阅读自有它的目的，主要在真正理解所读的东西，从而得到启发，受到教育，获得间接经验，从而提高觉悟，丰富见识[4]。接受美学认为，任何文本都具有不确定性，都不是决定性或封闭性的存在，同一文本可以有不同的解读，作品的意义只有通过读者才能建构，读者在其中的作用具有不可替代性。因此，学生与文本的直接对话，学生对文本的充分阅读，是语文教学中不可缺少的组成部分。用心读书，是语文学习悟透获益的根本所在。

一篇课文，能够读进去，读明白，才谈得上有独特的感受和体会。读出文本的"旨"，就要求学生读透文本的内容、形式，揣摩出文本的语言秘密和结构密码。文章的主旨不该是教师分析并讲解出来的，而是要通过反复阅读——把学生从消极被动的接受对象转化为积极能动的感悟主体，去精读深思出来的。以鲁迅小说为例，读《孔乙己》，着重要读懂孔乙己周围的人，读懂酒客、掌柜和"我"，读懂嘲笑的目光和讥讽的话语。"酒客等人最能记得孔乙己的什么？"用这一问引导学生阅读，去读透和孔乙己有关的"伤疤""打折的腿"和"十九文钱"等语段，尤其是紧紧抓住前两处酒客们的对话场景，变文本解读为文本赏读、语言探究，深入挖掘小说文本的内涵。如此细读给学生深入把握小说的意蕴提供了客观的依据，让学生自己看到小说情节的波澜，看到人性的阴暗、冷漠、残忍，以及一个个被扭曲的丑恶的病态的灵魂,帮助学生从情节的表层走向逻辑的内里,对小说的人物形象和文本价值进行形象的感悟和有深度的思考。读《故乡》,决不能仅仅将其当作一个悲凉故事,可以在读中思考鲁迅小说最常用的"归乡"模式。叙述者"我"是一个远离故乡社会环境的知识分子,基本上摆脱了传统社会精神和道德观念的禁锢,通过"我"远离故乡又回到故乡并最终离去的人生行程,展示"我"与故乡传统社会的不相容性,并通过"我"的眼光折射出现实故乡的闭塞、衰败和萧索。在这里,恰当的视角是作者展开故事与读者理解作品的关键。而在《祝福》中,作者为什么选择"我"这一个远离故乡的知识分子作为叙述人,而不用其他人,如鲁四老爷、四婶、冲茶的短工或是柳妈呢?在学习阅读中,可让学生围绕着这个问题去收集材料,从而获得对作品主旨的理解。

叶圣陶先生强调,好的作品至少要读两遍以上。"诗要反复地吟,词要低回地诵,文要周回地默读,小说要耐心地细看!"[5]没有用心、仔细地阅读,是不能真正读懂文本的。表面过过场,套话说一说,青年诗人海子在死前一个月写的诗歌《面朝大海,春暖花开》就可能会被想当然地解释为"对美好生活的向往",因为也许这样才符合我们的逻辑。而深入诗歌,反复地吟,我们就会明白,海子不但有"对美好生活的向往",还有"对美好生活向往而不可实现的绝望",而且后者还是主要的,因为他在该诗的每一段"美好生活"前都加了一句"从明天起"。所以,缺乏了对文本的用心阅读,语文教学就是在传达理解"定论"而不是传授阅读方法,我们就是在遏制学生的阅读思考而不是在引导他们思考,我们就是在培养学生"不阅读"的习惯而不是培养学生阅读的习惯。这无疑会加剧学生对语文课定式化的反感和厌恶,因为这些都无法帮助学生从真正意义上悟旨达意。

四、读出文本的"境"

文本并不是解读的终极对象。对于任何文本,只有超越文本本身,才能真正理解文本。语文学习强调积累、感悟、熏陶,鼓励学生主动感知阅读材料,与文本进行直接交流,与作者产生心灵的共鸣。文本的阅读不应该是一般地吸收和扩充知识,更重要的是人生体验,是阅读过程中的感悟和生命的体验。要使奥妙不再成为奥妙,闪光的武器便是思考。所以,语文教学中的"读"看似简单,实则很有讲究。读进文本,再读出文本,获得阅读上的超越,才是阅读的高境界。在语文教学中,教师应在怎么读上下功夫,努力创设质疑空间,建构激发学生求知欲、质疑欲的情感场,培养他们大胆向教师向文本质疑的精神及创新思维,从而拓展文本阅读之境。课标也十分注重阅读的个性化,强调阅读是学生的个性化行为,不应以教师的分析来代替学生的阅读实践,而应让学生在主动积极的思维和情感活动中加深理解和体验,有所感悟和思考,受到情感熏陶,获得思想启迪,享受审美乐趣。要珍视学生独特的感受、体验和理解。读课文,就要读进读出,既读文本,又读生活,读自我,让语文阅读基于文本,又拓展于文本。

莫泊桑的《项链》一文,对玛蒂尔德的解读,传统的理解是从单纯的阶级论出发。但随着文学评论日益走向客观与成熟,我们更多地应该从人性的角度去诠释这一人物。如何引导学生鉴赏、评价玛蒂尔德这样既有着虚荣心,又有着诚实、坚强品质的复杂人物,是一个教学重点也是难点。教师必须带领学生读透小说,积极思维,拓展文本的思想内容境界,方不至于《项链》满身尽"虚荣",而能赋予文本时代的意义。我们常说,鲁迅之伟大在于他在无情批判别人的时候，也是在做着积极的自我反思与批判。我们在阅读作品的时候，也一定要联系自我、联系生活去思考去开启。我们会不会也是嘲笑孔乙己的那拨人中的某一个？我们是不是也混迹在人群中，不敢说出皇帝新装的真话？我们同情那只被"我"诬陷受尽委屈的猫，可我们是不是也就是这样对待身边的弱者的呢？再如《紫藤萝瀑布》一文教学，教师既要引领学生走进作品研读散文语言，理解作品主旨，更要引导学生走出作品，思考形象的意义，体悟作品的精彩、精妙之处。"花和人都会遇到各种各样的不幸，但是生命的长河是无止境的。"作者徘徊于庭院中，见一树盛开的紫藤萝花，睹物释怀，由花儿自衰到盛，转悲为喜，感悟到人生的美好和生命的永恒。那么，我们读者呢？是不是也该"在这浅紫色的光辉和浅紫色的芳香中"加快脚步，去创造更美好的前程？紫藤萝的那声"我在开花"，是不是也在催促着我们勇敢前行？另外莫顿·亨特的《走一步，再走一步》一文，受到教益的又何止是文中的作者？家庭教育，同伴救助，生命成长，困难预判，等等，读透文章，也就读懂了我们和我们的生命、我们的世界。成功的教学应给予学生一种思维胆略，即对已约定俗成的公理、法则敢于怀疑，敢于提出挑战。读书，读的就是思维。

课标强调学生学习的认知过程，因为学生的学习能力必须在学习的过程中获得。多读，还得多独立思考，多个性探究。如庄子的《逍遥游》，深入解读，才能见仁见智。有人认为《逍遥游》中所表达的思想是一种主观唯心主义的幻想，是不满现实的自我超越的空虚；有人认为"追求—不断追求—没有追求，是庄子人生探求的三个阶段，也是探求积极人生的三重境界"；也有分析认为"庄子在《逍遥游》中所说的逍遥也只是对一种理想化社会的追求,雄伟的大鹏形象所体现的正是作者这种欲飞的理想和无法飞走的悲哀"。就此而言,文本对于读者来说是一个无限开放的世界。若没有对文本有效的阅读、阐发、挖掘和共鸣,又怎能在学习中让思想闪烁如此多的智慧火花? 这是对文本阅读的提升,也是对学生思维品质的训练,这样的读,才能真正实现对语文课堂教学的回归与超越。不读熟,不读透,不去品评其味,不去参悟其意,没有学生对文本的真正参与,真情体验,真切感悟,一味分析讲解,用对文本的冷落和疏离去扼杀学生的阅读个性和思维创造力,这样的语文教学百弊而无一利。

米兰·昆德拉在《缓慢》中写道:"在慢速和记忆之间,快速与忘却之间,潜藏着一种有机联系,而慢速和记忆的强度必然成正比。"在语文文本的阅读中,"慢"或"浅"并不意味着低效低能,而是强调少点折腾,多点踏实,引导学生真正有效地读书,真正用心地读书。语文阅读教学既是训练学生语用能力的过程,也是传递文化、陶冶人性、建构人格、唤醒灵魂、促进生命个体总体生成的过程。深深读书,浅浅教学,其意义也正在于此。

参考文献

[1]肖培东.我就想浅浅地教语文[M].武汉:长江文艺出版社,2016:4.

[2]孙春成.语文教学十大创新课型[M].太原:山西教育出版社,2017:210-211.

[3]林筱芳.人在边缘:杨绛创作论[J].文学评论,1995(5):97.

[4]杜草甬.叶圣陶论语文教育[M].开封:河南教育出版社,1986:163.

[5]叶圣陶.我怎样当老师[M].武汉:长江文艺出版社,2015:131.

立足目标　浅浅教学

　　课堂教学目标是课堂教学所要达成的目的,是教学中师生预期达到的学习结果和标准,它是教师教学行为的方向,引导着教师的教学行为。教学目标的准确确定,有利于教学重难点的确立,有利于教学程序的合理安排,有利于提高教学质量,有利于学生语文核心素养的养成。课堂教学目标是教材、教师的黏合剂,更是课堂的指向灯。合宜的教学目标将引导课堂朝向合理的方向行进,不枝不蔓,如浅浅小溪,自然前行。确立适宜的教学目标,才能在课堂中浅浅教学,游刃有余,板块分明,层次清晰。如何确立教学目标,让课堂能"行于所当行"?

一、基于文本自身设定教学目标

　　文本本身就是一个宝库,言语形式、人物形象、作者笔下独特的情感表达等,一篇课文中,值得教学的点太多了。基于文本自身设定教学目标,首先要考虑语文课程目标和性质。课程目标直接决定着教学目标的确定,也可以说后者是前者的具体化。张心科教授说:"语文教学目标应该根据所处时代的课程目标来确定，课程目标的变化必然会带来教学目标的改变。""其中，语文课程目标的基本要素应该是恒定不变的，例如掌握各种知识（生活知识，语文知识）、训练各项技能（听说读写的技能以及语文学习的技能）以及涵育情意（课文内容所寄寓的以及教学过程中所体现的）。"[1]5同时，对语文课程性质的认识也直接影响语文教学目标的确定。《义务教育语文课程标准（2022年版）》提出，"语文课程是一门学习国家通用语言文字运用的综合性、实践性课程"。根据这样的理解，我们就要从"学习国家通用语言文字运用"的角度，也从"综合性""实践性"角度去定位文章的教学目标。比如，杨绛先生的《老王》，教学点就很多。有老师教语言，这篇散文语言平和冲淡却字字含情，足以体现杨绛"朴素本色"却"别致耐读"的语言风格；有老师教文章的结构和线索，作者是兼用逻辑顺序和时间顺序来编排的，全文以彼此交往为线索，一脉相承，形成一个有机的整体；有着眼于文章"选材典型，各有侧重"的，也有立足于文章描写人物的方法而教的。当然，更多的教学是立足于人物形象，探究小人物的光辉品质，感悟作者内心的"愧怍"。从结构到选材，从语言到手法，从"文革"背景到当代"感动人物"，从文本主旨理解到杨绛作品探究，不一而足。应该说，对《老王》这篇散文的选材、结构、语言，以及主旨、意蕴的探究和把握，都是适宜的教学目标；但为阐释小人物的优秀品格而把课堂教学引向"感动中国的十大人物"或者"寻找身边的好人"，就与教学目标中的"语文价值"有所背离了。

基于文本自身设定教学目标，教师要注重对课文内容的理解和感悟，要立足文本具体剖析教学内容的重点和难点，让知识传授和能力训练为达到这一最终目标发挥积极的作用。要研读文本,深入钻研教材,整体把握教材内容领悟思想感情,根据课文内容和教材特点,准确确定教学目标,突出教学重点,突出文本的核心价值,突出语文本体性。那么,怎样读文章呢?阅读教学中,如何建立与"这一篇"课文的联系?可以考虑以下几个因素:"①这一特定的文本,最要紧的是什么地方?文本的关键点在哪里?或者说,这一特定文本的特质何在?②理解、感受、欣赏这一特定文本的关键点需要学习什么?用怎样的阅读方法,才能获得与课文相一致的理解、感受?"[2]有些老师读书很粗浅,思考不深入,教学目标也因此模式化、标签化。我们来看看一教师关于冰心的《谈生命》这一课的教学目标:培养学生默读的习惯,整体感知课文;理清文章思路,归纳中心思想;品味含义深刻的语句,理解作者对生命的感悟。粗粗一看,就知道教师并没有深度钻研教材,更别提对学生学习需要、学习内容和学生特征进行认真分析了。《谈生命》是一篇带有比喻象征意义和哲理意蕴的"生命体验"散文。文章以"一江春水"和"一棵小树"为喻,揭示生命由生长到壮大再到衰弱的过程和一般规律,以及生命中苦痛与幸福相生相伴的共同法则,展现了生命不息、奋斗不止的意志和豁达乐观的精神,哲思深邃,宏阔形象,鲜明生动,文字精练老道。教学目标的设计就应该从"这篇"文章的思想感情、思路章法、语言运用上去思考、去设计。而例子中的这种笼统、粗疏、零碎的所谓教学目标,从满足教学设计的基本需要和开发文本的核心价值来看,都是远远不够的。我们必须对这样的一篇篇文章进行多次研读、加工,以确定这篇文章最有价值的教学内容,达成最适宜的教学目标。郑桂华老师说:"一篇课文在存在许多教学价值点的情况下，教学设计不仅应该关注文本的核心价值，更要抓住'语文核心价值'。重点挖掘课文隐含的语文学习价值，重点训练学生对语言的感受能力和表达能力，重点完成语文课应该完成的教学目标，而适当弱化文本中可能隐含的其他教育价值。"[3]对文本的钻研剖析，既要从内容和主旨方面去挖掘，更要从语言和写作形式上去推敲。朱德的文章《回忆我的母亲》，很多老师只在教学生理解"母亲的品格"，找出"母亲的勤劳"，思考"我为什么要感激我的母亲"，教学内容表面化，教学目标浅表化。当然，教这篇文章，"母亲"的形象自然要分析，但我们更要着眼于文章的语言和语言形式，即朱德是怎么写这篇文章的。教材课后的"思考探究"和"积累拓展"也明确告诉我们：作者在记叙事情的同时，穿插了精当的议论，找出文中议论性的语句，联系上下文，理解它们的含义并体会其作用；课文语言平实如话，字里行间饱含深情，体会其中蕴含的情感。可见，这篇文章的教学目标要更多地定位在文章的语言风格和写作手法上。

基于文本自身设定教学目标，还要从文体出发。阅读是对某一种特定文体进行解码、解释的具体行为，是一种文体思维的活动。就阅读教学而言，阅读不同样式的文本，课程标准的相关要求是不同的。阅读叙事性文本，了解事件梗概，简单描述自己印象最深的场面、人物、细节，说出自己的喜欢、憎恶、崇敬、向往、同情等感受；阅读说明性文本，能抓住要点，了解文章的基本说明方法；阅读诗歌，大体把握诗意，想象诗歌描述的情境，体会诗人的情感，从而受到优秀作品的感染和激励，向往和追求美好的理想。不同的文体，就会有不同的教学目标。从文体角度拟定教学目标，能帮助我们准确选择适宜的教学内容，凸显语文本位。张心科教授这样阐释《桃花源记》的教学目标："就文体来说,如果将《桃花源记》的文体确定为游记,那么首先要确定其在游记这个层面上应教学什么;如果将其文体确定为寓言,那么首先要确定其在寓言层面上应教学什么。"[1]6 再比如教学郑振铎的文章《猫》,文体是散文还是小说,长期以来就有争议。"把它作为散文教可以,作为小说教也可以,但要有区别。如果作为小说教,它就是由一条感情线索串联了三只猫。在这之中表达了作者情感的变化和自我反思。作为散文来教,猫就是猫,就是作者家前后养的三只猫,这不是精心安排的,就是作者的一段生活。"[4] 文体不同,教学侧重点不同,教学目标就自然有改变。教学目标基于文体,教学才会依照文体本身的特点去进行、去推进。散文按照散文来教,小说教出小说的味道,目标准确,一把钥匙配一把锁,去教出独属于这一篇文章的"所言志,所载道",教出语言文字中所有的独有的"个"。在基于文体的前提下,去设置教学目标、教学重点、教学策略。

立足文本的语言形式,尊重文本的文体特征,基于文本自身去设定教学目标,语文教学才能深入浅出,学有所得。

二、借助单元思考设定教学目标

华师大钟启泉教授对单元教学做出了这样的描述:"单元是基于一定目标与主题所构成的教材与经验的模块、单位。"为具体某一课设计教学的时候,我们必须细细研读单元导语,读透编者意图,以整体单元的教材构造为切入点,依照单元的布置规律,把文章置于单元教学中去化解教学的重难点,去合理确定教学目标。

统编教材每个单元的导语部分提供了单元目标、编者意图和学习方法。单元目标的设定不是任意而为，而是编者为实现培养学生真实的言语能力，从初中阶段三年的整体目标出发，将每一个子任务分配到每一个专题、每一个单元里，通过不同形式的言语训练操练学生的言语能力。这样通过三年的初中语文学习，按照整体目标所设计的单元目标去实践，就会有序地科学地提升学生语文方面的综合素养，达成语文学科各方面的育人目标。但很多老师在教学过程中会将这些单元目标悬置，无视单元目标和编者意图，只按照自己的想法来进行教学设计。某位教师教学统编教材九年级上册的诗歌《沁园春·雪》，从诗歌里平中见奇的意象出发，到气度恢宏的意境，再复归言语形式，名家范读，学生朗读，教师自己诗歌朗诵也很有感觉，整堂课结束，学生入情入境。照理来说，这应当是一堂实实在在的好课，但这位老师却忘记了这个单元的主要任务：活动探究。统编版初中语文教材中，《沁园春·雪》被安排在了九年级上册的第一单元。这个单元主要的文体是诗歌，教学形式是"活动探究"，给出了三个任务"自主欣赏—自由朗诵—尝试创作"，而《沁园春·雪》的学习方式是"自主欣赏"。编者还给出了很具体的"自主欣赏"的阅读策略。如此，单元的导语部分很清楚地写明了教学重点和教学策略，这正是确定教学目标的依据。所以，新教材的《沁园春·雪》的教学，有别于过去教读课式的教学，教师要引领学生自主欣赏，学会自由朗诵。"一篇文本，其内涵固然丰富，语言固然精妙，涉及的语文知识点固然很多，但哪些是这篇课文的教学重点，哪些是亟须解决、训练的，应根据单元重点与编者意图来定。"[5]每一节课既是一个独立的整体，又是单元教学链中的一个重要环节。拟定一篇文章的教学目标,要从单元目标出发,要高瞻远瞩地从整体来看局部,使它成为单元体系中有机的组成部分。《一棵小桃树》的教学,要"学习托物言志的手法";《驿路梨花》的教学,要"重点学习略读";《黄河颂》的教学,要"学习精读,注重涵泳品味";《故乡》的教学,要"学会梳理小说情节,试着从不同角度分析人物形象,并结合自己的生活体验,理解小说的主题"。所以,教学目标不是依据我们自身的喜好而任意制订的,我们的课堂要服从于单元目标、编者意图,不可随意说"我的课堂我做主",致使教学目标随意,课堂教学盲目。

弄清楚单元目标,还要研究编者意图中给出的授课类型。教读课和自读课,课型不同,功能也就不同,教学目标设置上就要有所侧重。《走一步,再走一步》是一篇自读课文,就不能按照原来的教学目标去实施教学。该文选进 2016 年版统编教材以"拥有美好而充实的人生"为主题的七年级上册第四单元。这个单元继续学习默读,其具体要求如下:在课本上勾画出关键语句,并在你喜欢的或有疑惑的地方做标注;在整体把握文意的基础上,学会通过划分段落层次、抓关键语句等方法,理清作者思路。具体到《走一步,再走一步》一文,教参给出了这样的"教学重点":继续练习默读,在整体感知文章,了解基本故事情节的基础上,争取提高阅读速度,并勾画出关键语句;品味课文中的心理描写,把握人物心理成长的过程;结合自己的生活体验,思考并实践课文所探讨的人生经验。这样,我们就能很清晰地把握编者意图,理解文本的教学目标,以"整体感知—品味心理描写—深度探讨"为教学步骤实践本课的自读教学。

有的时候,教学目标隐含在编者给出的批注及"阅读提示""思考探究""积累拓展"及"思考·探究·积累"中。比如自读课文《周亚夫军细柳》的"阅读提示"有三层内容：《史记》的文学地位，文本的主要内容，阅读思考提示。"阅读提示"为学生自读提供了较为丰富的阅读内容，有着明确的阅读指向。这说明本文的教学要引导学生了解并关注司马迁的伟大作品《史记》，熟悉周亚夫军细柳的故事，理解人物形象，感受人物精神。"思考探究"则有四题：①熟读课文，简要复述文中故事，想一想汉文帝为什么称周亚夫"真将军"，与同学们交流；②细读课文，说说文中哪些地方使用了对比、衬托的写法，对刻画人物起到了什么作用；③解释加点词的含义（一词多义"军""劳""之""居"）；④课外读《史记》中其他历史人物，了解其生平事迹，领略人物的风采，感受《史记》的写人艺术。细细推敲，这四个思考探究题其实是从不同角度（内容、手法、文言词语、拓展阅读）对学生自读进行有针对性的指导，以此组织教学，目标明晰，重点突出，步骤清楚，可以有效地推动学生的阅读和思考。

语文教学，不能只见树木、不见森林；不能只见单篇文章，而没有仔细推敲教材编者对课文在教材整个结构布局中的编写意图。教学要有章可循，教师就要研读单元导语，认真分析每个单元的教学目标和教学方法，借助教材的助读资源明确单元目标和编者意图，充分挖掘教材之间的内在联系，"循规蹈矩"地去实践课堂教学。

三、依照学情设定教学目标

"教学目标用什么表示？应聚焦学生的行为，即用可以观察到的学生学习行为来表述、证明。教学目标要聚焦在学生的行为上而不是简单地聚焦在教材上。"[6]9我们常说"用教材教"而不是"教教材",就是要求语文老师在教学中要做到目中有人。教学目标是教师在钻研教材的基础上制订的,但课堂教学是灵动的,是一个动态的、随机生成的过程,教学目标不是一成不变的,在教学实践中必须随学情的变化进行灵活调整。教学目标的确定,要依据学情。了解学生的学情,从学生生活状况和学习经验出发,才可确定学习的起点和课堂教学的终点。

何为学情?首先,学情是指课前学生对课文的理解状态,与课文相关的生活经验及知识储备状况。教师备课,要备教材、备教法,更重要的是备学生。缺乏严格的学习需要分析,学习内容分析和学生特征分析,教学目标的设计就会有盲目性。备课中要思考哪些教学内容是学生已经掌握的,哪些是学生知之不深的,哪些是需要教师引导、点拨的。教师对学生了解不够,高估或者低估了学生认知水平和语文能力,教学目标就会与学情失衡。教学目标要兼顾学生群体的学段差异,还要兼顾同一学段中学生的个体差异。学生差异是客观、普遍存在的,这种差异其实是自主性学习的培养目标和发展方向,是一种丰富的教育资源。教师必须充分考虑所教学生本身的素质,才能极大地调动学生的自主能动性,才能真正实现语文教学的目标。比如杨绛的《老王》分别在初高中的语文教材里出现,那么,针对不同学段的学生,教学就要分级确定教学目标。七年级学生学习《老王》,根据单元目标,要读出小人物身上闪现出来的优秀品格的光辉。"阅读课文,想一想,在作者眼中,老王是个怎样的人?""再读一遍课文,想一想,在老王眼中,杨绛又会是个怎样的人呢?"从教材提供给七年级学生的预习中,我们可以明确感受到编者希望通过本文的教学引导学生"向善、务实、求美"。而把思考"那是一个幸运的人对一个不幸者的愧怍"放在了文本后面的"积累拓展"栏里。作者为什么"愧怍"？这种"愧怍"的感人之处在哪里？《老王》中对"愧怍"的思考和讨论，对七年级学生而言不必挖掘太深，能读出散文中人性的美，能读出作者同样美好动人的感情，就是适当地教学了。而高中学段教学《老王》，我们就要引导学生去深度挖掘作者复杂的情感，体悟"愧怍"中深沉的人性思考，感知作者杨绛散文语言的艺术魅力。再如《一双手》这篇文章，在北师大教材中是小学四年级的教材，而在苏教版中则是九年级的教材，学段差异，学生的知识能力基础自然不同，分级确定教学目标就成为必然。另外，浅浅教学，要兼顾同一学段中学生的个体差异，兼顾两头，照顾中间。对于学习基础较差的学生，适度降低目标，降低难度和要求，让他们乐于并能够接受。中等生的学习基础和学习能力，是教学目标设计时最重要的参照，课堂教学要为之落实既定教学目标。而对班级里学习能力强、基础好的学生，教师要积极搭建平台，及时为他们创设高于教学目标的富有挑战性的提问或发言机会，引领他们向更高更深层次发展。例如《桃花源记》一课的教学目标，我们可以根据学生的个体差异从识别、理解、评价三个层级要求去选择适宜的教学内容，最终形成合理的教学目标。当然，在具体的教学实践中，一碗水端平自然有难度，但这种教学意识必须存有。尤其是对学困生，我们更要积极关注，体现教育的终极关怀。

其次，学情还指学生在课堂中随时出现的变化情况。教师要树立课堂教学的动态生成观，要根据学生的学习动态及其发展变化，灵活地调整教学的宏观思路和具体策略，让课堂教学目标与学情契合，使教学活动更具针对性和实效性。课堂如小溪,课堂的行进就像小溪缓缓向前流淌,但是小溪在流动的过程中不是毫无阻滞的,而是时刻会碰到"溪石"阻碍,即课前的预设时刻就会被新产生的学情打破。那么,教师就该像一个撑着竹筏的摆渡人,需要随着溪水的深度、溪道的弯曲程度(学情)改变手中篙的深度和方向(教学预设)。教学中预设和生成的矛盾永远存在,在实际的教学过程中,我们要能依据学情变化不断改变自己原先的预设,这样的课堂才灵动、有生成感。高明的语文老师,他们的课堂教学总是不平衡的,不可能是绝对有序的,因为他们总是以学生为主体,总是千方百计地激活学生。学生"活了",偶然、随机的情况就会不断发生,甚至异峰突起,高潮迭出。追求语文课堂教学的绝对平衡有序,只能把丰富的语文课堂教学"约化"[6]101。正所谓,教学有法,教无定法,贵在得法。某次去外地教学《在沙漠中心》,原准备从作者在沙漠里的心理活动分析入手,理解文本的深意,但是到了课堂上让学生读文章,才发现学生语文基础极差,甚至连作者的名字也无法读顺、读准。这时,我就改变了课堂教学目标,要求学生读准字音、读通文章,适当地读出"我"在沙漠里的心理活动。在桂林教学鲁迅小说《祝福》,上课前我才发现学生原来没有看过课文,对小说完全陌生,对于我上课提出来的几个需要深度探究的问题更是茫然。这时,我就把这节课的教学目标由对小说文本的深度探讨改为熟悉文本、复述故事,感悟祥林嫂的悲惨命运。我用了整整20分钟的时间让学生静静阅读课文,充分的阅读使学生进入了小说,课堂也就顺畅了。再如全国真语文活动成都站我教学《走一步,再走一步》,临场发现学生刚学过这篇文章,就在学生已经学习过的基础上,继续从"心路""脱险"

"启迪"三方面做深度研究，教学目标立得更高，让学生深度理解本文心理描写的多样化，并多元思考文章的哲理内涵，取得了很好的教学效果。所以，一节课是否为好课，关键还要看学生的思维状态怎样，要看学生在课堂上的学习是否有实实在在的收获、提升，这样，课堂就不能僵化为纯粹的预设，要立足学情去调整教学目标，要让学生随着教学进程的推进逐步提高实际能力，提升语文素养。

准确、合理地定位教学目标是语文教学活动的首要环节。要让语文课呈现出实实在在的精彩，需要教师自身的才华天赋、个性禀赋，也需要课程自身引领。一个语文老师，研究教材，吃透教材，不放过教材中任何小处隐含的目标信息，从课文文体出发，结合课前学生的学情和课堂上学生的实际学习能力，那么他设定下来的目标一定是深深扎根于为培植学生真实言语能力的土壤里。如此，立准、立足目标，浅浅教学，语文课堂方有"生"长。

参考文献

[1]张心科.语文教学目标确定的根据[J].中学语文教学,2017(10).

[2]王荣生.阅读教学的基本任务与路径[J].课程·教材·教法,2012(7):85.

[3]郑桂华.语文有效教学:观念·策略·设计[M].上海:华东师范大学出版社,2009:115.

[4]黄厚江.散文:指向心灵的阅读[J].中学语文教学参考(上旬),2018(1/2):102.

[5]陈剑锋.语文教学目标确定的三个依据[J].教育研究与评论(中学教育教学),2015(11):68.

[6]程红兵.听程红兵老师说课评课[M].武汉:长江文艺出版社,2018.

立足资源　浅浅教学

　　浅浅教学,在于以学生最易接受的形式,采取学生最易理解的方式,将所授内容中最本真的内核传递出去,使学生更快更轻松地领悟吸收。浅浅教学,要求教师在教学中始终执着地立足学情,尊重教材,遵循课标,贴近文本,帮助学生提升语文素养,陶冶生活情操,升华人生品位。这种精准与有效,也折射在教师对教学资源的开发与利用上,要求教师能够合理地利用教学资源,使其真正有效地为语文教学服务。

　　《义务教育语文课程标准(2022 年版)》有言:"教师应利用无时不有、无处不在的语文学习资源与实践机会,引导学生关注家庭生活、校园生活、社会生活等相关经验,增强学生在各种场合学语文、用语文的意识,建设开放的语文学习空间。"这既是语文课程观念的更新和完善,也是现代语文教育发展和新世纪语文教学改革深化的必然。应该说,新课标理念下,语文教师在教学资源尤其是课外学习资源的开发与利用上已经呈现出前所未有的繁荣生机。随之而来的问题却是,一些教师外联有余,内渗不足,乐于外拓,疏于内研。课标强调教师要开发好课程资源,语文教师要具备强烈的资源意识，树立起大语文教学观、多元化教材观，在具体的语文教学中，也很少再有教师把教学资源局限于语文教材和教辅资料了。但好些教师热衷于对课外教学资源的开发和利用，却忽视了对教材资源的研究。殊不知，教材文本才是我们学习的范本，是学校教育目标的重要载体，也是教学的重要资源。教师作为学生学习、成长的引导者，对语文教材资源的领悟程度直接关系到语文教学目标的实现程度。开发教学资源，绝不等于舍弃教材，而是要求教师既能立足教材资源，又能引导学生涉猎教材以外的广阔领域，从现实生活中捕捉更多语文学习的契机。语文教师首先要利用好教材本身提供的诸多资源（文本资源和其他助学资源），按照语文教与学的规律进行教学，以语言为核心，以语文活动为主体，有效地提升学生的语文素养。其中，文本是学生学习语言的范例，也是课堂教学最主要的凭借与载体。浅浅教学，就要立足文本，立足语言，在有限的教学时空中首先引导学生去挖掘文本资源，通过品读文本语言去触摸文本思想内容，并善于抓住语文与生活的关联，让学生在生活实践中学语文和用语文。关注文本，这方面论者颇多，不再赘述，这里重点谈谈教学中如何利用统编语文教材助学资源去建构语文课堂。

统编中学语文教材在编写体制上发生了很大的变化。其亮点之一，即是开发出了一套清晰的助学系统。这些助学系统分布于教材的各个部分，具体包括单元提示、课前预习、课后思考探究积累、课文旁批、阅读提示等。它们有机地融合成体系，清晰具体，无论是单元导语、预习提示、阅读提示，还是旁批、课后思考探究积累等，都系统性地指向了大至单元目标、小至课文问题的探讨。从课前预习到课后的思考探究、积累拓展，它们都提供了相对完整的教学思路,对老师备课、学生预习及复习都有很好的指导作用,不仅是学生自学的"学本",更是教师的助教资源。但是,在平时教学中,很多教师没有充分认识到这些资源应有的价值,反而另起炉灶,舍近求远。这也导致许多学生对这些资源的忽视,造成资源的闲置与浪费,实在可惜。对这些资源,教学者一定要用心领悟,有效利用。

一、单元导读

统编教材每一册每个单元前面都有一个指导性的导读内容,很清晰地体现了教材"双线组元"的特点。单元导读对本单元主题略加提示,主要指出本单元的学习要点。导语由两段文字组成:第一段点明本单元课文的人文性主题,或为"小人物"的故事,或是中华美德、家国情怀等,让学生在阅读这些作品的时候有清晰的主题导引,可以更好地把握作品人文价值;第二段则清晰地说明了本单元的语文能力培养训练点,且策略性操作知识也介绍得清清楚楚。如七年级下册第三单元导语第二段写道:"本单元的学习注重熟读精思。要注意从标题、详略安排、角度选择等方面把握文章重点;还要从开头、结尾、文中的反复及特别之处发现关键语句,感受文章的意蕴。"该段话明确本单元的阅读指向是熟读精思,那么如何熟读精思?导语又清清楚楚地指引:一方面"注意从标题、详略安排、角度选择等方面把握文章重点";另一方面"从开头、结尾、文中的反复及特别之处发现关键语句,感受文章的意蕴"。这样,教师在教授课文的时候有明确的方向,学生在思考作品的时候,也可以清晰地从这些角度出发去思考、探究。教师必须借助单元导读引导学生去发现,去实践,去总结,让单元学习目标更明，过程更实，方法更当，效果更佳。教师要利用好这个资源，在开始单元教学之前，要熟知本单元的能力聚焦点和它在整个教材体系的坐标，以及它与上一单元之间的关系。这样才会"胸有全牛"，"先见森林，再见树木"。如七年级上册第三单元是学习默读：一要在默读中把握文章中心和主要内容；二要在默读时做到集中注意力，一口气读完全文，保证阅读感知的完整性和一定的阅读速度；同时还要重点关注标题、开头、结尾及文段中的关键语句。到了第四单元，是继续学习默读，但在能力培养上变成了"勾画关键语句，在感兴趣或有疑惑的地方作标注；在整体把握文意的基础上，学会通过划分段落层次、抓关键语句等方法，理清作者思路"。很明显，第四单元紧承第三单元，在能力训练重点上发生了变化，学生在学习一整个单元过程中，学习行为比较集中，很容易形成清晰化的思考和行为力，且稳中推进。

无论是从编者的意图、教材的特点看，还是基于系统论教学的思想，语文教学都应以整体的思路进行，体现语文教学的整体性、有序性。统编语文教材很重要的一点改进，就是让课程内容目标呈现出清晰线索，各个学段、年级、单元的教学要点清晰，且彼此融合，综合性也有所加强。单元导读可以帮助师生了解单元主题和内容，把握单元学习目标，并且教给方法、揭示规律，我们必须用好单元导读这个教学资源。

二、预习提示

人民教育出版社中学语文编辑室原主任王本华说："预习兼有助读和作业双重功能，或激发学生阅读兴趣，或调动阅读期待，或与以前学习有所勾连……目的在于引导、铺垫、提高阅读兴趣等。"预习提示"较好地解决了学生在课外绝少关注语文学习的状况","预习板块的设置在教学中受到极大欢迎"。预习提示是教读课文助读系统中的关键部分,它对学生如何预习文章做出了清晰的行为指向:一方面,专注课文理解;另一方面,也提醒读者要跟生活经历感受紧密联系起来,让课文的内容与自身的生活经历或者感受加以比照,更加关照学生的内心,让语文学习更具有生活的气息,让语文教学更具有生活情境性。

如《济南的冬天》预习提示:"在你的印象中,冬天是怎样的,有哪些代表性的景物?朗读课文,看看作者笔下济南的冬天与你印象中的冬天有什么不同。课文中的许多景物描写细腻,生动,能唤起你对事物的细微感觉。阅读时要注意体会。"再如《秋天的怀念》预习提示:"史铁生是当代文坛一位非常特殊的作家,他双腿瘫痪,又长年患病,一直在和病魔抗争,这种生存状况使他的作品带有一种独特的气质。体会文中流露的情绪,反思一下:沐浴在亲情中,我们是否只知接受,不会感动,也不懂回报呢?朗读课文,找出一些蕴含着丰富情感的语句,细加体会。"不难看出,预习提示就在"人文性""工具性"上指引着学生的自我学习,让自己的生活经历或感受比照着课文的内容,在比照之中阅读思维可以清晰而又深入。正如王荣生所说:"为了语文知识的'实用'而进行的教学,才是货真价实的语文教学。"

利用预习提示,将学生的学习活动与教师的课堂教学有机统一起来,将课文的助读资源与教师的教学设计融合起来,教学就会更简洁、更明确、更有效。比如七年级下册第四单元重点是学习略读,《驿路梨花》的预习提示也同样清晰地提示了略读小说的基本方法："注意这个故事写到了哪些人物，看看他们分别做了些什么事……想一想'梨花'有什么象征意思。"学生在预习时就抓住这两个点预习课文。我们在教学时也可紧紧抓住"梨花"，有层次地分别将梨花作为景物、作为人物、作为行文艺术、作为旨意的表达等多角度展开教学，简单而又丰富。

三、阅读提示

阅读提示配合单元重点或选取文章的独到之处进行指导，既指向学生的自主阅读、独立阅读，同时尽可能向课外阅读和学生的课外语文生活延伸，力求增加阅读量，培养学生的阅读兴趣。它位于课文之后，一般是配合单元重点，抓住文本的独到之处进行精要的指导，不求面面俱到，但求"一课一得"。设置的目的就是提供辅助，让学生更好地确定自读方向，让自读有效展开。

阅读提示一方面对课文的内容、主题、手法予以提示。如《台阶》阅读提示："小说用第一人称叙述了'我'父亲与台阶的故事。对父亲来说，台阶既是他的物质期待，更是他的精神追求。"这个提示就把故事内容与小说中的重要物象的含义揭示了出来。《外国诗二首》的阅读提示："《未选择的路》借自然界的路表达对人生之路的思考。"一语点破"路"的内涵。其又写道："前者直抒胸臆，没有什么具体的形象，后者则用了许多具体形象来阐释哲理。"也是提示了直抒胸臆与托物言志这两种手法。另一方面，阅读提示对学生具体的语文阅读活动行为指导也非常清楚。如《再塑生命的人》的阅读提示："阅读文章，要关注开头、结尾和文中那些能揭示主旨的语句。""文章在叙事中还常常穿插着'我'的感受和认识,展示出生命'再塑'时'我'复杂而又深刻的心理变化。"这就从两个角度做出了阅读引领,无论在语言组织上还是阅读思考上都真正发挥了提示的作用。学生就可以将"再塑生命"的主题与课文的事件细节联系起来,学习"叙事+抒情或议论"结构的行文方式,洞察使语言变细腻的密码。

所以,我们同样可以利用阅读提示,引导学生关注它,形成自读教学思路。如《台阶》的自读教学,我们就可以引领学生读阅读提示,提炼出自读思路:①细读课文,父亲砌台阶付出了哪些辛劳?(关注细节描写)②怎么又空虚寂寞?(细节描写)③通过这一落差理解父亲的形象,理解小说的主题。学生有了利用阅读提示明晰自读路径的体验,自读行为也就自然而然发生,达到自读的目的。再如《周亚夫军细柳》的阅读提示有三层内容:《史记》的文学地位,文本的主要内容,阅读思考提示。这说明本文的教学要引导学生了解并关注司马迁的伟大作品《史记》,熟悉周亚夫军细柳的故事,理解人物形象,感受人物精神。这样的"阅读提示"为学生自读提供了丰富的阅读内容,有着明确的阅读指向,也可以帮助教师准确把握教学重点和设计教学思路。而对于某些没有设置旁批的自读课文,阅读提示就极为重要。比如《一滴水经过丽江》,阅读提示首句就说"这是一篇别具一格的游记作品",文章"构思新颖""视角独特",这样我们就可以抓住"别具一格"这个词去展开教学,用"别具一格"来带动对这篇游记的理解品读,达成教学目标。

四、旁批

自读课文里的旁批随文设置,或针对课文的关键之处、文笔精华及写作技法做精要点评，或以问题的形式呈现，主要是为学生自主阅读时提供思考方向或点拨重点、疑难精妙之处。旁批不仅可以指导、引领和点拨学生阅读，助力学生培养良好的阅读习惯，而且对于教师把握教学内容、确定教学重点、构思教学设计也起着关键的指导作用。合理使用旁批，自读课的教学会更有方向性和针对性。

贾平凹的散文《一棵小桃树》，教材设置了五处旁批，分别从散文内容、作者情感、阅读方法及散文写法等方面做了提醒和点拨，编者意图极为明确，教学中不应当忽略这样的助学资源。我们可以由旁批中的三问切入，去检测学生的自读情况，了解学情。然后，利用文本中的第二个旁批进入重点阅读，即"课文中一些描写反复出现，比如多次描写小桃树'没出息'。散文中这类地方，往往寄托着深意，要仔细体会"，品读小桃树，感悟小桃树的象征意义。最后用文章第一个旁批"寻常的情景，不寻常的情感"去引导学生感受作者复杂深沉的情感。这样，借助旁批设计自主学习活动，《一棵小桃树》的自读课教学价值就能有效地实现。《安塞腰鼓》自读课文，四处旁批中含有三个"体会"关键词，即体会那种动感，体会"好一个安塞腰鼓！"的多次重复，体会最后一句话营造的意境。《登勃朗峰》六处旁批，带领我们走进文本中的美丽风景和奇人奇事，感受登峰的颠簸之苦、不测之险和意外之喜，走进作者多变的笔法中。九年级下册的《短诗五首》，有四首诗标注了旁批，或点拨，或提问，直入诗歌丰富的情感和哲思，引领学生对诗歌进行审美体验和多样思考。叶圣陶先生说："凡为教者必期于达到不教。"旁批，是统编教材基于自读课文精心开发的教学资源，是实现阅读教学由教到不教、由扶到放的重要抓手。自读教学,要就近选取资源,创设资源。促进教学,就必须利用好旁批,抓住旁批去设置角度多变的语言实践活动,实现编者意图和文本的教学目标。

五、课后思考探究及积累拓展

统编语文教材课后的"思考探究""积累拓展"是教材编者根据文本的自身特点,结合单元目标而设置的语文要素、能力的训练点和教学的重难点,是教材的重要组成部分,也是重要的教学资源。"思考探究"部分,一般侧重文章的理解,主要是围绕课文内容、情感、主题、写作特点和难点设置。"积累拓展"部分侧重语句的品味与鉴赏,以积累、品味、延伸拓展为主,与课文以外的相关语文学习内容建立更广阔的联系,以形成以点带面式的专题性学习。这两个部分彼此紧密联系,由课内到课外,由课文把握到广泛积累,拓展思考,形成纵深的学习阶梯。比如八年级上册《回忆我的母亲》,"思考探究"有三:①母亲的"勤劳"是通过哪些事例体现出来的? 从文中还可以看出母亲具有怎样的品格? ②结合课文具体内容,说说"我"从母亲身上得到了哪些教益。③找出文中议论性的语句,联系上下文,理解它们的含义并体会其作用。"积累拓展"两题,即体会平实的语言中蕴含的情感,比较阅读多篇写母亲的文章。细细阅读,我们就不难理解,此课的教学在文本内容把握的基础上要重点突破语言风格和写作手法的理解和把握,绝不能只是简单地停留在母亲形象和"我"获得的教益上。统编教材课后思考探究与积累拓展的内容设置,吸取了教改所取得的许多优秀成果,问题更具有灵动性、启发性与语文性,既有趣味,又有思考的空间,可以激发学生阅读思考的兴趣。挖掘"思考探究""积累拓展"的习题价值,充分发挥其作用,能够指导学生自学,也能够帮助教师理清教学思路,把握教学重点,优化教学设计。如九年级下册自读课文《邹忌讽齐王纳谏》,课文后"思考探究"三个任务其实是从不同角度对学生自读进行有针对性的指导,很清晰地告诉我们这篇自读课文的教学目标、教学内容和教学环节,即梳理课文内容并熟读成诵,探析邹忌劝谏成功的因素,理解文言文重点词语。以此组织教学,目标明晰,重点突出,步骤清楚,可以有效地推动学生自读和思考,实现自读课文的教学价值。

有效的课堂教学过程是师生共同开发课程资源的过程。统编语文教材给我们提供了丰富的助学资源,提供了属于常态下语文学习的主阵地性资源,多层次、多途径地帮助教师建构课堂教学思路,帮助学生建构阅读方法和阅读策略。我们切不可舍近求远,忽视资源的存在,而要充分利用教材中现有的资源,用心研读,领会编者意图,既能外联,又能内拓,进行有创意的运用,使之贯穿在教学的过程之中,深入浅出,提升学生学习语文的能力,达成语文素养培养的目标。

立足设计　浅浅教学

　　"凡事预则立,不预则废。"语文课堂教学尤其如此。教学是一门艺术,即意味着教师在教学教育上的巨大创造作用。浅浅教学,是语文课堂的清浅纯粹,雅致醇厚;是学生学习的易而有趣,教师教学的自我超越普适。教学改革已走向深入。但深入的境界,便是简而弗浅,众道归真。浅浅教学,正是历经"看山不是山,看水不是水"之后的"看山还是山,看水还是水"的真实与朴实。黑格尔说:"真理是在漫长的发展着的认识过程中被掌握的,在这一过程中,每一步都是它前进一步的直接继续。"真理在发展过程中不断超越自身。美国管理学家彼得·圣吉在《第五项修炼》中说:"微小的改革可能产生很大的成果,但最有效的杠杆往往最不容易发现。"教学设计是教师的基本功课,好的教学设计是实施有效教学的基本保障之一。浅浅教学的佳境,需要教师在教学设计之路上翻山越岭,不断探索,方能抵达。

一、求简

　　简,首先是简明,即教学内容简单明了。只有简单明了才会使学生易于接受,教学才适合更多人的学习需要。简明,正是学生保持学习热情的关键。试想,课堂学习头绪繁多、困难重重,长此以往,很多学生的学习积极性就会逐渐降低。这就要求教师在教学设计的时候,要深谙教学内容处理的艺术,化繁为简,化深为易,要从能够使更多学生接受的视角去研究教学内容,设计教学思路,使教学设计就像大家写的文章一样,简单明了又通俗易懂,更加符合初中生的学习需要。白居易的诗妇孺皆知,因为其诗是以百姓的理解力为基础。宋人孔平仲在《孔氏谈苑》中说:"白乐天每作诗,令一老妪解之,问曰:'解否?'妪曰解,则录之;不解,则又改之。故唐末之诗近于鄙俚。"在硅谷流行一种"妈妈实验"现象,其目的是让产品的工作流程尽可能直观,简单,让"母亲"这一年龄大、对技术不敏感的人群也能很快上手,以防产品难以推广到大众。教学设计也该如此。

如《孔乙己》教学设计,为追求课堂简单明了,就紧紧扣住一个"记"字,再引导学生读出"忘"来。简单的三"记"环节如下:

①你们最"记得"孔乙己的什么?(内容感知)

②小说中的其他人最能"记住"孔乙己的又是什么?(重点研讨)

③这些人真的是"记住"孔乙己了吗?(主题探究)

课堂的第一个环节,就是基于学生视角的读书体验——"最记得孔乙己的什么"。再如《皇帝的新装》课堂第一环节——如何判断这是一篇童话,学生的读书经验很快被调动起来,建立起学生的学习经验与"这一篇"教学的链接,学生逐渐进入情境,教师也就可以贴着学生教。教师的教从学生的学习体验出发,那么学习对于学生来说就简单可行。教为学着想,便可以变难为易。这也是教学的常识。同样,老师的讲解,也要切中肯綮,不枝不蔓。《学记》中说:"善教者使人继其志。其言也,约而达,微而臧,罕譬而喻,可谓继志矣。"意思是说,优秀的教师能使学生自觉自愿地跟着他指引的路子去努力学习。优秀教师的讲述,语言简练而透彻,说理微妙而精善,举例不多却能说明问题。这样就能使学生跟着他指引的路子去努力学习,坚定志趣,收到教学的预期效果。

简明的另一层含义,就是教学目标容易达成,教学重难点容易突破。这是教学问题铺设的艺术。既然是艺术,就不是一般意义上的简单、肤浅,而是洞察了问题实质之后的领悟、通透。这同样需要教师曲折的甚至是漫长而焦灼的思考,如同在黑夜里跋涉,才得以在破晓时到达目的地。这也就像医术的发展,越高明的医术越简单,病者越少受罪。可是,在病者看来很简单很放心的医疗方案,是经过漫长而又曲折的研究探索历程方才得到的。在《孔乙己》的教学中,简简单单的几个环节,要想让学生能够自己读出"忘"字,读出社会的凉薄,教师需百般思考,反复研读文本,梳理、筛选。初以学生的阅读体验为基础,拾级而上,再把阅读视角转换到小说中的周围人物,最后到小说中周围人物的真正心理,进而达成小说的主旨理解。这符合学生的思维认知规律,更符合本小说的阅读思路。所以,以学生的阅读视角进入教学,且环节有很强的逻辑性,课堂教学的达成及生成情况就是理想的。这就是简单明了,举重若轻,达到浅浅教学的哲学课境。

简,也即简练。课堂时间是一个固定值。教师设计的问题过多,使用的时间也就越多,学生思考回答的时间就越少,整个课堂就会陷入浮光掠影、蜻蜓点水的肤浅境地,阅读教学就会沦为一味解决问题的"啄木鸟"

家园。解决更多的问题，不等于就把文章读好。问题数量多，课堂理所当然流入琐碎境地。琐碎的问题往往不是整个文本阅读思维链上的核心部件。课堂时间老是被这样的问题占据，学生的思考时间减少，也就谈不上思考的深远，更谈不上推理、联想、想象等训练了。是让问题带给我们思考与遐想，还是仅仅具体地把这些问题解决掉？这值得我们深思。所以，辩证一点看去，教师的问题简练，学生思维活动的时间、空间就会更多，师生、生生之间相互交流激发的可能就越大，每一个人的主观能动性才会更强，课堂才会迸发出思维火花，才会充满智慧力量。反之，就是陷入机械地跟着老师解决问题的窄化僵局。上述《孔乙己》教例，足以说明之。简练的设计可以带来师生之间充分多维的互动。

二、求实

实，扎实、朴实、落实、夯实之意。教学设计求简，教学内容须精准充实，容不得"花枝招展"的虚浮和自欺欺人的存在。语文教学设计要在研读教材的基础上，提炼确定以语言为核心的教学内容，充分地开展语言活动，在丰富多维的语言活动中培养学生的综合素养，进而提升文化品位、审美品位。在培养学生核心素养的背景下，语文课理所当然也应具有核心价值意义。这就直接体现在教学内容的确定及目标的定位与达成上。否则，效率不高。课有没有核心价值，一方面看教材研读是否通透；另一方面看符不符合学情，贴不贴合学生最近发展需要，有没有真正落到学生身上并得到内化，落"人"生根。研读教材，研读学生，有的放矢，至关重要。就譬如医生医治病者，在研究病人的基础上有贴合的医疗方案出现，这便是量体裁衣、量身定制。那么,语文教学环节设计也要量身定制,问题贴合整体班级学情,又有针对性,使设计实事求是。

语文教学设计求实,归根到底要体现在学生学习活动的充分上。学生学习活动越充分,在综合能力培养上越有效。英国语言教育家韦斯特说:"对于学了许多而对他们无用的词汇的人们,或学许许多多词汇而不能运用的人们,好像具有一大箱的工具而不能使用的木工一样,比不上一个工具少而能使用自如的木工。"这道理犹如游泳,在水里游得越多,技术掌握得越娴熟。语文课堂上学生活动得充分,便是教学设计求简让学的效果。学生学习活动充分,须有教师多彩的活动设计,多角度地调动学生听说读写等能力的训练。根据布鲁姆的教育目标分类系统和香港理工大学祝新华教授的阅读能力层级系统,可以设计出诸如在复述、解释、重整、伸展、评鉴与创意上的多维度语言活动。在此基础上还可以进行主题内动笔训练,以落实统编教材的读写结合理念。如教学统编教材七年级下册《外国诗二首》中的《假如生活欺骗了你》,在体味托物言志与直抒胸臆之不同的环节,让学生做动笔续写练习,用托物言志手法改写"相信吧,_____"一句,这就很实在地解决了本课的学习任务,内容扎实,课堂扎实。

在学生充分的活动中,教师须落实语文基础能力的培养。初中生正处在形成语文能力的关键期,上承小学之上,下启高中,所以,语文课堂能力训练要扎实、具体。统编语文教材形成"双线组元"特色,注重语文素养与人文精神的融合。每一个单元对语文能力的要求都清楚具体,对读书方法的指导也很是详细,具有行为操作的指导性。教师在教学设计时,要实实在在地研读教材要求，设计能力训练环节。比如，入选 2016 年版统编教材的《植树的牧羊人》一文，编者始终把"默读""圈点勾画"作为训练的中心。而文章篇幅较长，教师必须选择语段在有限的教学时间里做好示范，让学生明白什么是"关键词语""重点语句"。所以教学设计中，我就选择相对内容集中、文章技法典型的"第三次见面"做出"圈点勾画"示范，让学生自己圈画，说明原委，最后从"荒原变化""行文思路""评价老人""牧羊人特征"等四个方面对学生的回答进行引导、完善，"举一"以待学生"反三"。教学《怀疑与学问》，我也专门让全班学生填画结构图，以夯实训练。这些具体能力的培养，正是语文教学的主要任务。这些能力，便是属于语文的能力，是语文区别于数学等其他学科的能力体系中的要素之一。语文能力的有效培养，必须在课堂上这些环节中扎实落实。否则，语文课就变得虚无宽泛，成为镜花水月。

在学生能力培养过程中，要做到进一步求实，教师须直面学生暴露的问题，帮助学生现场提升。这"实"，更意味着教师要牢固树立"教师的教是为学生的学服务"的思想，在教学设计中要处理好教与学的关系，基于学去设计教。而在具体的教学过程中，也要实事求是，不能回避，更不能一味追求"公开课效应"而上出顺利华彩的假课，应以朴实、扎实、求是为上。老师回避学生的问题，现场不去帮助指导，指望在课后提升，这也似乎是语文教学的弥天大谎，也自曝了教学的无力。在公开课教学中，我更多的是去提问不举手的学生，因为课堂往往被善于举手的学生"占有"，不举手的学生也往往会缺少关注。多关注这类学生，教学的价值就更大，教学设计就更有效地发挥了作用，引领学生浅浅地走向高处。

三、求活

问渠那得清如许,为有源头活水来。活,灵活、鲜活。这体现在教师对教材的研读与处理上,体现在教师的教学设计面对学情变化时的因势而变上,体现在课堂师生互动中教师应对万变的教学机智上,还体现在如何设计可以让学生掀起思维风暴上。

教师需要在研读教材的基础上创造性地运用教材,按部就班多半效率不高。在教学统编教材八年级上册《古诗五首》时,我将杜甫的《春望》与陶渊明的《饮酒》加以组元,以杜诗中的诗眼"望"字为主要着力点,来勾连陶诗中的"见"字,比较出两个字的不同,进而发现"远"字,体味两首诗的不同诗境及两位诗人的不同诗心。这样就设计成了一堂题为"'望''见'诗心"的诗歌教学课,在教师的创造中,教学内容也因此形成了一个有主题的教学有机体。

成功的作文题往往有较大的思维空间,能让学生有话可说,不感到怪僻。同样,好的教学设计,可以打开学生的思维世界,使学生有更多的读书发现,有更多的话要说。学生彼此之间也会相互激发,迸发出思维的火花。这就需要教师的问题设计具有一定的开放空间,具有趣味性,能够调动学生在生活上或学习上的自我体验,拘而不泥。某教师参加语文优质课比赛,抽到的课题是陶渊明的《桃花源记》。第一个教学设计如下:渔人是怎么发现桃花源的——桃花源里的自然景色如何——村人的生活状况怎样——村人是如何招待渔人的——走出桃花源后又发生了哪些事情。第二个教学设计,该教师就只问一个问题,即桃花源是一个怎样的地方,或者说桃花源是一个怎样的绝境。比较前后两个设计,就明显地感觉到前者机械死板、缺乏张力,学生只要读读讲讲即可,没有什么思维含量;而后者主问题意识强烈,探究的空间更为宽泛,答案各具特点,学生可以从自我理解的角度出发,对桃花源村的特点做出个性化的思考。显然,后一设计充分激活了课堂。郑桂华说:"课标、教材、教学应该在我们的阅读教学设计中成为一个整体。而学生的学习始终是我们设计教学时需要反复思量的因素。"在《孔乙己》一课教学伊始,我围绕"记住了什么"这一关涉学生原初阅读体验的话题让学生交流,学生果真有话可说。教学小说《猫》,我又是这样设计主问题,即让学生谈谈小说有几只猫。学生兴趣盎然,深入课文阅读发现,各种见解纷纷出现。终于,有学生发现其中的人其实也就是猫,进而更深地理解了"猫"这一典型形象和小说的社会意义。教学《外国诗二首》中的《假如生活欺骗了你》,我设计了"这首诗可以送给身边的谁"这一活动,让学生送诗。学生或送给自己,或送给某位朋友,理由都具体,内地里就打通了所学诗歌与自己的情感体验,学以致用,效果较理想。教学设计要从学生出发,使学生有话可说,有积极的表达愿望与热情,这便是浅浅教学的美好追求。

语文的外延是生活。教学设计打通课堂与生活资源的链接,便会活水不断。在永嘉县云岭乡中学上作文课,内容就是山中白云,而窗外正是蓝蓝的天和白白的云,灵感不断的智慧之光就闪耀于课堂。在云南曲靖教学《外国诗二首》,大雨突至,又适逢让学生添加使用托物言志手法的一句诗,学生便有了"相信吧,明天一定又是万里晴空""相信吧,灿烂的阳光终将来临"等诗意洋溢的句子。

课堂之内求活求变,那么课与课之间,也要求活求变,这样更有创造力。比如统编教材老课文《植树的牧羊人》一课的导入,也可以呈现多种变化:如说说这篇文章写了一个怎样的故事,请学生用概括的语言来说文章的故事内容;如检测学生的阅读情况,请学生到黑板前来默写文章的词语,以带动学生对文章内容的理解;如问学生这篇文章的阅读要学会用什么方法来进行;如分别用"植树的牧羊人"和"我"开头来说说这个故事;如探讨这篇课文写了"我"和老人的几次见面;如给文中植树的牧羊人做个评价,等等。一篇课文,不同的导入设计,这样求变,课堂就永远是新的,活的。

当然,教学设计再活、再变,也有一些是不变的,那就是精深的文本研读与以人为本的教学指向。教师同样不能被"活"字蒙蔽,要"活"中有"稳",以不变应万变。学生始终是课堂的主体,教师要有长时间以学生为视角、以学生广泛行为参与为理念的教学实践积累,才能以不变应万变。在西安诗歌教学研讨会上,我的《雨巷》这一无文本教学课实属教学意外,临场应变的背后就是对文本的深度钻研和对"发动学生"课堂理念的大量实践。文本立起来了,学生站起来了,教师就解放了,课堂就会如汩汩清泉,清清浅浅,活跃生动。

四、求新

新,新意,创新之意。作家叶开在《写作课》中说道:"词语具有相当高的黏性,比 502 胶水黏度还要高。前面有什么词,后面跟着会来什么词,我们下意识就能想到。'也就是说''从某种程度上''众所周知'这些词语的黏度就非常高。一个自由的、对词语敏感的写作者,一定要努力避免落入这样一种自动延展的逻辑和秩序中。"[1]高黏度现象,有人称之为"语言的滑槽",如同人在滑槽上方,不用动脑不用思考就直接滑到底了。现在很多文章就是这么写出来的,一看开头就知道接下来会讲什么。这也似乎成为写作的固化遮蔽。我们反思语文教学设计,似乎也存在这样的现象:解释题目,它有什么特点,选择你最喜欢的句子品一品,说说你对主旨的理解等。语文课落入窠臼,陈陈相因。教学缺乏创造性,学生的学习也就缺乏创造性。这就要求我们勇于打破思维惯性的"滑槽"。

如教学议论文《怀疑与学问》,常规的教学思路就是找出中心论点,列出分论点,找出论证方法及论据。实际上,这更多的是知识中心论的体现,教学成了以解决问题为核心的时空集结。琐碎的问题解决代替不了文本的深度阅读,且大幅缩短了语言思维训练的过程。以问题的探讨来促进学生对文本的深度阅读可以带来更多的综合素养提升。多让学生感受陌生化的学习体验,这往往是学生表层认知下感到熟悉其实很陌生的东西,也包括自己的学习方式。在这一课上,我以理清怀疑与学问之间的关系来带动学生读书思考、辨别,代替找出中心论点的问题;以语言活动"长句变短句后的短句分别放在哪里"来解决结构层次问题;以学生黑板图示演练落实层次和分论点的教学;最后以对课文末尾部分的质疑来达到文道合一的教学效果。这样的思路学生感到新鲜,因为九年级学生接触的更多是应考模式的学习体验。固有的学习经验带来熟悉,同时也带来遮蔽。而这种教学设计的陌生冲击了固有的经验,教学设计的"新"就出现了。一次,公开课活动中我教《走一步,再走一步》,临场才知学生已经学过,我就改变教学设计,从另外的视角出发,给了学生陌生的收获。知识能力的拓展,思维上的点拨与建构,以及对固有认知的重新发现与去蔽,就是内在的教学出新。

第斯多惠说:"一个坏老师奉送真理,一个好老师教人发现真理。"如果我们把尚且满足的设计奉为放之四海而皆妙的好课的话,那我们仍不是一个优秀的老师。我们看似设计出了一堂令自己满意的课,同时也是一种遮蔽。自我同课异构便是去蔽,是不断出新的绝佳方式。徐杰老师执教《昆明的雨》,设计出了自读课教学和教读课教学两个不同的教学方案并在课堂实践,比较后去思考《昆明的雨》的最适当的教学设计,不断出新,绝不满足,这是对自我教学能力的挑战。

需要提醒的是,丰富的教学设计思路,归根结底是通透的文本研读。精熟方能生巧。我们阅读文本,也难以摆脱封闭的弊病。"读者以具有封闭性的主体图示去解读经典文本,所看到的常常是内心早已存在的东西,文本中新颖的信息反而视而不见……文学文本解读之被蔽还在于文学是感性的,正常读者往往凭直觉就能被感染,故有一望而知的意会,但意会是综合的朦胧的,还可能是片面的歪曲的。"[2] 如果教师的阅读被遮蔽,显然会老生常谈。如《从百草园到三味书屋》,"三味书屋"部分的文字果真是批判封建教育制度的吗?细读文本,便知作者表达的是对寿镜吾先生的敬仰之情,同时也用了大量的笔墨写了不同于百草园的乐事。显然,这是对这段岁月的怀念。如果教师依然受机械反映论的影响,那便是误入歧途。由此,学生更容易被一望便知的东西遮蔽,从而忽视"这一篇"。教师要在浅深之间引导学生进入文字,反反复复读出新的发现,感受到有点陌生的阅读体验。这便是出新。而只追求形式上的花枝招展,不能给学生带来新的深刻学习体验的"出新"则是盲目求新,本末倒置,"充满了声音和喧嚣,里面空无一物"(周国平)。

参考文献

[1]叶开.写作课[M].桂林:广西师范大学出版社,2018:29.

[2]孙彦君.闽派语文和孙绍振的"去蔽"[J].语文建设,2012(6):33.

立足提问　浅浅教学

　　"21 世纪课程项目"负责人海蒂·海耶斯·雅各布斯在《让教师学会提问·推荐序》中写道:"从孔子到亚里士多德,再到笛卡尔,提问是教师激发学习者时使用最普遍也是最根本的策略。"在我国基础教育课程教学改革的进程中,随着教学模式及教师、学生学习观与评价观的转变,课堂提问重新回到现代教学的核心,成为教师开启学生心智和引发学生思考、参与、探究的重要教学手段。"学贵知疑,小疑则小进,大疑则大进。""不学不成,不问不知。"善于设疑、提问,是教师转变课堂教学角色、提高教学效率、彰显教师智慧的关键。有效的课堂提问,可以使学生在有趣的、现实的问题情境中,产生对知识和学习浓厚的好奇心和求知欲,从而提高课堂教学和学生学习效率,达到"浅浅教学"的课境。苏霍姆林斯基说:"在人的心灵深处,都有一种根深蒂固的需要,这就是希望自己是一个发现者、研究者、探索者,而在儿童的精神世界中,这种需要特别强烈。"

　　语文教育家张巨龄先生认为,"提问,是用以引起注意、组织教学和帮助学生反复咀嚼学习内容,最终加以吸收的教学手段"[1]。在新课程理念渗透下,语文教师对课堂"提问"的主体、数量、方式等认识都有所改变,但在实际教学中却鲜有斟酌——提问上只收不放,语言过于笼统、琐碎,内容过深或过浅等问题依然普遍存在。而立足提问的浅浅教学,则必然是提问形式上的浅白,内容上的深入。须带着下面五个方面的思考。

一、"九思"自问,深入浅出

"提问"问什么,与教师的备课程度密切相关,更确切地说,备课的结果决定了提问的内容。在《备课,我们该想些什么?》一文中,我曾谈及"备课九思"(如图 1-1 所示),涉及学生、文本、作者、编者等多个方面[2]。而事实上,备课的每一方面都对教学提问有重要影响。

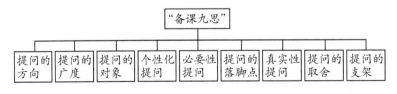

图 1-1 "备课九思"架构图

1."这是什么类型的文章?"决定了提问的大方向,如散文侧重语言品味,小说侧重人物分析,戏剧则一定少不了对矛盾冲突的提问,所谓"依体而教",要"依体而问"。

2."作者为什么要写这篇文章?"决定了提问的广度,或者可以说是延展程度,如课外的拓展资料可以有多少,是否需要知人论世等。如老舍的《猫》,老舍自然是因为极喜欢猫方去写猫,但猫对老舍的生活是否存在意义呢? 这就要考虑作者写作意图的成分问题了。

3."这是写什么的文章?"决定了提问的对象。如欧·亨利《最后的常春藤叶》中,老画家贝尔曼是关键人物,底层人物相濡以沫的情感是文本核心,那么,提问的内容对象便可多聚焦于贝尔曼。

4."这是怎样写出来的文章?"决定了提问的个性化内容。作者是怎么写的?所运用的技巧与语言特点是什么?这些问题触及作者特质、文本特质,由此提问便具有针对性和独特性,避免了模式化与套路化。

5."为什么放在这个单元,这个位置?"决定了提问对于编者意图的拿捏,即哪些是必要的提问,必要提问的数量有多少等。如教读课、自读课、课外阅读课的必要提问数量自然是不一样的,而根据单元设计,有诵读要求的文章就该问学生"怎么能读得好",有圈画要求的文章就应该问学生"该怎么圈,怎么画"。

6."最能体现文章特色的语段或句子是哪几个?"决定了提问的落脚点。阅读是一场与文本的对话,我们要走进关键性的文本细节,走进句子、词语甚至标点符号,从语言角度进行文本解读。如杨绛的《老王》中说:"有个哥哥,死了,有两个侄儿,'没出息',此外就没有什么亲人。"这句话把杨绛的语言特点、老王的悲苦都体现得十分充分,可以成为课堂的一个重要提问点。

7."思考当下为什么要教这篇课文?"决定了提问应基于怎样的真实情境,做怎样的阐发。如教学《愚公移山》时,我们会发现一些学生对愚公的做法很不认可,那么结合当下,追问这篇寓言的意义便十分必要。

8."学生自己能读懂的和不能读懂的可能是什么?"决定了提问内容的最终取舍。学生是否读过文本,对文本的理解程度如何,决定了我们面对庞杂问题时,究竟选取哪些提问带入课堂。

9."教材提供了怎样的助学资源?"决定了提问的支架有哪些。教材是最重要的教学资源,单元导言、预习提示、思考探究、积累拓展及课文注释等,都是提问的重要参照、资源与辅助。

综上,提问的要点应该是:面对真实的学情和教材提供的框架,选择合适的提问方向和广度,并就提问的主要内容对象,选取必要性提问,精练个性化提问,这样,才算是在提问上基本"立足"了。看似浅白的问题,其实背后经过漫长的自我提问,去粗取精,否定之否定,熔炼而成。

二、适切而入,自然而然

提问是课堂必不可少的成分,同样也是教师引导学生走进课堂,走进文本的重要手段。"学生是通过怎样的途径进入文本的?"这是钱梦龙先生上课时最关心的问题,也是我对自己课堂常常进行的思索。提问虽需要着眼方方面面,但总要有一个切入点。

刘勰《文心雕龙·物色》中说:"以少总多,情貌无遗。"这个切入点,看似只言片语,却能够以此为支架,支撑起文章的骨骼、样貌。

着眼于明显处。标题是一篇文章的窗户,且没有一扇窗户是紧闭的。以琦君的《春酒》为例,"春酒"是一个无惊无奇的名词,很多人只感知到了春酒是文章的线索,却不知这两字中饱含丰润的情感。当我问学生"《春酒》的题目该怎么读"的时候,他们读出了思乡,读出了自豪、喜爱、快乐等,同样也读出了母亲去世后的悲伤、惋惜、惆怅、忧伤。"春酒"两个字中的情感是如此的复杂,顺着这迥然不同的情感,慢慢回到情感的源头,儿时吃春酒欢愉、乡邻的热情淳朴、母亲的宠爱等便都慢慢浮出来。

文体对阅读教学来说是一个重要的问题,文体阅读思维培养是阅读素养形成至关重要的一部分。比如《一双手》,是报告文学,是一篇采访。

我在教学时就率先抓住"哪一个片段就是在采访"这一关涉文体的问题，顺势而入，来来回回在对话语言的品读中贴近人物，感受"讷于言"而勤劳质朴的人物形象，也践行了通过读人物语言来认识人物的读书方法。在《皇帝的新装》教学中，也抓住了童话的文体，着眼于"你怎么就判断《皇帝的新装》是一篇童话的?"这一问题，将学生的读书、思考活动与问题有效联系了起来。

着眼于矛盾处。文学作品的世界，充满着矛盾。在故事情节、人物塑造等方面，大多充满着矛盾，使作品充满张力。矛盾，是形成作品关键的艺术方法与规律，吸引着读者的内心，使读者的情感与之"俯仰"。既然是方法与规律，那么它在阅读教学中也完全可以作为教学落脚点来实施教学。矛盾可以使作品跌宕起伏，也可以使课堂跌宕起伏、张弛有度，引发学生的思维兴趣。所以，可以将它作为教学方法，在方法的实施中教给学生抓住矛盾去阅读和思考的方法。

抓住作品中形式上矛盾的词句。如《孔乙己》，教师通常会抓住"孔乙己是站着喝酒而穿长衫的唯一的人"这个矛盾性语句，让学生来认识孔乙己的特殊身份。又从孔乙己的穿着举止、言行状况，逐渐认识他的可怜、可悲又正直善良，进而认识社会人情的凉薄。《孔乙己》最末一段话："大约孔乙己的确死了。""大约"是指没人亲眼看到，内心推测；"的确"是孔乙己的必然性结局。以悲剧结尾更显小说力度。鲁迅散文《从百草园到三味书屋》里也有这样的句子：其中似乎确凿只有些野草。"似乎""确凿"也矛盾。"前者是从记忆的印象而言，年隔久远，难免模糊；后者是从心境而言，百草园留下的快乐回忆是肯定无疑的。"[3]

抓住人物矛盾心理。《父母的心》中，夫妇二人把孩子送出去，又反复托词把孩子留在身边，最后哪一个都舍不得，整个内心充满了矛盾。《秋天的怀念》里，母亲诸多的"艰难"，终于被儿子明白，可是两个时空之间是永远跨不过的天堑。教学《背影》时，学生都读出父亲爱儿子，紧接着读一读儿子如何对待父亲，会发现文字正隐藏着儿子对父亲的不好，他们之间的隔膜，这也是矛盾。

抓住情节中的矛盾。钱梦龙老师教学《故乡》，引领学生认识杨二嫂这一人物形象，让学生去判断杨二嫂说闰土藏了东西是否真实，学生根据前面母亲让闰土随便拿的情节得出矛盾。在这一过程中，学生感受到语言思维的过程，也体验了联系性读书的方法。

着眼于细微处。老子曾说："天下难事，必做于易，天下大事，必做于细。"20世纪世界最伟大的建筑师之一密斯·凡·德罗，在被要求用一句话来描述他成功的原因时，也只是说了一句话："魔鬼在细节。""多年以后，面对行刑队，奥雷里亚诺·布恩迪亚上校将会回想起父亲带他去见识冰块的那个遥远的下午。"这一段不足50字的细节描写，如何得以成为名著《百年孤独》脍炙人口的开篇？好的细节构成了文学艺术表现力的关键点，能焕发出艺术能量。约翰·契弗（美国现代小说家）说："没有文学，我们不可能了解爱的意义。"我们要从文学作品的美学价值中，尤其是从细节中去寻求，要善于去体味文学通过细节表现的对生活的思考和穿透力量。所以，细节是一种深刻，是一种巨大的力量。阅读教学中就细微之处发问，会将学生的思维带到深处。比如，小说《台阶》中，父亲修筑好了台阶，却又有些失落。这就是人物心底隐藏的矛盾。在作品中很细微，但是很隐蔽、深刻。这正是需要读者深刻体味到的连父亲自己都没发现的那一代农民的心理密码。教学中，不抓住这一处细节，显然不能够达到教学的深处。再比如小说《猫》，既然"我"很愧疚，误会了第三只猫，文中却没有写出"我"的任何弥补，而它终究死在了邻居家的屋顶上。这就是小说隐蔽的细微之处，正是小说的"言说"之处，也是小说的形式。这一形式意味着什么？按照正常的心理逻辑，愧疚之后为何它还会死在屋顶上，且是邻居家的。只有洞察，才能够挖掘"我"内心隐藏的心理密码——人本身难以发觉或摆脱的恶，形成的对猫造成永远不可弥补的伤害的悲剧力量。

三、匠心独运，因势象形

提问是教学设计的一部分，教学设计应当简明、扎实、鲜活，提问也当如此。每个问题的提出既要不固化学生的思想，又要能激起学生求新探知的欲望。所以，善教的教师必然是善问的，当我们选择完提问内容后，依然需要对问题的语言形式进行精雕细琢，以更好地被"提出"。

(一)被明白

提问从某种程度上讲是一次对话的交互，不是简单的问答。在生活中，我们提出问题，最主要的就是把问题说明白，而明白的基础是简练、明确、清晰。这是提问的形式方式问题。提问简练明了，学生有话说，就容易点燃学生的思维火花，激发思考与表达的欲望，内心就会"动"起来，参与到课堂中来。这个课堂就可以"众人拾柴火焰高"，所要学的的知识就可以在"学"中得到。孔乙己的"记得"，再明白不过，指向学生的阅读体验，指向小说的整体内容与故事细节，也指向故事中的人物。每一个人都有话说，课的一开始就可以有一个思维风潮。教学《斑羚飞渡》时，我设置的主问题是："斑羚飞渡，是一次_____的飞渡?"要求学生填上形容词或者其他表现这次飞渡特征的词，同样比较简单明了。

(二)被记住

好的提问是能叩响心扉，并值得回味的——回味的基础是"我还记得住这个问题"。怎样让问题被记住？首先数量上不可繁多。如教学《春酒》，我围绕标题，让学生思考春酒中的情感；教学《孔乙己》，我撷取"记得"二字，串起三个主问题；教学《皇帝的新装》，我以"夸张"为关键词，强化学生对童话的认识。其次是层次性。循序渐进，体现阶梯递进。对主要问题的发问，建立在学生思维提升的时机相机推进，承上启下，逻辑过渡。在一个问题的细致提问上，平时我们经常使用的追问便是层次性的典型体现。再次是旨用性。在传统的课堂教学中，往往是以学习知识为核心，教师的"教"是以知识为中心，知识往往被传递。从核心素养培育上来说，知识应该是被建构。知识的作用是思维、创造，而不是被识记。所以，提问要将学生导向应用知识的层面，引导学生利用知识去判断，去思考。有了思维过程体验，问题是容易被记住的。所以，针对课文内容层面的提问只是静态的平面，有了动态的思考过程才体验深刻。如《怀疑与学问》中分论点的教学，我引导学生关注过渡句，利用过渡句承上启下（这一词语学生熟悉，有概念化倾向）的作用，将文章真正读出来层次。在思考句子之间的关系中填写课后练习的文章结构图，使学生前置性地体验了分论点的设置，顺理点出"分论点"的概念。知识是在动态中生成的，不是教师单向简单传递（往往是 PPT 呈现介绍）的。

(三)被体验

语标有言："具有独立阅读的能力，注重情感体验，有较丰富的积累，形成良好的语感。"语言，只有被体验，才会对学生的语感、情感态度价值观有培育的作用,才会触动学生的心灵。学生的精神世界才会真正丰富起来,内心才会逐渐柔软。语言,才会化作缕缕茶香流过心底,其馨香甘洌才会被认知、理解和接受。似乎,语文教学也有一个陷阱,语言容易流入浅表分析的境地,"隔岸观火""高高挂起",学生始终在大家熟知的概念意义上徘徊,教学活动难以深入内心,也造成"泛语言"现象,粗枝大叶,"语浮言躁",教学的结果,仍然是功利化的实用主义。对于人的发展,特别是语言素养的发展来说,感受是至关重要的。丰富的感受就是内心敏感地认知世界,并用语言表达出来的结果。而拥有敏感而丰富的内心往往就是从感知丰富的语言开始的,认知丰富的世界也正是由体验语言的美感深化的。所以,教师的提问更多要指向学生的体验、感悟,帮助他们形成自主性的感受,增强感受力。比如柳宗元《始得西山宴游记》的教学,我就设置了"与其说柳宗元在游西山,不如说在_____西山"这一问题,使学生的理解与柳宗元的内心贴近,通过文字,将跨越岁月时空的心灵贴近。再如《春酒》的教学,对标题的情感性朗读,就是让学生以体验的方式走入课文。在理解的基础之上,形成学生内心独特的体验,就可以在这一提问中得到自主形塑。

四、量体裁衣,唤醒心灵

德国哲学家雅斯贝尔斯在《什么是教育》中说:"教育的本质意味着,一棵树摇动另一棵树,一朵云推动另一朵云,一个灵魂唤醒另一个灵魂。"所以,教育的发生就在"提问—问题的解决"这一对话交流的真实过程中。当我们提出一个问题后,是怎样处理的?这正是体现教师教学理念、定位教师角色、彰显教学智慧的节点。

(一)要等待

很多教师希望问题抛出后就有人举手，显得课堂很热闹。但仔细思考，第一个举手的学生，固然思维活跃值得肯定，但教师若此时贸然指定其作答，是否挤占了其他同学的思考时间？剥夺了其他同学的答题权利？所以课堂上，不妨慢一点，多给学生一点思考的时间。比如教学《皇帝的新装》，学生很活跃，我四次强调"别忙着举手"，给学生一点思考的时间，让更多的学生与问题贴近。

(二)要倾听

提问得到的反馈，就是学生的回答了。学生的回答是直接验证提问质量的关键。学生的言说内容、言说方式及思维视角反映着教师提问的质量。学生回答时候教师要安静地倾听，并能够引导其他学生安静地倾听。在听中听出学生的思维视角、思考原点和情感表达，还要听出"欲说还休"的模糊点，甚至是错误点。这样，学生学习中暴露的真实问题才会被教师认知掌握，教师才会是在面对"人"遇见的问题，是在"育人"，而不是不顾学生的难处所在"另请高明"来加速问题的解决过程，以节省教学时间；或是不管学生在说什么，都是缺乏变通地以固定的预设走流程。教师对这一环节处理的态度会影响课堂教学氛围。教师可以使用诸如"为什么""你能详细阐述吗""你有什么证据来证明你的回答"等，倾听更多的回答。

(三)要贴近

"学习"被视为"意义与关系的建构"。学生的思维发展，往往要经历单点、多点、联点与抽象的过程，这也是建构的过程。仿佛在搭建房子，逐渐形成一个整体性结构。"教"是帮助学生在"学"。所以，教师提问要以学生的思维感知视角来提问,贴着学生教,随着学生的思维路径往前走,教师"走"在边上或是身后,陪学生走向前面的"芳草地",而不是掌握着一个结论远远地等待着学生的"到来"。教师的姿态就是贴着学生的。这一片"芳草地",也是贴近学生的。这样,看得见的成长就得以发生。学生真切地感受到课堂上的生长与自己的最近发展,便是愉悦的,有积极性的。这便是"浅浅教学"的课境。

(四)要编织

在传统教育思想中,学生的学习往往跟"进展"相关,教育就是照着预设的路径朝着固定的目标进发。教师似乎也容易把学生之间的差异定义为偏差。"随着教育的改革,'学习'被视为'进程'。差异绝不是偏差或是教师的负担。没有差异就没有对话,没有对话就没有教学。差异是一种客观存在,是推进课堂教学的正能量。"[4]教师的中心任务是致力于"有效学习环境"的设计。"教师上课的本质恰恰在于:如何尽可能调动儿童活跃的思维,发现不同的思路,激发认知冲突,展开集体思维。儿童在学习进程中暴露出来的种种困惑与差错,以及儿童之间的认知冲突与活跃对话,正是推进课堂教学的原动力。"所以,在师生对话的过程中,教师要将诸多的不同编织在一起,产生碰撞,产生认知冲突,从不同视角去融合建构,在主题学习下形成学习的主题。在"有效学习环境"中,教师承担着协调学习者动机与成就感的重要角色,学习的情感与认知维度密不可分地交织在一起。

五、发现融通,曲径通幽

常言道:"学起于思,思起于疑,疑解于问。""施教之功,贵在引导,而引导之法,贵在善问。"好的提问,目的是激发思考、探究,引出对更多问题的思考,包括激发学生提出更能引人深思的问题,而不仅仅是现成的答案。如果我们提出问题时希望学生给出一个课本上的答案(情节、人物、场景和活动),显然这个问题并不会给学生一个思考过程,思考容量和空间也较小,其往往是非此即彼的封闭式问题。而带有话题色彩的提问,思考空间比较大,允许学生做出多种可能的解答。所以,一定程度上,提问目的胜于形式。我们为什么提问(希望得到什么回答)比提问的方式更为重要。有时,"我们是希望我们的提问能够激发学生提出自己的问题,还是希望得到一个常规性的解答"[5]?是为了得到一个结论,还是能促使一个思考行为过程的发生?这些是提问的目的指向,它的达成从另一角度来说,提问的方式也较为关键,直接影响着学生的思维瞬间反应状态。

学生对于文本的学习,要融入自己的语文生活,这是深度学习的关键一步。让自己的学习融入真实的情境,使课堂阅读体验与生活体验紧密融通,这是语文素养内化提升的过程。我教学统编教材七年级下册《外国诗二首》中的《假如生活欺骗了你》时,轻轻一问:"这首诗你准备送给谁?为什么?"学生一下子将这首诗与自己的生活融通了起来,不需要一个字的情感或道理说教,学生自己的情感体验就汩汩而出。这轻轻一问,很自然地以语文的方式做到了"育人"的目的,指向"三维"中的情感态度与价值观目标。《怀疑与学问》的教学最后,我引导学生在文本学习中怀疑文本语言的可怀疑之处,将学生的行为导向践行文本所讨论的精神品质上来,知行合一。这就是阅读教学真实情境下更深意义的发生。

在教学中我发现,学生对教师常用的提问方式很熟悉。教师平时的提问方式也在无形中教会了学生提问。教师的提问,如能激发学生的提问,他们会更加主动地投入对文本内容的加工和意义寻找中。这时,教师仍然要用提问来帮助学生形成更加关键性的教学目标性问题,进而使其把握核心思想,努力使学生理解所学内容并构建个人对内容理解的意义,促进更多问题的出现。就像梁衡《夏》的教学结尾处,教师提问"标题可以用何种颜色来书写"时,红、绿、黄等纷纷出现。课后有学生还在想,要用灰色书写,学生又读出了梁衡有对辛苦劳动者的心疼之感。课堂,因为问题的设置与展开画出了一道射线。如此,真好。

参考文献

[1]张巨龄.语文·情趣·教学[M].沈阳:辽宁教育出版社,1988:70.

[2]肖培东.备课,我们该想些什么?[J].中学语文教学参考(中旬),2019(10):12-18.

[3]周建标.着眼于矛盾点的课堂提问策略[J].中学语文教学参考(中旬),2017(1/2):132-134.

[4]钟启泉.核心素养十讲[M].福州:福建教育出版社,2018:21.

[5]麦克泰格,威金斯.让教师学会提问[M].俎媛媛,译.北京:中国轻工业出版社,2015:10.

立足活动　浅浅教学

　　语文教学一度经历了教师讲授、学生听讲的阶段,课堂呈现出单线结构,缺乏师生双方的互动,"识记"成为学生学习任务的主体。这也在很大程度上限制了学生的创造力,忽视了人的主观能动性。新课改实施以来,课堂重"过程"、重"体验",重视人的精神世界发展,重视能力的形成,重视"自主、合作、探究"的学习方式,以此激发人的创造力。既然重"过程"、重"体验",势必要在"活动"中才会有经历的过程和真正的体验,"自主、合作、探究"的学习方式也须恰当地渗透于主题教学活动中。不然,学习永远只是停留在僵化的、浅表的知识认知阶段。知识经由活动,才能转化成能力。所以,课堂是师生共同经历的一场智慧之旅。语文课堂有了活动,师生之间、生生之间,师生、编者、作者之间就可以有更多的交流,彼此才会有生活中具备精神高度的时空。

　　本文试谈课堂立足活动的原则,并对现实教学中课堂活动的失当现象加以剖析,以使语文课堂园地守正、丰富,化教为学,达到"浅浅"之境。

一、活动：人的本质发展凭借

纵观人本身的进化发展，便是在"活""动"的过程中完成的。在狩猎等活动中，人得以直立行走，创造形成语言，大脑进一步发展。所以，儿童教育的重要方式便是游戏教学。幼儿在会行走之前充分的爬行也是后天大脑发育不可缺少的条件。"游戏""爬行"是人在自身成长发展的过程中必需的形式凭借。很多病人的恢复治疗，也是在"训练"（活动）中走向康复的。这些符合人生命本身的客观规律。它告诉我们：课堂上真正教学的发生，必须依靠"活动"。如此，学生才能在符合教学规律的课堂时空中获得更好的成长与发展。或者说，学生的语文能力发展必须依靠语文活动。在"活"中行动，灵活思考，将手、口、耳等感官尽可能地调动起来，人的潜能便在课堂之中获得激发，形成创造力。

"我国传统的学校教育，把学生的学习看作一个静态的过程，课堂上只有教师的讲和学生的听，没有师生双方的互动，学生身心发展被压抑，学生的学习无非是对书本知识的死记硬背。"[1]80杜威在《民主主义与教育》中提出了"从做中学"的教学理论。在杜威看来，"'从做中学'也就是'从活动中学'，它使得学校里的知识获得与生活过程中的活动联系了起来，儿童能从那些真正有教育意义和有兴趣的活动中学习，从而有助于儿童的成长和发展"[1]78。杜威认为："教材与教法同属于知道如何达到一定学习目的的途径，二者统一于做的活动，教学不应简单地注入知识，而是如何寻求一种最有效的方法，是诱导学生在实践活动中学习和发展自己的能力，使学生成为学习的主体。"[1]79从理论上讲，课堂上教师和学生的所有活动都可称为课堂活动。我们通常所讲的课堂活动,是指教师为了解决某一个问题,或为了使学生对所学内容加深理解和体验,精心设计的利用一种能使学生主体更充分展示出来的互动形式进行的教学动态过程。提问、辩论、讨论、比赛、朗读、质疑等都是课堂活动的形式。

从学习效果上来说,在学习金字塔尖的"听讲",也就是教师在上面说,学生在下面听,这种我们最熟悉、最常用的方式,学生的学习效果却是最低的:两周以后学习的内容只能留下 5%。而"做中学"或"实际演练",可达到 75%;"教别人"或者"马上应用",学生可记住 90% 的学习内容。学习效果在 30% 以下的几种传统方式,都是个人学习或被动学习;而学习效果在 50% 以上的,都是团队学习、主动学习和参与式学习。

从培养学生的核心素养来看,我们的"核心素养以'全面发展的人'为根本出发点和最终归宿,是新时期教育的育人目标"[2]8。与这一课程目标相对应的课堂教学的落脚点也在发生变化,"重点不是让学生获得一堆零散、呆板、无用的知识,而是让他们能够积极、充分、灵活地运用这些知识去理解世界、解决问题、学以致用,并获得人格的健全和精神的成长,成为新时代的社会主义建设者和接班人"[2]7。这样的人的素养是个体在与各种真实情境持续的社会性互动中,不断解决问题和创生意义的过程中形成的。所以,课堂活动是学生核心素养发展的必然凭借。

二、向心：活动设置的不二法门

语文教学的活动千变万化、包罗万象,也让许多教师眼花缭乱。事实上,一个优秀的语文教师除了要有扎实的文本解读能力之外,还要具备扎实的教学设计能力。在整个教学设计中,活动设计或者说如何变教为学,决定了自己的课堂走向。教学是艺术,也是科学,要遵循教育教学规律。我们在"不变"之中思考着"变",在"变"之中也思考着"不变",就会厘清很多困惑。

(一) 整体指向

《义务教育语文课程标准(2022 年版)》指出:"语文课程是一门学习国家通用语言文字运用的综合性、实践性课程。"其中的"实践性"与"运用"指向学生的语言行为能力。学生的语言行为能力在"静听"中是难以形成的,需要在"活动"中学习、训练和培养。这既是语文教学的方向指导,也是教学的目标。一方面,整个语文教学要在语言实践中提升学生的语言行为能力;另一方面,课堂上所有的活动要指向提升学生的整体性语言文字运用能力,提升学生的综合素养。

在此基础之上,课堂活动的总体指向是学生对于作品的整体理解。活动之间形成相辅相成的融合关系,促成学生完成一个"单元组织"的学习,也使整堂课的学习具有整体性。如我在教学《伟大的悲剧》时,从整体感知环节的"概括故事"到"感知伟大的含义",到以演讲情境讲述动人细节的活动,再到完成对茨威格写就这一传记文学所采用的研究史料加上发挥想象方法的学习,整个活动设计将故事的整体情节把握、主题理解、人物细节体悟和作品的文学形式等方面融通起来,浑然一体、一脉相连。

除了活动的各个环节形成的整体之外,作为语文活动的"听说读写"在一堂课里也是一个整体。教师在设计教学时要整体考虑,不能将彼此割裂。教学《皇帝的新装》，我这样设计："皇帝就在那个富丽的华盖下游行起来了……如果让你从这里写你的安徒生童话的结尾，你会怎么设计?"这是一个基于阅读的写的活动。学生经过一番思考后，提出了多种方案。我出示了自己的"大人与孩子互换"的结尾设计，让学生说一说能否这样设计，这是一个说的活动。这样，阅读、写作、听说有机地整合在一起，学生既理解了安徒生以童话的形式揭露人性之弱的意图，又多了一份警惕，避免了在成长的过程中把天然的真纯遗失在喧嚣的世俗社会里。

课堂的主体是学生，活动的目的是让每一个学生"活"起来，有事可做，这样学生才会参与课堂。所以，活动的初衷是尽可能让学生整体性参与，使教学环节关联到每一个学生的发展。"教不等于学，所有有深度的教学都必须建立在促进学生有深度地学习的基础上。"[2]5一旦学生游离于课堂活动，他们的学习就没有真正发生。因此，活动的"寿命"绝不可让课堂的一些"高手"来左右，教师要延时评价，制造思想的碰撞、认知的冲突，让"落单"的学生也能参与到活动中来。越碰撞，越容易使问题集中而得以关注，学生越能够进入高阶思维阶段。从这个意义上讲，活动是一个绝好的平台，它让学生在"问题场"中被唤醒而得以发现一个新的自己。实质上，课堂活动一旦忽视思维过程，排斥求异思维，吝啬给学生独立思考的时间和空间，课堂活动也就失去了教学的意义。课堂教学绝不是一个问题快速解决、教学环节理想预控且可以快速推进的教学流程。

(二) 语言核心

既然"语文课程是一门学习国家通用语言文字运用的综合性、实践性课程"，那么，语言就是语文教学紧紧围绕的核心。活动是语言的活动，应紧紧围绕文本的语言展开。活动指向语言,撬动学生对作品语言的理解与深悟。这里的语言,包括文字语言、标点语言和结构语言等。脱离文本语言的活动不是语文课堂的活动,其目标也会南辕北辙。

想想自己当年,公开课上得意于《祝福》的设计,在课堂上进行"法庭审判":大家一起来审判害死祥林嫂的罪魁祸首是谁? 课堂活跃自不必说。但是我的老师问我:这是这篇小说的教学吗? 是在教"这篇"小说吗? 寥寥数语一下子让我陷入沉思。是的,活动再热闹,学生再积极,目标却南辕北辙。课堂的焦点是学生为自己的见解说上一些理由的"头脑风暴",时间被学生如此的侃侃而谈大量占用。但是小说的言语本身、结构隐秘等多少被搁置了、淡忘了,没有深入触及。这样,教学的活动也把学生的思维最终导向不是文本之内精彩的另一种狂热。

活动立足的语言核心,更是"这一篇"的语言核心,是包括文体特征在内的篇性语言核心。不然,语言这一核心只是教学论中的符号化概念,在具体的课堂教学活动中仍然是空中楼阁。比如,在《登勃朗峰》的教学中,要通过活动来使学生体悟这一篇游记的篇性特征:散文的笔法与小说笔法的巧妙融合。它对于游记来说确实是独具个性的。只有让学生充分体验到笔法融合的妙处,才是真正做到了立足语言核心。不然,"这一篇"的具体言说个性依然被我们的所谓经验所遮蔽。

"阅读训练是以文本为凭借的语言训练,如果没有这样的语言训练,那就抽空了阅读教学的内容。"[3]学习语言是语文教学的根本任务,没有了语言,语文活动就失去了活动的灵魂。

(三) 过程体验

语文课堂有了活动,便可以"通过让学生经历真实的探究、创造、协作与问题解决,发展学生的核心素养;在此过程中,一切基础知识、基本技能均成为学生探究的对象和使用的工具,其目的是产生学生自己的思想和理解"[4]。

因此,许多静态的知识教学完全可以通过活动来使之动态体验化。比如,《皇帝的新装》是一篇童话,教师教授文体的惯性做法是课件展示关于童话的常识,学生齐读感知,再对课文进行整体感知。之后的教学与知识简介已无关系,环节之间便不紧扣,知识成为一汪静止的"水",未润草木。如果抓住"夸张"这一特点,深入文本细节体悟,就使得知识产生了它应有的助思价值。有了利用文体知识的读思发现过程,便有了强烈的体验。再比如,《答谢中书书》是一封残缺的书信,我在设计活动的时候,让学生推测谢中书来信的大致内容,引导其从侧面来体悟该封回信的精神内核。再有,我将重点句子的翻译(翻译技能)切实化为深化文意理解、探究问题的手段,而不是简单的、惯性的程序流程。"实是欲界之仙都。自康乐以来,未复有能与其奇者"一句中"欲界"及"未复"的翻译,对深刻理解陶弘景的言外之意大有帮助。在语言特点上,四字句居多,光靠教师提示或是学生朗读,体验还是不够深入。如果将标点去掉,学生在断句的时候理解意思并感知朗读节奏,便可以体会到句式特点。这种方式无疑是让语言从学生的心里流过,使其有了真实的体验过程。学就是教,不教而教,达到"浅浅"之效。

在活动设计与展开环节,学生有了体验的过程,教师也就在一定程度上紧密关注了学生的心理感受。除了要关注学生在理解"作者意"上下功夫外,更要在关注学生的"读者意"上下功夫。这是教学、教育意义真正发生的契机。

(四) 多维构建

语文素养经历了"双基"到"三维目标"再到核心素养的阶段,启示着我们对学生的素养培育要从多角度着手。布鲁姆等人将教学目标分为认知、情感和动作三个领域,每个领域的目标又是由低到高分成若干层次。认知领域的目标包括知识、领会、应用、分析、综合和评价六级水平。香港理工大学中文及双语学系祝新华教授提出的"六层次阅读能力系统",列出了复述、解释、重整、伸展、评鉴和创意六种能力元素。在中考、高考的能力考核体系中也有"识记""理解""分析""综合""鉴赏"(A、B、C、D、E)等几个能力层级。但是,本质性的"听说读写(思)"贯穿了它的始终。这就启示我们,语文活动的设计一方面要指向学生的多维能力训练,令其"听说读写(思)"等能力尽可能充分得到训练,单一的设计显然力度不够,效率低下;另一方面,我们要依从、融合文本的多个角度来设计活动,使之一举多得。比如《怀疑与学问》的教学,在教师的启发下,学生读到"怀疑不仅是消极方面辨伪去妄的必需步骤,也是积极方面建设新学说、启迪新发明的基本条件"一句时,会明白其具体阐明了怀疑对做学问的作用。教师进一步引导:能不能想办法把这个长句子变成两个短句子? 这一活动,既深化了学生对文章层次的理解,又融合了过渡句对把握文章层次作用的知识要素和读书方法,还巧妙实现了分论点设置的能力指导训练,可谓"一锅出"(于漪语)。

三、匡正:教学实需存真的诉求

依托活动展开教学,这是科学规律。但是,任何规律及思想在具体实施的过程中难免会出现种种偏离。我们需要具体问题具体分析，进行内化性微观研究。事实上，语文课堂教学并不是有了活动就可以放心地说是好课。这就像写文章，依托细节描写，作文往往可以制胜。但是，如何恰当地细节描写，同样至关重要。需要我们在洞隐烛幽的时候寻找规律，匡正偏离之误。活动的使用原则是形而上的引领，我们还需要在典型案例之中逆向思考形而下的刚需之技。

(一) 点面融通

语文阅读教学，对作品的学习总体来说要经历"整体—细节—整体"几个阶段，这正是古人的"涵泳"之法。如此，学生无论是对作品由外到内，还是由内到外都有可能是熟悉的。这一"点"往往是教师所要"教"之处，细致入微，清晰明了，角度精准，以此来带动对课文"面"的研习。这样，有收有放，学练统一，符合学理。

但事实上，有的教师直接让学生选取"自己感兴趣"或是"最喜欢的文字"进行品析。细细想来，学生的"感兴趣""最喜欢"大多只是朦胧印象，容易意会难以言传，致使"品析"流于虚泛，最终使活动操作性不强，之于学生的教学价值微乎其微，学习成果浮光掠影而难以上升到"能力"的层面。有了"点"的聚焦，才会有公共体验；形成基础知识，才会有更多个性体验的可能。同理可以想象，有的教师教学《壶口瀑布》，直接让学生选取几个句子品析，学生也根据自己的理解说出一二，但是终究没有在整体篇性特点把握的情况下去品语言，无疑等于"盲人摸象""未见森林先见树木"。教学《老王》，我聚焦"闲话"，也就是聚焦杨绛这一篇散文的语言风格。但对语言风格的品读不是全面散开的，而是由点到面。我引导学生从第一句"他蹬,我坐,一路上我们说着闲话"读出"闲中深意",继而学生不断地扩展这一语言点,以至成面,形成了整体感受,体悟到了文章平淡文字中的阴晴冷暖。"深度学习是教学中的学生学习而不是一般的学习者的自学,因而必须有教师的引导和帮助。"[2]31教师教学的价值也在于此:学生理解肤浅,找不到方法的时候,教师可以投一块石子,激起学生思维的涟漪,以至形成思维的浪花。

(二)有自有主

活动激发学生的创造欲望,学生从而也被唤醒。其自主性自不必说。但是,有自无主,便是假自主。教师的过度指导让课堂成了一种变相的一言堂。有的教师在教学《壶口瀑布》时,直接"投放"出四个句子让学生品析。细细想来,这是包办现象的变式。学生的阅读要靠自己的发现去细读,去思考,去解决问题。教师直接给句子,显然弱化了学生的发现环节。殊不知,学生能够自己独立发现特定的句子去品读思考,正是语言"嗅觉"灵敏的表现,即强烈的语感。学生没有自己发现句子的经历,便没有独立的语感养成契机。同样,有的教师在教学《昆明的雨》时,也存在如出一辙的弊病:学生不是自主阅读品析文本里的句子,而是触摸到了教师帮助筛选过的"第二手资料"。自主是假自主,也就没有了完整的语言体验。

(三)入出有致

活动的设计,先是要像杠杆支点似地撬动学生的思维积极性,使学生在文本中蹚几个来回。对文本的体验丰富之后,由入而出,教师需要引导学生带上自己体会、积累到的情感体验开启相关的语文生活。这便是"情感态度价值观""审美鉴赏与创造""文化传承与理解"的真实培育。我在教学《一棵小桃树》时,最后问学生:读出了哪一个字? 学生的发现顺理成章、五彩斑斓。这是形成了自己独特的读书体验,也是学生与贾平凹产生的情感共鸣,更是前面师生共同沉入文字之后的通达。

教学,"是要把外在于学生的、和学生没有关系的知识,在教学中转化为学生主动的活动对象,从而与学生建立起意义关联,并通过学生个体的主动学习转变成学生成长的养分"[2]29。从这个意义上说,教师的备课,其实就是整合教学的各要素来设计活动的过程。活动是设计的核心,语文教学的艺术也就是设计语文活动的艺术。

参考文献

[1]刘广利.杜威的"从做中学"教学理论及对我国基础教育的启示[J].西南教育论丛,2008(3).

[2]刘月霞,郭华.深度学习:走向核心素养[M].北京:教育科学出版社,2018.

[3]钱梦龙.教师的价值[M].上海:华东师范大学出版社,2015:87.

[4]张华.正确处理核心素养与"双基"的关系[J].人民教育,2016(19):26.

立足对话　浅浅教学（上）

　　课堂教学要通过语言去实现。教学从本质上来说是一种沟通活动，是师生之间的一种特殊交往。师生与文本相互作用的对话，是语文课堂教学的基本形态，也是阅读教学的重要形式。语文课程致力于培养学生的语言文字运用能力。语言文字的运用，包括生活、工作和学习中的听说读写活动和文学活动。"听说读写实质上都是一种对话活动，听说读写能力实质上都是一种对话能力。它主要来自学生自身在听说读写活动中的对话实践。"[1]1建构主义教育学认为，学习的过程包含了同时展开的三重对话，即人与知识的对话、人与他人的对话、人与自己的对话。我们阅读文学作品，就是读者与作者、读者与文本在对话中多维度相互交流的过程，是一个交融的有机整体。犹太哲学家马丁·布伯认为，对话是"从一个开放心灵者看到另一个开放心灵者之话语"。语文教学也是一样，教师、学生、课文、教材编写者之间彼此相互交织。其中，课堂上师生之间的关系是主导，引领带动着其他几者的关系。学生在阅读之前，有一定的"前理解"，但这些"前理解"很可能是稚嫩的、有待提升的，这就需要教师的引导和启发。教师的这种价值正是在与学生的课堂对话中实现的。

阅读教学是学生、教师、文本之间对话的过程。我们有了教学设计，在动态的课堂中如何去实践？显然，课堂教学不能满足于"说话"，而应该更多地展开"对话"理解，并通过对方的异议来加深对知识的理解，由此产生共鸣。基于有效对话展开教学，课堂才会深入浅出，化难为易。教学设计就是在动态的教学对话中生成的。

一、创设对话情境，引发对话需要

教育学的影响是情境性的、实践性的、规范性的、相关性的和自我反思性的。"成人所施加的影响都是发生在具体情境中。在与孩子一道生活时，每一个情境都需要我们做出反应。"[2]15 人处在情境之中，"抚养儿童和教学始终都涉及具体情境的人类体验。但是，并不是我们成人与孩子在一起的每一个情境都是教育的情境"[2]69。教师必须对情境加以规范化塑造，使其"具有意向性的结构，其反思更具体地指向某些规范、标准和理想"[2]70。因此，在对话展开之前，教师要有清晰的目标，还要依据目标去设置对话情境。文本本身就是一个学习主题情境，教师设计的每一个教学环节的问题又是一个更加具体的情境。师生之间的对话，势必要依托文本和凭借这些具体的问题情境进行。教学以此构建对话的平台，学生的思想也由此展开、绽放、交锋。师生之间要想将对话更好地展开，就要善于创设情境，将问题设计情境化，使学生的学习活动与丰富多样的生活场景密切联系，学生的"前理解"也就被激活并融合在其中，学生由此可以产生许多联想和创生。

　　创设对话情境，是为了激发阅读中的自我反思体验，形成语文的生活。比如，我在教学《外国诗二首》的时候，创设了"这首诗你想送给谁"这一情境，就是将所学的诗歌内容有机地和学生的阅读与自己的生活需要有机融通，更加落实"语文课程致力于培养学生国家通用语言文字运用能力"这一目标。果不其然，一石激起千层浪："我想送给我自己。""我想送给现在刚中考完和高考完的同学们。"一个个鲜活的生活体验就跟阅读密切融通了。

　　创设对话情境，也是为了促使学生对文本有更深入的发现。在《猫》的教学中，第一环节是有机地利用课文插图，让学生说一说插图上的猫是文中第几只猫，以此促使学生将插图与课文语言细心比对。课一开始，学生就积极主动地在文章里走了几个来回。这一问题情境促进了学生与文本之间的对话。在最后的教学环节中，"文章里共有几只猫"这一问题引发了学生的探索兴趣。在生生、师生之间频繁互动中，学生逐渐读出猫与人之间的关系、养猫与生活的关系。原来，每一个人都可能是其中的猫，关于人性的思考由此而生。这样，学生就深度理解了小说的主旨。

　　迁移能力的应用，也要靠创设的情境来达成。"当教师的教学旨在使学习者理解可迁移的概念和过程，给其提供更多机会将理解的内容应用到有意义的情境时，才更可能获得长期的成就。学习者通过主动建构意义来学习和巩固所学的知识和技能，并将学习结果应用到新的情境中。"[3]在迁移中，阅读体验可以用来进行价值判断，帮助学生实现对文本的深入理解。师生之间的对话呈现出学生学习的状况，创设的情境也就带有当堂评价的功用。如在教学《植树的牧羊人》时，课的尾声笔者曾创设"为牧羊人塑造一个雕像,可以怎样设计他的情态"这样一个问题情境,它直接展现了学生对文本的理解程度,同时也带有创造性。师生的对话有着丰富的思维含量,教师也在对话之中培育了学生的审美意识。在《一棵小桃树》教学中,我让学生拟写一个字来表达自己内心对小桃树的情感,这种做法也有同等之效。学生自主思考得出的"念""谢""怜""愧""坚""苦"等,都让教学走向清浅又深邃之境。

二、捕捉生成时机，促进思维进阶

课堂是千变万化的,每一个生命都在彰显着自己与众不同的一面。课堂充满着思维的流动和情感的激荡。孔子所说的"不愤不启,不悱不发"也是说教师要善于把握教育的契机。在预设中生成,在创造中对话,在对话中提升,让教学生成异彩纷呈。

对话,包括倾听与应对。教师首先要善于倾听,平等、开放、自由、民主地打开学生整个的生命状态,将教学的重心、目标任务深藏心间,及时抓住学生言语表达的内容与言语形式,产生自己的判断,再用贴近的语言与之交流。学生的话语里或充满着思考的智慧,或充满着困惑,或有尚待纠正的细节,或思维越界……这些都是生成,都需要教师及时地在这一特定的关键时刻通过对话来实现教育价值,促进学生实现"未觉—他觉—自觉"和"单点—多点—联点—联点结构"的思维进阶。这个时候,贴着学生对话是至关重要的。我们可以在如下几个方面做出努力。

一是顺势而行。若学生的回答思维视角精准,就顺着学生的思路不断向前思考。学生的自我生命成长有所需要,教师就顺势而行。在《外国诗二首》教学中,学生想把诗歌送给自己,因为考试没考好,成绩有点落后。教师就顺势将"你"字改成了"我",以"假如生活欺骗了我"为题,并将诗句换成第一人称,饱含深情地朗诵一遍,如此便深化了诗歌在学生生命中的体验,也发挥了诗歌的作用。教学《三峡》时,教师检查预习,发现有学生早已背熟了课文,此时有学生说他"记性好",这时教师就顺着"记性好"展开对话。"仅仅是记性好吗?所有的背诵都遵循一个法则,简单来说就是要建立内容的关联性,也就是要洞察这其中的内在逻辑。爱背诵的同学,在这方面一定有心得。不信,我们再问问他。"这样顺势展开对话,让全班同学主动探讨文章的内容、结构和语言,熟悉课文,获得较为丰厚的文言感性材料,达成自主学习。

二是顺势而返。学生的思维视角有偏差,可姑且让学生继续往前思考,自己得出谬误,自我否定,再将思维转回。比如在《伟大的悲剧》教学中,我如此设计情境:"如果斯科特活了下来,在一场南极探险演讲主题的大会上,他会把伙伴的哪些细节讲给大家听?"实现这个语言过程,学生要完成对文章细节的筛选、整合,叙述角色口吻的语言转换,还要有感情地表达出来,并符合演讲的情味色彩。有位同学想让斯科特说说自己的故事,于是他就模拟斯科特来说:"我永远难忘那一幕,我在行将死去的时刻……"此时,该生发现叙述有矛盾,说不下去了。我就顺势而返,引导学生思考为什么会出现说不下去的情况,学生在对话中就比较自然地把握了这篇传记的叙述视角——第三人称叙述视角。

三是顺势呼应。学生由于个体的认知、情感及社会经验的差异,对文本的理解必然是多元化、多层次的。学生的回答有时相互补充,有时又有矛盾,教师在对话之中就可以相互联系,使之比对起来,思维互相呼应。互补的就统一起来,矛盾的就碰撞起来,最终激发学生的探究热情,在矛盾中达成统一。比如为《狼》标题前面添加一个字,学生添加了"恶""黠""贪""馋""凶""诡""歹"等词语。通过这些词语,可以看出添加的原因是相似关联的,教师就可以将之整合,把学生对文本理解的主流方向梳理出来。

四是顺势生发。有些学生的思维有新意,有启发性,教师就可以顺势生发,点燃其他学生的思维。在《春望》的教学中,学生说"城春草木深"一句时,说到"深"字写出了草木因荒芜疯长、人烟稀少的凄凉场景。教师可以抓住这刹那的生成,因为"多"和"少"的对比思维就隐含其间,稍后就可以用"什么多什么少"一问引领学生再去发现阅读。在《植树的牧羊人》的教学中,教师问学生"高原变成绿洲,奇迹归功于什么",有学生说出"奇迹归功于人生的悲惨"这样的创见。教师就让学生去探究牧羊人的遭遇,然后在人生遭遇与生活创造间架设桥梁,去深刻领悟苦难之于人生的意义。

五是顺势取材。教师可以贴着学生的学习表现去"愤启悱发"。法国教育家莫兰曾经指出学习生活有一个重要途径:自我审察,自我分析,自我批评。在《一棵小桃树》教学中,教师要求学生拟写一个字表达自己对小桃树的情感,一位学生说"我没有想好",教师就在学生的片刻沉默之中,抓住学生说的"我还没有想好"这一"好"字去展开对话,启发学生,学生就将这一"好"字送给了有很多困难都能挺过去的小桃树,赢得了阵阵掌声。在"尝试写诗"的教学过程中,教师利用学生的沉默,把他的"还没想好"化成"还没想好的诗句,散落一地"这样一句,既化解了课堂尴尬,又让学生感受到诗歌是时刻存在的,借以培养学生的诗心。

教师抓住生成的时机,与学生展开对话,主要就是促进言语生命的进一步丰盈,指向学生自身的成长。斯坦福大学舒尔曼教授认为,教师评价要特别强调教学情境,评价的应当是教师的实践智慧。教育情境是"通过教育者的意向——通过教育者依附孩子的方式、通过教育者'属于'孩子的方式——而产生的"[2]70。"因势象形"也便是这个意思。对话若要促进言语生命进一步丰盈,就要融合多种能力,促进思维的多向发展。章熊先生曾把阅读能力分为复述性理解、解释性理解、评价性理解与创造性理解四个层次;香港理工大学祝新华教授在《六层次阅读能力系统及其在评估与教学领域中的运用》一文中将阅读能力元素具化为复述、解释、重整、伸展、评鉴和创意六个层面。他们依据的都是认知心理学的能力层级理论和知识分类理论,其认知能力要求是从低级到高级增强的、向上发展的,它们之间有共通之处。这种能力训练层级的研究思路,可以克服目前语文阅读教学的经验主义和简单随意现象[4]。所以,教师与学生展开对话的时候就需要教育机智,这样教学才会深入浅出。

三、激发主体意识,培养语言感性

真实有效的对话,必须从教学艺术升华为教学精神,或者说教学原则。"课堂上只有关注到学生的心灵,他们才会有真正的心灵回应。教师就要真正倾听,听出亮点,点石成金;听出弊端,化腐朽为神奇。这样的课堂就是包容的,共建的,不是排他的;是主体参与的,不是个体逃离的;是生命激发的，不是漫心敷衍的……学习只有在学生的生命体和知识活体发生关联时，才会抵达内心的情感世界，并形成'情感产品'，才能释放出生命的能量。"教师要依凭自己的专业能力，唤起学生的主体自觉，开展言语实践与思维对话，引导学生深入钻研文本。课堂对话，要保证对话双方的平等性，要真正体现"学生主体"。

我们的对话要激发学生的主体意识，就要在阅读中努力构建"我—你"关系，让学生畅所欲言，积极主动地表达自己的观点。这种关系是真正的对话关系，不是一个"经验与被经验、利用与被利用、分析与被分析的关系，而是相互提问又相互应答、互为依据又互相作用的关系"[1]93。在这种关系中，文本不再是等待"我"认识的客体知识，而是一个与"我"对话的"你"。"我"与"你"之间不再是知识的传递、信息的交换，而是一个充满着意义分享、灵魂碰撞和精神融通的整体。正如左拉所说："在读者面前的不是一束印着黑字的白纸，而是一个人，一个读者可以听到他的头脑和心灵在字里行间跳跃着的人。"这种对话的实质就是"语感中心论"。那种简单的知识传递，缺乏生命的自我体验，仍然是"知识中心论"的泡影。

所以，要激发学生的主体意识，教师在对话中就要懂得尊重，要把发言权平等地交给每一个学生，让课堂真正成为学生交流的平台。范梅南在《教学机智》中写道："机智表现为对孩子的体验的理解，机智表现为尊重孩子的主体性，机智表现为'润物细无声'，机智表现为对情境的自信，机智表现为临场的天赋。"这都值得我们好好体味。只有对学生"前理解"的充分尊重，并在此基础上与之对话，才会有学生真正的自我意识的生成,其在课堂场域内的主体意识才会被激发出来,"我在"的意识才会浓烈,教师与"我"实在而贴近的交流才会发生。离开学生的"前理解",文本对话便不会真正存在,教学主体之间的关系便是有隔膜的、淡薄的。对话,不仅仅是在接受,也是将本我投放到一个丰满的言语世界中,在理解他人之中观照自我,发现自我,进而言语;是充满着感性的灵动,而不是"高大泛空"的概念模子器物。《一棵小桃树》教学中,学生自主思考拟写的表达作者对小桃树情感的一个个字;《猫》的教学中,学生说出的"每一个人都可能是猫,每一只猫也都会是人";这些语言都表明学生在主体意识被激发之下,回归到了感性美之境地。真正的对话,与回归语言的感性之美应是同时发生的。教师的责任就是在倾听之中进行"润物细无声"的矫正,回归感性就成为我们走向心灵柔软的契机。

参考文献

[1]王尚文.语文教学对话论[M].杭州:浙江教育出版社,2004.

[2]范梅南.教学机智[M].李树英,译.北京:教育科学出版社,2014.

[3]威金斯,麦克泰.理解为先模式[M].盛群力,沈祖芸,柳丰,等译.福州:福建教育出版社,2018:7.

[4]荣维东.语文文本解读实用教程[M].北京:北京大学出版社,2016:17-19.

立足对话　浅浅教学（下）

　　对话，是生活中普遍存在的语言现象。巴赫金"将对话由具体含义抽象为一个哲学概念，认为它既是语言的本质，也是人类的思想本质，甚至自我的存在状态就是一种对话。他以对话为核心，建立起了一个充满张力的理论体系"[1]。所以，"对话"不仅是语言学概念，而且不再局限于人际间的信息交互，人与自然、人与社会、人与自我、人与文本等皆可对话。

　　在孔子时代，他的教育方式就是"对话"，如"不愤不启，不悱不发"就是源于洞察师生对话时教育契机的省语。对话，意味着思想的沟通与交锋，蕴含着学生思维流动过程中教师相机诱导的智慧与教育的价值，从而唤醒激发，教学相长。语文教学领域的"对话"，具有多主体性和多层次性。这里的"对话"既是一种教学理念，也是一种教学法。这意味着我们既需要心中有"数"，也需要心中有"术"，即一方面对对话的内容层次、对话中的关系等要有深刻的思考，另一方面对于对话的策略也要运筹帷幄，避免陷入"为了对话而对话""假对话"等误区。本文试图根据我自身的教学经验，将那些在对话教学中极易受大家忽视的、浅浅存在的"细枝末节"进行梳理,使之"浅而有痕",成为大家备课中的有益参考。

一、对话要基于平等

对话的前提就是平等。对话是生命与生命之间、人与人之间的智慧活动的往来。唯有先做到平等,才会在对话的语言流动之中有更好的接纳和智慧的投放,才会产生更好的言语质地,教学的真正场域和良性的心理环境才会形成。如此,人的身心才会更好地合一,学生的身心认知才会与这种融洽的环境更好地产生交互作用。德国心理学家勒温认为,人的行为正是个体与环境相互作用的结果。他提出的行为公式是 $B=f(P \cdot E)$。其中,B 代表行为,P 代表人,E 代表环境。

一是师生话语权的平等。对话教学是一种处于显性位置的课堂教学,全程牵引我们去关注和观察的便是师生之间的对话关系。这种关系与教师独白式教学最大的不同在于它既非"教师中心",也非"学生中心",没有一方的话语凌驾于另一方的话语之上,也不存在一方去迎合另一方。学生拥有自主发言的权利,师生能平等而自由地对话,那么整个课堂也就自然而然地摆脱了知识灌输型、技能传输型的状态,成为真正以学生为主体的课堂。

二是师生读者身份的平等。师生、生生之间对话的基础是教师和学生同为读者身份,已经各自与文本、编者、作者等进行了对话。从教师角度而言,教师本身的阅读经历和学科素养比学生要丰厚,对于文本一般会有更为专业而深入的解读。但是教师不能因此就剥夺了学生自己去阅读的权利,把自己的解读或是教参的解读视为正确的、唯一的理解。学生的阅读经历和阅读视角在影响着他们对文本的理解和感悟,同时也在帮助教师建构课堂,深化语文内涵。他们的理解中自然少不了谬误,但也有一些新颖的视角和独特的思考,所以要让学生进行自主阅读,教师可适当引导,却不可强加干涉。我常常强调学生在课前一定要认真阅读文章,有时候上课,学生没有阅读过文本或者读得不够,哪怕是铃声响了,我也会让学生先去熟悉文本,就是这个道理。

三是学生之间读者身份的平等。学生的阅读素养各异,有些读得快,有些读得慢,有些理解得深,有些理解得浅,也有些甚至无法理解文本,这都是非常自然的现象。我在教学《一棵小桃树》时就碰上了很能表达的学生,于是我赶紧把他止住,让别的学生也试着说说看,别的学生果然沉默着无法说出。此时,我们就需要给全体学生多一点时间,协调一下学生之间的阅读差异。一个班级的学生其实是一个整体,教师面向一个学生的对话,其实也是面向一个班级的对话。教师需要对整个班级学生的学习节奏进行把握,这是一种阅读平等的体现,也是一种教育公平的体现。至此,我们可以反思那种为了教学顺畅,一有人说出就尽快点击课件出示结论让大家齐读的现象。这样做很"安全""稳妥",特别是在公开课中,显得很"漂亮""顺畅",但却是让"人"消失的课堂。

二、对话要及时生成

教师或多或少会带着些预设走进课堂,但有些课堂如行云流水,有些课堂却略显斧凿,关键在于教师能否真正将自己置身于对话之中,学会忘掉自己的"意图",及时进行课堂生成,做好教学的组织者和引导者。对于学生,"成人所施加的影响都是发生在具体情境中。在与孩子一道生活时,每一个情境都需要我们作出反应"[2]15。对话要及时生成,"生"为"产生""生长",而"成"为"抵达""形成"。所以,它是一个迂回曲折的过程,是一个放大延长、否定之否定、心中逐渐贯通的过程。

一是要正视对话中的意外情况。我碰到过上课前学生没有教材的情况,碰到过室内上课、室外雨声轰然的情况,碰到过学生说作者"胡编乱造"的情况,还无数次碰到过学生说"不知道"的情况……这些情况大多是教师不想碰到、不敢碰到的。殊不知,意外也是对话的一部分。如果不正视这些意外,我们就割裂了阅读的世界,更忽视了"人"的存在,对话也就顿挫了。这就要求教师在备课时更多的是备过程,备逻辑建构,备多维视角的矛盾统一,备万变中的不变。

二是生成要顺水推舟。上善若水,水会随着容器的变化而变化自己的形状;对话也是一样,要因势象形,取之于生,泽之于生。记得教学《外国诗二首》时,针对《未选择的路》最后一节,我设计了"你觉得哪个词语最有味道?"的问题,我本想从"叹息"这个词入手,带领学生走进对人生选择的思考,但学生却给了我更多选择。顺着学生的选择,课堂反而找到了更好的路。这是一种教学技术、教学智慧,但更多的是一种教学理念,也印证了"强扭的瓜,往往不甜"。正所谓,教育情境是"通过教育者的意向——通过教育者'依附'孩子的方式、通过教育者'属于'孩子的方式——而产生的"[2]69。其实很多课堂都是这样,学生在对话中的即时生成会打乱教师原先的教学思路,但如果能恰当地运用教学机智,有时反而会还课堂一份惊喜。

三是生成要有所坚守。在建构主义、读者反应理论的视角下，读者与文本的对话拥有极大的自由。但文学解读既是感性的，又是理性的；既有其不确定的方面，也有其确定的方面。学生既有的阅读经验是有限的，在课堂对话中，教师既要给学生阐释的自由，又要防止学生错误阐释、过度阐释。不敢批评学生、不敢指正学生，是另外一种对话的不平等，也是一种对文本的不负责。所以我常让学生"再想想"，这不是一种温柔，而是一种坚持理性对话的严厉。与此同时，有些学生对待文本不严肃、不认真，嬉笑乱说一番的，自然也是要"教育"的。

四是生成要具有审美性。文学阅读是一种审美活动，生成可以朴素，但不宜粗糙。我曾借一首《落叶》来让学生尝试去写诗——"坡上/坡下/（　　　）/散落一地。"——让其自由发挥想象去填空。有学生站起来说："坡上/坡下/突然注意到它/散落一地。"一说完，全班都笑了。"突然注意到它"既不押韵，也不美，但是有错吗？没错。然而教师还是要让学生意识到，这是不美的。于是我建议他改了改，"坡上/坡下/突然它/散落一地"。事实上，让学生知道美、感受美、品悟美，是语文教学中审美教育极为重要的一部分。

三、对话要注意倾听

倾听是一种对话主体的"在场"，是一种心灵的呼应，是实现对话有效性的关键。

一是教师要学会倾听。教师要善于倾听学生言语中的闪光点、待完善之处，善于倾听其言语的角度、方式，善于对学生的沉默、小声说话有所回应,这样才能把握学生的对话状态,进行有效教学。教师还要善于倾听课堂内的意外资源。有一次我上《走一步,再走一步》,上课前一位听课教师不小心坐了个空,大叫一声,现场嘈杂一片。看起来这是课堂之外的情况,但其实不是。正如前文所述,对话既然是多主体的,教师的倾听就需要是多方面的,文本、学生、作者、编者,乃至我们课堂的环境,都需要倾听。所以,在那位教师大叫一声之后,我对学生说:"这就是小亨特——'我'爬悬崖时候内心的那声惊叫,这位老师给了我们一个很好的示范。"这样轻轻一句话,就可以化解课前的尴尬,还把意外变成了一个不错的课堂开端。

二是教师要引导学生倾听。学生对于教师的倾听、学生之间的倾听,可以通过反馈机制及时协调。如让学生重复教师的提问,让学生之间互评等,这些都是惯用的技巧,不再赘述。当然,我们要让学生真正地在课堂这个对话场域内,还要让学生对对话产生兴趣。我们不妨多提一些开放性的问题,让学生多一点自由展示的空间,让自己的对话更有趣味一些,从而让学生主动倾听,继而思考,而后参与到对话中来。

还有一个更重要的角度,就是要倾听文本。课堂上,学生七嘴八舌的显性热闹并不意味着这是一堂好课。因为在阅读教学中,最重要的是学生的心灵与文本要展开对话。教师、学生同文本的对话贯穿于阅读教学的始终,甚至有时候可以这样说,阅读教学的有效性就体现在师生同文本的对话的深化和内化上。另外值得一提的是,现在的初中教材中有非常多的自读篇目,所以对于文本的倾听,还要观照文本背后隐性的作者、编者,要让学生自己学会和文本交流,建构起属于他们自己的一个理解世界,这样才能让课堂对话更加多元、丰富。

四、对话要观照语言

表达以语言为基本形式,所以我们不能忽略对话中的学生语言。一方面,对话是围绕文本的语言来展开的,理解、品读都是观照语言。而学生在品读语言产生个人的感悟时,就要言说表达,这时教师更要给予关注。因为教学的塑造性就在这一环节发生。这一环节扎实地做好,就是在关注具体的"人",是基于现场的教育,不是"程序化"的教育。

一是要观照语言的准确性。在教学《怀疑与学问》时,我曾不厌其烦地提醒学生作者姓名"顾颉刚"的准确发音——在对话交流中让学生完成语言的习得,是非常重要的。字音只是一块很小的内容,更重要的是表达内容的准确性。虽然我们要鼓励学生去自由表达,但是不能让学生乱表达或放任学生词不达意。去纠正学生语言表达的错误之处、模糊之处,是教学的应有之义,也只有这样,学生才能够在对话中进行语言建构,提升语言运用的能力。

二是要注重语言的思维性。在课堂上,有些学生语速特别慢,教师需要保持耐心,但也不能一味地等,有时候要提醒学生快一点,这样可以加快他们思维的生成;有时候学生的表达是一个字一个字的,教师则要提醒他学会语言连贯,这样可以增强学生思维的连贯性和表达自信。语言承载着思想,通过语言来观照学生在对话中的思考,进而提升学生的思维能力,是教师所不能忽略的。

三是要观照语言的表达性。对话是一种交互行为,不仅仅要表达,还要考虑表达的有效性,即听者是否能接收信息。我曾请一位同学来复述《走一步,再走一步》这篇文章的故事,这个学生开始时声音小、语速快,坐在远处的同学听不清,所以我马上提醒他,之后这个学生调整了一下,理清思路后再复述,赢得了全班同学的掌声。后来,这位同学就自己总结出了复述的方法:语速不能太快,要富有感情,等等。这样,学生语言的表达性有了,对话的效果也就有了。

五、对话要置于情境

在语文教学上,我认为要努力进入两个真实情境:一是生活的真实,二是文本的真实。我们每一个人都处在情境之中,"抚养儿童和教学始终都涉及具体情境的人类体验。但是,并不是我们成人与孩子在一起的每一个情境都是教育的情境"[2]69。教师必须对情境进行精心的设计塑造,使其"具有意向性的结构,其反思更具体地指向某些规范、标准和理想"[2]70。

生活的真实,即教学要建立在学生的生活经验之上,完成心灵的唤醒,使学生获得真正的收获。教学《好久不见》作文课,发现学生写作内容束缚在对某个人"好久不见"的泛滥的共性之中,于是我在教学中特意请听课教师拉开窗帘,让学生去看看窗外的世界有什么是"好久不见"的。这一简单的动作,却让学生置身于教室内外贯通的环境里,视野得以开阔。于是,学生就摆脱了惯常的狭隘思考,生发出许多在该情境下的真实思维。在上《假如生活欺骗了你》一课时,窗外大雨如注,但是构成了另外一种真实——生活中,不是经常也有不期而至的暴雨吗?于是,一场雨反而让学生收获了诗性:"相信吧,万里晴空将会来临!""相信吧,滂沱大雨终会过去!""相信吧,雨后的彩虹将会来临!"在生活的真实情境中,学生的状态也趋于真实,学习才会真实而有效地发生。

感受文本的真实,其实是贴近文本的一种方式。在教学时,特别是教学文学类文本的时候,有的文本情感充沛,人物语言张力十足,那么不妨多关注人物语言展开对话。比如在课堂上可以通过模拟《老王》中杨绛和老王的对话,感受他们的身份、性格、处境等;模拟《孔乙己》中酒店掌柜和酒客的谈话,可以更深刻地感受到看客们的冷漠和孔乙己的悲哀……学生共读、师生共读等对话方式都可以充分调动理解中的感性因素和理性因素,使我们更加贴近文本中塑造的真实情境,从而顺利走到文本深处。

六、对话要落于自身

学生与文本对话后,掌握了某种解读文本的知识与技能,的确也可以看作一种阅读收获,但更重要的是:"对话是人本真的生存方式和生存状态。人在互相对话中感受、体验、确证自我和理解他人。"[3]从这个层面上来讲,理解文本的过程,也是我们与自身对话、与世界对话的过程。

我们进行阅读教学,绝不只是为了获得知识或技能,而是希望通过阅读,能将作家所创造的丰富的经验世界,投射到我们自己的生活当中去,成为个体经验的一部分。当我们真正读懂文本的时候就会发现,文学的世界其实没有和我们无关的事情,无论是《幽径悲剧》里的古藤,还是《孔乙己》里的孔乙己、看客……这一切都与我们有关。所谓"我注六经,六经注我",学生进行文本解读,并从文本中有所增益,进而将所获得的道理运用到生活中去,这才是我们阅读的根本目的。

课堂教学是一个由教师的教和学生的学相互促进而构成的对话系统。可以说,对话对于语文教学是至关重要的。所以有人认为"语文教学就是对话"也并非夸张。对话的理念让我们重新审视课堂中的师生关系,让学生能充分进行自主阅读和文本意义上的自主建构。本文基于自身的教学经验,从对话要基于平等、及时生成、注意倾听、观照语言、置于情境、落于自身六个大家比较容易忽视的角度来对比阐发。当然,以上六个方面,仅仅是个人的一些粗浅思考,对话教学依然需要我们去进一步研究。

参考文献

[1]仝亚辉.对话哲学与文学翻译研究[M].郑州:河南大学出版社,2013:16.

[2]范梅南.教学机智[M].李树英,译.北京:教育科学出版社,2014.

[3]王尚文.语文教学对话论[M].杭州:浙江教育出版社,2004:12.

立足自读　浅浅教学（上）

　　统编教材"双线并行""三位一体"的阅读教学内容编排体系、"一课一得""螺旋上升"的写作教学内容编排体系、行知结合且注重语文实践过程的助读系统等，给语文课堂带来新的活力。统编教材设计的三个原则：学生自读、教师引导的原则，课外为主、课内为辅的原则，略读为主、略读精读相结合的原则。在阅读教学中设计的"三位一体"课型结构，即"教读—自读—课外阅读"，最明显的教学思路就是让学生多读书。它把课内阅读课文分成教读和自读两种。教读课注重教师的示范引领作用，自读课注重学生的自主学习。统编教材对自读课文的编写尤为重视。自读课是语文阅读教学的重要组成部分，是课内教读走向课外阅读的一座桥梁，是沟通课内外阅读的有效途径，对学生阅读能力的培养有着不可或缺的作用。人民教育出版社中学语文编辑室陈恒舒说道："自读课是联结课内与课外的重要纽带，是实现学生素养提升的关键环节，是实现'教是为了不教'的有效渠道。"教好自读课，才能真正落实课程标准提出的"多读书，读好书，好读书，读整本的书"的建议。

　　但在具体的教学实践过程中,自读课文的教学认知、教学实施仍存在一些问题。"许多教师对自读课文教学不够重视,或是布置学生利用课外时间自育自学,或是挑选关于考试须知内容蜻蜓点水式略过,或是把自读课文当作教读课文一样精讲精析,这都没有使语文课程的实践性特质在语文课堂上真正'落地生根'。"[1]64自读课教学极容易被扭曲,主要表现为以下几种现象。

　　一是自读课文教读化。统编教材实施已有多年,不少教师还是无法厘清自读课文与教读课文的课型关系,在具体的教学实践中混淆教读课和自读课,无法准确界定教读课文与自读课文各自的教学侧重点。自读课的教学常常会出现这样的问题,如把自读课文当作教读课文来确定教学内容,设置与教读课文相同的教学目标,完全沿用教读课文的教学方法等。究其原因,"自读课文并没有现成的教学模式挖掘其特殊的价值,许多教师疲于思考,在教学上存在惯性思维,仍然延续传统教读课文的教学模式教学自读课文"[1]67。统编教材中的自读课文多是文质兼美的名家名篇,富有文化内涵和时代精神,教师对很多内容难以割舍,课上就经常容易面面俱到,字斟句酌,唯恐有所疏漏。如汪曾祺的《昆明的雨》,在结构、语言、叙事、抒情等方面都有独特之处,质朴自然,读来不忍释卷。吴伯箫的《灯笼》,作者围绕灯笼从不同方面叙述了灯笼对于他乃至民族的重要意义,行文自由随意,情感自然流露。阿来的游记《一滴水经过丽江》,别具匠心,通过描写一滴水的旅行,讲述了丽江的风情。阿城的小说《溜索》,选取了西南地区独特的过江方式——溜索作为写作题材,语言干净、洗练,是一篇在继承古典笔记小说基础上开拓创新的新笔记体小说。这些文章入选教材后成了自读课文,教师在自读教学过程中容易把自读课文教读化,字词句段精雕细琢,篇章结构精敲细打,听说读写面面俱到,教学流程步步为营,自然也就失去了自读的意义。还有一种情况,教师最初是以自读的教学模式来设计教学,也有相应的学生自读及思考环节,但在具体教学过程中,发现自己的教学设计无法达成自读教学目标,自读教学的立场不坚定,很快就转入精读教读的模式中,导致自读变成教读。比如《昆明的雨》这篇文章,从语言、结构到情感、主旨,可挖掘的地方有很多,也很有深度,教师走进课堂的时候多数会以自读教学来暗示自己,但教着教着,为了能扩展课堂教学内容,让学生更多地理解汪曾祺及其散文,又很容易化自读为教读,教师精讲细析,自读课也就不了了之。

二是自读课文变成学生自己读。自读课文是"教材阅读板块的重要组成部分,不可或缺,不是可有可无的点缀"[2]。叶圣陶先生说道:"凡为教者必期于达到不教。"自读教学的初衷是授之以渔,让学生掌握方法,习得能力,从而迁移到学习的各个层面,学以致用。"'自读'本意上更加强调课堂教学中学生的积极参与和自学实践,以自读方式循序渐进地培养学生自学能力,帮助学生顺利完成知识迁移的训练,从而提升学生阅读能力和语文素养。"[1]66由于自读课文内容上只要求学生"粗知课文大意",方法上以学生自学自悟为主,于是,课堂上教师往往是先让学生轻描淡写地读,再任其自由地交流以结束教学。表面上看,课堂似乎是以学生为主体,教学也似乎更加民主与开放,似乎也体现了自读课文的教学特色。其实,学生只是把读书停留在初读阶段,读的过程是走马观花,读到的内容也如过眼云烟，从而出现了"教而不教，读而未懂"的结果。有的教师把自读课文低效化，阅读方法的训练蜻蜓点水，阅读技能的指导轻描淡写，内容主题的提炼囫囵吞枣，教学流程的展开走马观花；还有的教师把自读教学"自流化"，干脆就彻底放手，任由学生信马由缰地自读自悟；有的甚至还将自读课文挤出课堂，变成学生的课外阅读。自读课文强调学生的自主阅读，尊重学生的阅读主体地位和阅读体验，并不意味着可以缺失与放弃教师的点拨、指导。黄厚江老师说，强调学生是阅读的主体，并不影响教师"教"的角色和价值的体现。但在现实教学中，很多自读课想当然地丢失了教师的位置，从某种意义上看，这样做问题更严重，因为它离自读课的"教""学"要求更远。

三是助学资源的利用不够。统编教材在编写体例上发生了很大的变化。其亮点之一，即是开发出了一套清晰的助学系统。这些助学系统分布于教材的各个部分，具体包括单元提示、课前预习、课后思考探究、课文旁批、阅读提示等。因为课型和教学功用的独特性，统编教材对自读课文的编写尤为重视，一改人教版略读课文的编排结构，为自读课文创设了"阅读提示"，融入"自读旁批"；一些用来自读的文言文教材，文后还设置了相关"思考探究"，力图突显自读课文的功用与价值。这些助学资源是编者为学生自主阅读精心设计的"助力神器"，尤其是各式旁批和阅读提示，它为学生开展自主阅读活动提供了科学的路径。但是在现实教学中，很多教师没有深入研究这些助学资源的高效利用，或置之不理，或用之不当，致使编者意图无从体现，自读教学有形无神。很多自读课文如《一棵小桃树》《溜索》等，编者都随文设置了旁批，这些旁批或提示，或提问，都是可以帮助学生阅读和感悟文本的极好抓手。但很多教师在教学中或者没有结合文中旁批去指导学生自读，完全放弃这些精妙的教学资源；或者就是不加思考与整合，只是机械地、粗暴地把文中多处旁批逐一地问个遍，草草了事。再比如自读课文后的"阅读提示"，一般是配合单元重点，抓住文本的独到之处进行精要指导，不求面面俱到，但求"一课一得"。设置的目的就是提供辅助，让学生更好地确定自读方向，让自读有效展开。可是很多教师就是看不到，看不深。《一滴水经过丽江》阅读提示中的"别具匠心"，《灯笼》阅读提示中的"自由笔法"，《雨的四季》阅读提示中的"'容貌'有别，'性情'各异"等，这些关键词在很多自读课堂上都没有得到高度重视和合理利用，自读课支架的搭建无从谈起，如此舍近求远，实在可惜。

四是单元整体意识不足。用以进行阅读教学的文本，其内容是丰富的，教育教学的价值也是多样的。但不管怎样的教学，于文本而言，要将教学价值定在教材的编排意图上，定在文本恰当的主旨上，定在文本精彩的语言上，定在文本关键的词句上，定在文本突出的手法上。自读课文文质兼美，存在着诸多教学价值点，教师要从自读文本中正确筛选、合适定位教学内容，选取文本的核心价值，选取符合学生实际需求的内容来教学生自读，并且教学要有单元整体意识，要利用单元主题进行自读教学，使得自读和教读相得益彰，最终达成单元阅读教学的整体目标。但在好些自读教学课上，教师没有从单元教学角度去对自读课文做科学定位，无视单元目标和编者意图，教学目标定位随意，自读课文自由教，只按照自己的想法来设计教学。比如贾平凹的散文《一棵小桃树》所在单元的重点是学习托物言志的手法：体会如何运用生动形象的语言写景状物，寄寓自己的情思，抒发对社会人生的感悟。那么，自读教学《一棵小桃树》时，我们甚至可以抛开线索、结构及形散神聚等，只抓住语言，就能让学生沉浸在作者清新纯朴的语言中，去感受小桃树的生命意义和人生哲理，感悟小桃树给"我"的人生启迪，最终深刻地理解托物言志的手法。实际教学中，很多课堂旁逸斜出的枝节很多，最终"言志"多，"托物"少，对托物言志手法的掌握和运用就更少，自读课的单元教学目标也就被悬置了。

[1]汤汝昭.自读课文编排意图与教学策略探析：以部编版初中语文七（上）教材为例[J].中学语文,2019(3).

[2]诸定国."自读课文"的教材定位与施教策略："统编初中语文教材研读及教学"系列研究之一[J].教育研究与评论,2018(3):80.

立足自读 浅浅教学（下）

自读课文在统编教材中占有相当数量，自读课亦是语文教学的重要环节。它对教师的教学视野、思维惯性、资源意识、课堂能力等都提出了新的要求与挑战，我们需要在实践中不断总结完善。自读课怎样才能让学生真正"自读"起来？我们可以从以下四个方面入手。

一、强化学生的自读意识，突出"自读"主体

我们首先要明确自读课的课型定位。在统编教材"教读—自读—课外阅读"三位一体的阅读教学体系中，自读课文"承"教读，"转"课外，是教材建设、单元阅读文本构成的有机组成部分。作为教读课文的延伸，自读课文教学促使学生尝试着把自己从教读课文阅读学习中所学到的知识加以运用，重在培养和检验学生独立自主的阅读与学习能力，是沟通课内外阅读的有效途径，也是实现阅读由课内向课外发展、促进学生阅读能力不断提升的关键环节。"自读课文设计的终极目的：一是让学生真正能习得阅读方法，学以致用；二是能引导学生由单篇文章阅读走向群文阅读和

整本书阅读。"[1]要想有效地教学自读课文,实现其勾连承转功能,教师必须对自读课的教学有清晰的认识和准确的定位。教读课注重教师的示范引领作用,自读课注重学生的自主学习。教师要深入理解统编教材的编写意图,厘清教读课文教学与自读课文教学的关系,清晰地界定教读课文与自读课文各自的教学侧重点,把握自读课文的地位和价值,更新教学观念,尤其是要强化学生的自读意识,落实学生的"自读"主体地位。

叶圣陶先生说:"凡为教者必期于达到不教。"这句话深刻揭示了自读课文的核心教学理念。自读课文是指导学生将所学知识加以灵活运用的实战训练场,最重要的是引导学生自己阅读,学以致用,实现学生对阅读方法与阅读策略的掌握,同时提升学生的思维能力。自读课文教学,是一个在教师指导下学生自主阅读、自动求知的过程。它既不能上成教师频频提问、学生逐一作答的"自答课",也不能上成学生质疑问难、教师释疑解惑的"自问课",也不能上成学生提问、学生作答的"自谈课",更不能上成不提任何要求、撒手不管的"自流课"或者教师包办一切的"自讲课"。"自读",重在自己读,更加强调课堂教学中学生的积极参与和自学实践。自读课文教学,要以培养学生"自学能力为目标,以自读课文为材料,以阅读实践为主线,充分激发学生的主体意识,让他们自求自得,使教读所得的知识、方法和能力得到最有效的迁移和扩展"[2]。

学生是学习的主体,自读课更要突出学生阅读的自主性。自读课文教学目标的达成,要依据学生自读的实践状态与成果去考量。"要想达到自读课文教学简约而不简单的理想境界,必须以调动学生学习的积极性,培养其独立思考的学习能力为教学出发点,遵循教学规律,根据自读课文的特点进行恰当、灵活、科学的教学设计，探索自读课文的有效途径，这才是自读课文有效教学的关键。"[3] 自读课教学必须充分突出学生在语文学习中的主体地位，让学生真正走进文本自读。没有学生自读行为和自读过程的发生，自读课就不复存在。所以，自读课，教师无论选取怎样的教学模式，都必须紧紧抓住学生"自读"来实践和实现，所有的教学策略和方法都是为了保障和促进学生自读。用最简单的话来说，自读课必须明显看得见学生"自读"，而且这种"自读"在不断增殖。

我们常常用"管住嘴"和"迈开腿"来指导减肥，其实，这两句话同样适用于自读课文的教学。教师既要"管住嘴"，又要想方设法促使学生主动"迈开腿"，充分发挥学生的主体性，通过自读训练培养学生的自学能力，使自读课文真正服务于语文教育教学。统编教材里的自读课文多是新课文，文质兼美，具有典范性，如汪曾祺的散文《昆明的雨》、阿城的小说《溜索》、写居里夫人的传记《美丽的颜色》等。教师一定要按捺住讲解的欲望，压抑住旁征博引的滔滔不绝，适时退场，根据单元目标和教材意图做出指导，腾出时间交给学生自行阅读，以自读方式循序渐进地培养学生的自学能力，帮助学生顺利完成知识迁移训练，从而提升学生的阅读能力和语文素养。至于在自读课文的教学实践中，出现自读教学的内容很多时候没有体现出我们所期待的教学效果的现象，这并不意味着"自读"错误，而是"自读教学"的策略和方法需要做出调整。教师不能以此否定和抛弃自读教学，而要从学生的阅读主体和阅读期待出发，更加科学地确定教学的方向，思考如何给出一些必要抓手，帮助学生自读，以此改进自读教学，寻求最佳的课堂教学程序，优化课堂结构，提高课堂效益，全面提高教学质量。

二、强化单元整体意识，落实"自读"功能

统编教材的编排大都是以单元为主题，一个单元一个主题。每个单元都是一个相对独立的教学单位。在每个单元内部，四篇课文和链接的课外阅读在目标、内容、形式上既密切联系、相互补充，又相对独立，共同达成整个单元的学习目标。自读课文作为教读课文的延续，我们不应该把二者割裂开来，应该把它们看成一个整体来设计教学。自读课文教学内容的选择应服从单元的整体要求，前勾后连，上承下转，使每个单元的学习形成一个序列，按照单元主题一脉相承，循序渐进。统编教材的单元导语展现了教材的整体结构，引导着单元备课方向，我们要利用单元主题进行自读教学，努力将一个单元的所有内容进行优化组合，作为一个整体进行教学设计。

比如，七年级下册的自读课文《一棵小桃树》是一篇状物抒情、托物言志的散文，在语言艺术、写作手法、线索安排、情感体验、主题挖掘等方面都有可教之处。"课时局限和编者意图决定了自读课文在教学内容的选择上不能求全、求多，要有取舍意识，重在引导学生'用方法'、学精妙，这样才能目标集中、一课一得。"[4]这样一来，我们要把"这一篇"置于单元整体教学中去思考，体现统编教材的编写意图。《一棵小桃树》所在单元的编排意图如下："本单元学习托物言志的手法：体会如何运用生动形象的语言写景状物，寄寓自己的情思，抒发对社会人生的感悟。"由此，本课的教学就是在教读《紫藤萝瀑布》、学习"托物言志"方法的基础上，运

用所学方法自己阅读《一棵小桃树》。明确了整体教学目标,我们可以结合文章自身内涵与特点来设计自读课教学目标:了解文章的主要内容,梳理小桃树的生长过程;品析描写小桃树的语句,体会作者对小桃树的独特感情;比较小桃树的成长和"我"的人生经历,领会小桃树的深刻内涵,进一步学习托物言志的手法。这样一来,以单元为阅读单位进行整体思考,得法于教读课文《紫藤萝瀑布》,运用于自读课文《一棵小桃树》,真正引领学生自主阅读,培养学生的自主阅读能力,提升了学生的语文核心素养。再比如七年级上册《女娲造人》一文,想象大胆新奇,充满生活气息;同时文章清新质朴,洋溢着一种新鲜感,"能引导我们换一种眼光来看世界"。这个单元的教学要求学生"在默读中把握作者思路,调动自己的体验,发挥联想和想象,感受文学的奇思妙想""尽量增加一次性进入视野的文字数量,寻找关键词语以带动整体阅读,提高阅读速度"。单元导语给出了教学目标和要求,也给出了教学方法等相关指导。真正的语文自读课应该教给学生"渔"的方法。那么,自读《女娲造人》,就必须是学生快速阅读下的有效自读,还要通过这样的快速自读让学生体会本文联想与想象手法的运用,了解神话的特点,体会神话的魅力,激发学生的想象力和探求未知领域的欲望。

要正确理解"自读"的价值所在,务必要将其放在"三位一体"的阅读课程框架中去认识。那么,要正确实施自读教学,同样要把它放在单元整体结构中去思考,去勾连,去实践。如此,自读功能才能得以有效落实。钱梦龙先生在教学中喜欢"鼓励学生自己到课文中去摸爬滚打,尽可能自求理解,进而领悟读书之法",这种鼓励学生自己去读书的理念,就是自读课最重要的特征。回到《一棵小桃树》的教学，在强化单元整体意识的同时，我们应在教学内容上紧紧抓住单元主题"托物言志"的手法，在教学方式上恰当把握学教关系，让学生"运用方法自己阅读"，从而真正落实学生的自读地位，最大化地发挥自读功能，增强自读效果。

三、强化教材编排意识，重视"自读"资源

统编教材将文章编排分为"教读课"与"自读课"。在教读的课文之后配有针对性与深刻性的思考探究题，教师在"教读"的过程中往往是融入了这些思考的。其实在这一过程中，自读是发生着的，只不过这些问题凭借是教师发现并给出的，学生再在指令的导引下去思考、探究。为了让自读更好地发生，教材在自读课文之后提供了更大的空间。比如，除文言自读课文外，教材去掉了思考探究题等，配以"注释""旁批""阅读提示""读读写写"等助读系统。这些助读资源对学生的自读起着指导、引领和点拨作用，引导着学生走进文本的精妙之处，尤其利于学生阅读方法的运用、阅读习惯的培养以及阅读思维路径的达成。学生自读时需要有序而深入。这就需要学生以助读资源作为抓手，阅读思维才会更好地发生。既然教材的编写意图如此清晰，那么作为教学的实施者，就要在课堂上将这些助读资源在学生的自读行为上进行落实。学生能够在自读之中自觉地做到去寻找凭借，打通思路或加深理解，本身就是自读教学的责任之一。这正是借此进一步强化阅读方法，沉淀为"教为不教"目标下的自主阅读的能力。这种能力发展下去，就是良好的自学能力的提升，就是大学时期独立完成论文所需的关键能力，它是一种自我寻找意识的培育。这

样一来，我们的教学才是在课程序列里的，才是具有课程意识的。

比如阅读提示，兼有助读和作业的双重功能，在主旨、手法和语言上都对作品做了精要提示。在设计教学时，教师若有心将之设计成学生自读情境下的抓手，便可以更好地培养学生的自读能力。比如《雨的四季》的自读教学，我们就可以引领学生读阅读提示："文中的四季之雨，'容貌'有别，'性情'各异。作者用诗一般的语言，调动我们的各种感官全面感受这四季之雨。"细细读来，我们就可以揣摩、把握本文的教学重点，提炼出自读思路，即读四季之雨的"容貌"—感受四季之雨的"性情"—品味诗一般的语言。学生就有了利用阅读提示明晰自读路径的体验，课堂也就容易在更多的自读时间里让自读行为发生。阅读提示语段往往含有关键词，比如《一滴水经过丽江》，阅读提示的首句就是"这是一篇别具一格的游记作品"，抓住"别具一格"，就可以带动学生对这篇游记的品读，进而达成教学目标。阅读提示能否在学生心里清晰地存在并得以应用，是自读课成功与否的一个重要指标。教师的轻轻一点，学生顿时又有所领悟，阅读又有所前进，阅读的意识得到更加完整的建构，自读教学之"自"就在于"学生基于自己学得经验之后自我学习的展开与意识的建构。"[5]当然，阅读提示的利用，不是毫无悬念地一上来就读，这样会容易落入结论性教学与先入为主的窠臼。

旁批，为学生自主阅读提供思考方向或点拨方向，是教材编者在解读文本时思考的节点与角度。在哪里驻足，通过哪些角度使阅读更加丰富，旁批都有所提醒和暗示。写旁批也是学生阅读名著的重要方式。自读课利用旁批阅读文章，能使学生的阅读从课内向课外延伸。贾平凹的《一棵小桃树》只出现了五个旁批,旁批的有效作用在课堂上容易发挥。阿城的小说《溜索》,教材标注了七个旁批,就需要学生整合性地去思考,选择性地去利用,即所谓巧问妙导。我们可以这样引导:"读完这篇小说,再看看书中给出的七个旁批,好好想一想,如果纯粹是你自己阅读,也没有任何批注,你可能会漏掉小说当中哪个批注提示的内容呢?"有的学生注意到文中三次写鹰,有的注意到小说中牛的情状等。基于此,学生的自我阅读体验就得以深化。哪些是自己注意到的,哪些是自己还不能触及的,旁批的作用就在学生的自我主动关注中被强化,学生在自己的最近发展区里就收获了新的读书体验。这一过程是学生自主意识强化的过程,也是自读教学的重要使命:基于"自",落实"自",强化"自",达成"自"。其他不一一举例。

自读课文为学生提供了自主学习的重要实践园地,教师在教学设计中要引导学生利用好这些助读系统,提示学生关注这些助读系统。在自读课上,教师的作用是导读导学,不是讲解。助读资源有助于学生自读自悟和小组交流学习,从某种意义上讲,这也是在充当"导"的角色。助读资源的无声引导,再加上授课教师的有效指导,能够帮助教师彻底转变教学方式和学习方式,构建开放、自主的课堂,实现由扶到放、由教到用的自读目标。这样才能培养学生的阅读能力,体现编者的编写意图,实现自读课文的教学价值。

四、强化语言本体意识,凸显"自读"本位

阅读教学之功在于有计划有目的地促使学生理解文中各种语言的构

造与多种表达方法的运用,探求思想内容及其社会意义,对各种文体的作品有一定的鉴赏与评价能力。自读课因为要强调学生的"自读"地位,教师的指导作用相对弱化,学生对语言的品读就可能浅尝辄止。其实,即使是自读课,它也需要以语言为核心,需要学生在语言的土壤里耕作。只有强化语言本体意识,学生才会亲密接触文本,才会更有能力感受作品的无限魅力,进而也才会在课外阅读中自觉地关注语言,通过语言这一美丽的存在逐渐触摸到作品的"筋脉""血液"和"灵魂"。助学系统中的很多旁批都在指向文章的语言赏鉴。

自读课是教师指导下进行的语言实践。关注作家作品的语言特色是丰富学生语言感知的不二法门,也是语文课的重要使命。都在教《一棵小桃树》,都说是在赏析贾平凹对小桃树的描写,但好些教师只套语式地说"语言生动形象"就算过去了。自读课的语言品读也不可以这样贴标签,"生动形象"是一定要引导学生进入到文本语言最细微处去感受的。叶圣陶先生曾经说过,阅读时"要尽量去体验作品中美好的内容和形式,并陶醉于其中"。语言品析,就是要抓住一个关键句、一个关键词,甚至一个关键的标点符号,引领学生体验并陶醉于咀嚼语言的美好滋味,品味文字里的深沉情感,真正地走进文本。我们要引导学生走入小桃树的"委屈"去感受它的苦难,走进小桃树"拱出一点嫩绿儿"去体悟它的坚韧,走进"蓄着我的梦"去思考小桃树的象征意义,这才是真正进入文本细微处去感受语言的魅力。我们强调对语言品析鉴赏,就是要学生细细品味,深化认识,融会贯通,把握实质,将范文中的语句化为己有。这样的自读课才是扎扎实实,讲求实效的。阿城的小说《溜索》,语言方面的特点非常突出,教师在教学中一定要引导学生品味该小说的语言艺术特色:笔法上多用白描,寥寥几笔,就勾画出场景和人物的线条,随意之间形神毕现;多用短句,少用辞藻,在白话的表达中吸收了古代汉语的特点,简洁而富有表现力。在自读教学中,教师可以找出重点语段,用细读的方式加以分析、揣摩,让学生对阿城小说的语言风格有比较深刻的感受,从而引发学生阅读阿城作品的兴趣。这一过程便是学生自读语言意识的建构过程。只有这样,学生才会在自己阅读课外书籍的时候有更敏锐的语感,才能与作品产生近距离接触。至于《外国诗二首》的教学,学生更是要充分地朗读诗句,在语言中联想、想象、感悟。

自读课是在不断唤醒和调动学生积累基础上的语言实践活动。学生有语言咂摸的习惯与能力,才会在课外自读中扎根语言的土壤,才能敏感地去抓住一个关键句、一个关键词,甚至一个关键的标点符号,品味文字里的深沉情感,真正地走进文本。

关于自读课,张寰宇老师说:"教师需要对阅读教学价值有新的探索与追寻,需要有单元整体的意识和把握能力,需要有更新的教学观念和更好的课堂组织,需要给予学生更多的自读空间,更适宜的方法指导,更深入的教学效果。"[6]强化学生的自读意识,把学生真正当作阅读的主体来教;强化单元整体意识,把自读课融入整个单元体系中来教;强化教材编排意识,把握教材呈现特点来教;强化语言本体意识,彰显语文教学本色来教。做到四个"落实",再根据自己的教学风格,运用教学智慧,灵活施教,循序渐进,这样才能真正地让学生"自读"起来,才能有效地实施自读课文教学。

参考文献

[1]汤汝昭.自读课文编排意图与教学策略探析:以部编版初中语文七
（上）教材为例[J].中学语文,2019(7):69.

[2]吴细化.自读课文教学的有效策略[J].江西教育(B),2017(7):49.

[3]胡忠祥.自读课文的教学指向:以《走一步,再走一步》为例[J].语文
天地(初中版),2018(3):8.

[4]冯志华.初中"统编本"教材自读课文教学浅探[J].内蒙古教育(综
合版),2018(2):22.

[5]苗新坤.意识建构:自读教学的价值旨归:肖培东自读课教学《周亚
夫军细柳》浅析[J].中学语文教学参考(中旬),2020(2):15.

[6]张寰宇.在自读的时空里构建新天地:对"部编初中语文教材"自读课几
个关键词的初步辨析[J].教学月刊·中学版(语文教学),2016(11):21.

第二辑　语文深思

为什么我想浅浅地教语文

人们常说，语文不仅仅是为了应试而学习一项技能，而是对一个学生整个生命的浸染。你的语文课是什么样的？你是否把它上成了离应试最近，却离语文最远的样子？你有没有对你的课堂感到迷茫与不安？如何将语文课堂变成真正提升学生素养和智慧的阵地？语文教学经历着诸多改革，摸索地前行在改革路上的语文教师因此都有着诸多思考。《我就想浅浅地教语文》是我的一本语文教学实录专著的书名，之所以取这个有些情绪化的书名，也是有感于当下的语文教育现状及多年来自己的语文教学实践。

客观地说，新课改的实施给基础教育带来了许多新变化，折射在语文学科上，便是语文教材的编写、课堂教学的方式、教学评价的方式在一定程度上都得到了改变，但是由于各种主客观原因，语文教学似乎并没有得到本质的改变。如于漪老师所说，语文教学常常是在指责中艰难前行的，尽管许多教师付出了艰辛的劳动，但效果往往不够理想。"这源自教学中的两大困惑：其一，当前教育中的花头太多了，课不知道怎么教；其二，整天埋着头以考纲为准绳教课，因此对整个语文教学的状况几乎是隔绝的，不了解。"[1]11如此，再加上日新月异、纷繁复杂的新理念和新技术，语文教师更是不知所措。语文教学有哪些"花头"？整天只以考纲为准绳教学，又是怎样与语义教学隔绝的？细看语文教学现状，我们可以得出一二。

一是教得太花。教得太花，是指教学形式花哨。《义务教育语文课程标准（2022年版）》对语文课程性质做出了这样的阐述："语文课程是一门学习国家通用语言文字运用的综合性、实践性课程。工具性与人文性的统一，是语文课程的基本特点。"这就明确地告诉我们，语文课是教师引导学生学习语文的课，是学生学习理解和运用国家通用语言文字的课，是学生听、说、读、写的综合实践课，是教师引导学生提高语文综合素养的课。这样一来，语文教学的手段与方式就极其简洁——听、说、读、写、思而已。紧扣文本语言，以这样的语文活动为主体进行教学设计，实施课堂教学，朴朴实实，简简单单，真真切切。花哨的课则不然，追求的是华丽，是炫目，是热烈。教师不是以深厚的语文功底引领学生落实语文的本体，而是刻意追求外观上的色彩多姿，尤其是大批量使用课件，营造唯美动听的视听课堂。

于漪老师认为，教学泡沫最多之处就是过滥地使用信息技术。随着现代信息技术的推广，多媒体技术越来越广泛地应用于教学领域，因其集图、文、声、像为一体的优势，极大程度地满足了学生的视听等感官需求，把教学信息直观、形象、具体、生动地展现在学生面前，从而为学生创设了多样化的教学情景，实现了课堂教学的大容量、多信息、多趣味和高效率。但也有很多教师片面地理解多媒体手段对语文课堂教学的优化作用，铆足劲儿于此处做足文章,改多媒体的辅助作用为教学主体作用,集中了大量视频、声音、图像信息,将其制成精美课件,并在课堂上充分运用。被滥用的音像资料使得语文课堂教学外形华丽——课堂上既有多媒体三维空间的演示,又有图文并茂的课件展示——但语文学科的核心价值被搁置这一现象,很多教师则未加深思。在《秋天的怀念》这一课例中,教师一遍遍地播放母爱主题的歌曲,如满文军的《懂你》、苏芮的《亲爱的小孩》、毛阿敏的《烛光里的妈妈》等。学生沉浸在如泣如诉的歌曲旋律中,音乐裹挟了语文课堂,感动来自文本外部。教学《春》时,教师展示的是一幅幅精美的春天图画,或绿草萌动,或鲜花竞放,或春雨淅沥,感性、直观的画面替代了学生对朱自清原文的思考与追问。教学《斑羚飞渡》,多媒体课件中呈现的斑羚飞渡竟是动画的,是立体的。看到屏幕上一只老斑羚跃起,又一只小斑羚跃起,空中接力被立体生动地呈现,学生早已经无心去读沈石溪的小说原著,凭画面视觉感受就去谈论斑羚的所谓伟大崇高,是泛泛而谈,是凌空蹈虚。音像资料的滥用影响了学生对文本语言的学习,代替了学生的深度体验,教学就这样在炫丽中走向虚空。教学形式花哨,貌似热闹、活跃,实质上却表现了教师一定程度上的肤浅和浮躁。学生根本没能安静地、好好地读读书,想想问题,遑论语文素养的全面提高。

二是教得太活。这个"太活",实则是"闹",但教师总以"活"的姿态自居,若不细细辨认,往往容易混淆。

"活"意味着灵动、灵活。梁漱溟先生认为,教育的作用是开启人类固有的活力。教学求"活"是教学的艺术,是教师教学上的追求。苏立康先生在给江苏省特级教师张德超《活语文教学思想研究与实践》一书所作的序中写道："'活'的语文教学就是一种主动的、互动的、生动的、个性化的、生活化的教学活动，就是要教书活、活教书、教活书，激发兴趣，让学生进入活的语文世界，最终成为有诚信力的'活人'。""把课教活"也是吕叔湘先生重要的语文教育思想。"成功的教师之所以成功，是因为他把课教活了。如果说一种教学法是一把钥匙，那么，在各种教学法之上还有一把总钥匙，它的名字叫作'活'。"[2]传统的语文教学过分强调教师的教，忽视学生的学，语文课上满堂灌的现象随处可见，教学效率低下。陶行知曾说："先生是教死书，死教书，教书死；学生是读死书，死读书，读书死。"[3]有别于传统教学中教师一讲到底的灌输模式，课改下的语文课堂则更关注教学的灵活性，倡导以生为本、自主探究等新理念，实质上都是要求我们把课教活。

实事求是地说，当下的语文课堂确实活跃许多，"教师讲，学生听"的教学方式有所改观。教师开始关注学生的主体性，激发学生的学习兴趣，努力调动学生学习的积极性，课堂也由沉闷转向活跃、热闹。我们说，激活课堂，是为了激出学生学习语文动态的、显性的、热烈的"活"和思维上相对静态的、隐性的"活"，前者易于营造课堂氛围，后者更能激发个体思维。所以，"活"是有度的、有内涵的，太活了，课堂就只剩下"闹"了。很多教师片面理解课堂教学的"活"，为追求课堂效果，往往只关注表面上的、看得见的热烈，想尽办法让整堂课轰轰烈烈、热热闹闹。妙趣横生的表演，此起彼伏的讨论，滔滔不绝的对话，看似精彩纷呈，活力十足，但这些个"活"，教师往往很少去思考教学需不需要，是不是教学重点，多是怎么热闹就怎么来。比如，教学《端午的鸭蛋》，不顾及散文的情感表达，要学生给高邮鸭蛋写说明书做广告;教学《吆喝》,课堂上让学生学各类人的吆喝,整个教室就像是赶集场所;教学《皇帝的新装》,还没怎么读课文就开始情境表演;教学《看云识天气》,让学生扮演云朵做自我介绍。或过度发挥,或无端想象;催泪煽情,牵强附会,随意拓展。尤其随意的小组讨论更是频频出现。"对教材的第一次开发都没有,教材讲什么,为什么这么讲,这些都没搞清楚,在学生对教材文本还没有产生文化认同的时候,就已经讨论了,游离了文本。"[4]实质上,有的小组讨论问题多、思维含量却低,讨论时间又极短,反反复复中还要伴有起立、鼓掌、坐下这样的形式,学生起起落落,课堂掌声成片,就是没个安静。"阅读本是学生的个性化行为,阅读教学应引导学生钻研文本,在主动积极的思维和情感活动中,加深理解和体验,有所感悟和思考,受到情感的熏陶,获得思想的启迪,享受审美的乐趣",这些都需要有能使学生安静阅读、思考文本的时间。教得太"活",只求表面热闹,学生没有充裕的时间读书,没有静思默想,没有自主探究,这样的讨论、合作探究也就流于形式,教学就有泡沫了。

三是教得太深。"文本解读是语文教师的基本功,也是最能够彰显语文教师功力的。"[5]理念的落实、方法的借鉴、创意的实施、目标的达成等,都必须通过教师对课文的合理解读才能得以展开。语文课堂教学中很多问题的出现,多是源于教师对文本缺少深入的解读;而许多成功的语文课,都是以教师对文本深入、独到的解读为基础的。可以说,文本解读检测的是教师对文本、教材和语言文字的敏感度及教师自身的语文意识。

"文本解读有其客观性,但又带有浓厚的主观色彩;文本解读有其确定的一面,但也有其不确定的一面;文本解读需要源于文本、尊重文本、回归文本,但又不能完全就事论事地拘泥于文本,还要有适当的延伸和超越。""林尽水源,便得一山",就是文本解读的妙处;"一千个读者就有一千个哈姆莱特",就是文本解读的趣处。浅读文本者,只把握了文本的皮毛却忽略了文本的实质,是看不到文本的风景与核心价值的。冯为民老师说道:"语文教师深度解读文本的过程,就是追求思想的力量、复活文本内在之气的过程。深度的解读体验,不但是情感的宣泄,而且是灵魂的唤醒,更是生命的超越。"[6]但是文本解读的深入性和多元性,又使得很多教师下狠劲、出奇招,抑或以新、奇、怪为美,往往以"颠覆"传统解读的结论为能事。他们认为,如果一堂公开课没有上出点前人没有解读出的思想,就应该算是一堂不成功的公开课。很多教师过度用文学研究的方式来讲课,在中学课堂里催生了一批自说自话的"大学课堂"。李华平教授撰文说道:"一段时间以来,一部分语文教师执着于对文本的深度解读,甚至祭出'深度语文'的旗号。追求'深度'、反对'肤浅',本身不是坏事,问题在于部分教师过分求深,且为了哗众取宠而求新,以至于迷失了方向。"[7]这样的课堂不在少数。网上曾流传这样一个过度解读语文课文的名段子,是对鲁迅先生一句很平常的"晚安"的解读。语文教师解读说,"晚安!"中"晚"字点明了时间,令人联想到天色已暗,象征着当时社会的黑暗;而在这黑色的天空下人们却感到"安",侧面反映出人们的麻木;句末的感叹号则体现出鲁迅对人们麻木的"哀其不幸,怒其不争"。这个段子可谓是过度解读的极致,虽是笑谈,但确实也存在于语文教学的现状中。比之更多的是,教师一味求深,语不惊人死不休,意不骇人更不休。教学朱自清的《春》,要探讨中国传统文化中的"天人合一""中庸之道";教学杨绛的《老王》,要竭力讲透"文革"问题;教学《斑羚飞渡》,甚至要求学生思考斑羚的数学才华。这些解读的深,都是对文本教学精神价值的偏离解读。在这样的课堂里,学生没有静心沉潜文本的机会,少有学生朗读课文,少有学生品读语言,少有师生对话,甚至少有学生独特的体验;多的是教师的分析讲解、引经据典,多的是深刻的思想,甚至多的是闻所未闻的奇谈怪论。虽说诗无达诂,文难尽解,但教学必须切合学生的最近发展区和当下的生命精神状态,决不能不顾学生的接受理解能力,一味从深刻到深刻,故弄玄虚以证明自己的理解能力,也没有必要过深解读让学生来听从和敬畏。

四是教得太宽。教得太宽,语文教学就不纯粹。钱梦龙老师说道:"在阅读教学过程中,学生通过对范文的诵读、品味、赏析,生成语感,积累语料,学习民族语言丰富的表现力。"[8]但实际上,在语文课堂上,我们并没有把教材真正用足、用好,反而把简单的文本教复杂了。

新课改要求教师在教学过程中活用教材,创造性地使用教材。"自新课程改革以来,教教材的封闭、静态、保守的教法正在改变,教材更多地表现为一种教学材料与课程资源,是师生展开教学对话的文本、媒介和工具,其开放性、动态性、生成性、整合性和有机性正受到越来越多的关注和重视。"[9]但随之而来的问题是,一些教师在对教材创造性处理的过程中,喜欢过度引入大量与文本相关的教学材料、教学资源、生活事件,然后在有限的课堂时间内对这些资料进行讨论。而这种讨论大大侵占了学生在课堂上学习文本的时间。短时间内,学生阅读文本只能是浮光掠影式地滑过,如此,文本就成了引发课堂讨论的话题,更成了一种摆设。比如,教学史铁生《秋天的怀念》，只让学生匆匆读了一遍课文后，教师就开始围绕"母爱""生命"做宣讲，或是美学意义上的"北海的菊花"，或是哲学意义上的"生死"，或是古今中外名人与厄运抗争的事例，或是现实社会感人肺腑的母爱故事；教学张岱的《湖心亭看雪》，从大谈特谈杭州西湖美景到历代文人写西湖美景之美文，从张岱一生经历细说至崇祯皇帝之死；教学《中国石拱桥》，不仅呈现桥的发展史及赵州桥、卢沟桥的修建过程，还从力学角度费尽时间解释石拱桥的设计原理等。凡文章有所涉及，无论轻重，不管密疏，教师都要进行教学以展示其渊博学识。语文课堂的内容繁杂且不分主次，包罗万千，根本看不清文本之本。有感于这种漠视教材文本的现状，程红兵老师指出："今天我们许多人都漠视教材了，因为教材好像没有多少新的见解，但我的看法则是，能把教材的基本道理自觉运用在教育教学中已经是很不错了。"

我们说"教材无非是个例子"，说"用教材教"，就是既要防止对教材的绝对迷恋与依赖，又要杜绝远离教材天马行空地漫谈。用活教材，是在强调用教材教，是在强调要紧扣教材创造性地教。叶圣陶先生在《〈略读指导举隅〉前言》中说道："国文教学的目标，在养成阅读书籍的习惯，培植欣赏文学的能力，训练写作文字的技能。这些不能凭空着手，都得有所凭借。凭借什么？就是课文或选文。"[10]先生之言浅显易懂，阅读教学就是凭借教材进行的。一堂课的教学时间有限，教师必须紧紧围绕文本的核心价值推进教学，突出重点，合理取舍。教得太宽、太杂，教学容易失却文本这个凭借，文本也容易成为虚假的摆设。

五是教得太浮。程红兵老师在《语文教学的常识性回归》一文中指出："我们不缺新名词、新概念、新知识，我们唯独缺乏常识！这些年的课改在取得一定成绩的同时，一不小心也把语文教学的一些常识丢弃了。"而这些正被遗忘的、最基本的常识，往往能给人们带来最真实的力量。

"语文课程的基本特点是工具性和人文性的统一"，长期以来学界对此存有争议，但有一点是可以肯定的，语文课程是学习语言运用的课程，语文教学归根结底是母语的学习，是语言的学习。叶圣陶在一封谈语文教学的信中说道："学生须能读书，须能作文，故特设语文课以训练之。最终目的为：自能读书，不待老师讲；自能作文，不待老师改。训练必做到此两点，乃为教学之成功。"[11]大道至简，语文教学说千道万，无非是帮助学生学会阅读和写作，尤其是读书。钱梦龙老师多次说，"语文，就是老老实实地教会学生读书"。程红兵老师说道："语文是什么，我们常常把它复杂化，其实语文本来很朴实，爱读书，勤思考，会用语文表情达意，就这么简单！"[12]名师、大家之所以成功，不是因为语文教得多么高深，而是因为他们做好了最根本的事情。于永正老师强调，要把语文的根本留住，要用教材教识字、教读书、教表达，激发兴趣，培养习惯，烦琐的分析和讲解没有必要，要把识字量保住，把读和写抓住。黄玉峰老师谈自己的语文教学时也说："我只是坚持凭着常识，实实在在地积累。这就是我的中庸。恰到好处，不偏不倚，然后坚持，不唯上，不盲从。"[13]

语文教学必须老老实实地经由听、说、读、写的实践来完成塑造人的任务。与此相反的是，"有些老师对语文教学的价值缺乏正确的认识，对语文学科的特质缺乏准确的把握，对语文教学的传统缺乏继承的意识，对语文教学的路径缺乏探究的行动，加之本身教学态度、教学素养的缺失，造成语文教学的盲目性、随意性，不能教出语文的滋味，不能让学生喜欢上语文，不能很好地培养学生的语文素养，削弱了语文教学的效益，不能尽展祖国优美文字内存的魅力"[14]。很多语文教师的教学或流于形式，或显摆深刻，偏离了语文教学常识，一堂课下来，学生书没读，字不会写，意思不理解，只是听老师漫无边际地故作高深。这样的教学谈不上对学生语文能力和语文素养的培养。"至于脱离语言文字，空讲内容，无限拓展、延伸，不是对人文的误解，就是故作高深，哪还是什么语文课！"[1]15 语文属于基础性学科，具有一定的科学性，教学时教师要遵循一般的语文教学规律，而不是好高骛远、建造空中楼阁。语文教学要依靠常识，遵循规律，为学生夯实基础。

一味追求花哨、热闹的形式，会忽视教学实质；一味求深求丰，又往往看不见知识落实与能力提升。语文教学要脚踏实地，教得太浮，就会忽略常识，架空目标。语文教师要结合课标精神，在尊重学生认知发展规律的基础上认真践行语文教学规律，指导学生读好书、练好字、说好话、写好文，这才是教学的根本。

语文教学必须接地气，所以我就只想浅浅地教语文。

[1]于漪.语文教学现状的思考[J].语文教学通讯(A),2016(10).

[2]吕叔湘.关键在于一个"活"字[J].课程·教材·教法,1991(10):12.

[3]陶行知.陶行知谈教育[M].沈阳:辽宁人民出版社,2015:115.

[4]于漪.语文的尊严[M].太原:山西教育出版社,2014:36.

[5]崔国明.文本解读的三重境界[J].文学教育(下),2014(4):5.

[6]冯为民.文本解读之"度"(上)[J].中学语文教学参考(上旬),2014(6):43.

[7]李华平.迷失在学科丛林中的语文课:兼评特级教师韩军《背影》教学课例[J].语文教学通讯(B),2014(10):8.

[8]钱梦龙.教师的价值[M].上海:华东师范大学出版社,2015:82.

[9]张德超.活语文教学思想研究与实践[M].南京:江苏人民出版社,2012:17.

[10]叶圣陶,朱自清.略读指导举隅[M].北京:中华书局,2013:1.

[11]中央教育科学研究所.叶圣陶语文教育论集[M].北京:教育科学出版社,1980:717.

[12]赖配根.分享中学语文名师成长感悟[M].北京:首都师范大学出版社,2013:179.

[13]黄玉峰.上课的学问方法篇[M].南京:江苏凤凰科学技术出版社,2015:143.

[14]郭志明.语文应该怎样教[J].江苏教育研究,2011(8):13.

备课，我们该想些什么

为"一堂课"做好充分的"准备"，是教师的职责所在，备课也就自然成了教师的基本功。唯有有备而来，才能预约课堂教学的精彩。在我看来，精彩的课堂，各有各的精彩，但精彩背后教师所做的基础性工作即备课，却是相同的。教师只有把备课这个基础性工作做实、做透了，教学设计这门看似"深"的学问，也就变"浅"了。这就需要我们在进行课堂设计之前参透下面九个方面的内容。

一、这是什么类型的文章

阅读是一种文体思维，教阅读就是要教会学生阅读某一类的文章。所谓把小说当小说教，把诗歌当诗歌教，把散文当散文教，把戏剧当戏剧教，把新闻当新闻教……说的就是要依体而教。教师只有依体而教，学生才有可能习得相应文章的阅读方法和策略，即"读什么"和"怎么读"。要做到依体而教，教师首先要思考的就是——这是什么类型的文章？这就是文体意识。

当确定一篇文章是散文,教学时就"不仅仅是知道作者所写的人、事、景、物,而是通过这些所写的人、事、景、物,触摸写散文的那个人,触摸作者的心眼、心肠、心境、心灵、心怀,触摸作者的情思,体认作者对社会、对人生的思量和感悟"[1]。如教《老王》时就并非让学生去分析老王的人物形象,而应该是通过语言文字触摸作者对老王的"心眼、心肠、心境、心灵、心怀",以及由此带来的"作者对社会、对人生的思量和感悟"。

当确定一篇文章是小说,我们就要分析感受小说中的人物形象。事实上,小说家就是因为他们所塑造的人物形象而被后人记住。如《孔乙己》中的"孔乙己"、《变色龙》中的奥楚蔑洛夫、《儒林外史》中的严监生,《社戏》中的"双喜"和"六一公公",比比皆是。曾听一位老师说课,题目是"鲁迅的杂文",但其将人物形象的分析作为教学的重点,这就不合适了。于是我就追问了一句:"你觉得这是一篇什么类型的文章?你所说的人物形象分析和小说中的人物形象分析是否相同?"所以,不同文体的教学价值点自然要有不同侧重。

如《周亚夫军细柳》节选自《史记》,是一篇人物传记,教学就要紧扣人物传记的真实性和文学性特点来教;《愚公移山》是寓言,就不需要刻意去问:"愚公移山的成功不是靠自己,而是靠别人,愚公是不是有点阴险?"教学朱自清的《背影》也就不需要去问:"父亲越过铁道栅栏是不是违反了交通规则?"只有认清了文体,才能依据文体去设计,也就不必纠缠于一些虽看似有道理,实则不堪一问的假问题。

当然,遇到较难确定体裁的文章时,我们还可以灵活处理。比如统编教材七年级上册郑振铎的《猫》,教材没有说明这是什么文体,根据七年级学生的阅读能力与水平，我们只需要紧扣单元语文要素来教就行了。从语言的真率质朴来看，很像叙事性散文，那么我们不妨将它作为一篇散文来教，这个时候"我"就是"郑振铎"。但从情节的巧合和作者的创作思考来看，这又是小说，我们也就可以把它当作小说来教，这个时候"猫"就是一个符号，代表着生活中像猫一样的人。

二、作者为什么要写这篇文章

写作要关注写作的对象和目的。那么，读文章呢？自然也要关注作品设定的读者和写作的目的。用中国传统文论的话来说，就是知人论世。知道文章背后的故事，往往能帮助我们理解作者是"写给谁的"和"为什么要写"，这是属于"言语内容"的方面。从内容出发，去理解文章是"怎么写的"和"为什么要这样写"，真正理解王尚文先生讲的"一定的言语形式实现一定的言语内容"[2]这一文本解读的真知灼见。

实用文就是针对特定的对象、源于明确的目的而写成的。理解这一点，我们在备课的时候，就能直达教学的核心。比如教学毛泽东的《消息二则》，我们如果知道了其写作的特定背景和针对特定的人进行宣传，就很容易理解文章语言让人有势如破竹的气势。文中多次出现的"我军"让在前线浴血奋战的解放军战士涌现起无比的自豪和必胜的信念。知道了新闻《首届诺贝尔奖颁发》的"首届"背景，也就明白了作者为什么要详细列举每一个获奖者的成就，为什么要介绍诺贝尔奖的由来，为什么又特别指出设奖和评比是分开的。理解了演讲词的对象和目的，我们也就理解了闻一多在《最后一次讲演》时为何如此慷慨激昂、义无反顾。知道了丁肇中"多年来,我在学校里接触到不少中国学生,因此,我想借这个机会谈谈中国学生应该怎样学习自然科学"的写作目的,我们也就能理解他在演讲《应有格物致知精神》时为何如此殷切期望中国教育重视实验探究的精神。

实用性文章如此,文学性作品亦然。因为读散文,就是要读散文中的"那个人",只有理解了作者是在什么样的情境下写的,才能更好地理解"这一篇"散文,读懂"这一个人"。知人论世,就是要了解课文背后的故事,如不知道《背影》里作者与父亲之间的纠葛恩怨和世事变迁,就难以理解朱自清"我与父亲不相见已二年余"文字背后的复杂情感,也难以理解一个大男人却那么容易"流泪"的行为。要理解端木蕻良《土地的誓言》,如果不理解作者作为东北人被迫流浪外乡,不理解作者在"九一八"十周年的特殊日子还未能回到自己故乡的这个背景,又怎能理解作者对于故乡土地"炽热"的、"泛滥"的情感?

那么,如何才能走进文章背后的故事?那就是要读一些作家的传记,读一些作家的创作谈,读一些文学史。所谓知人论世,就是要求我们不能只看到教材中的一篇课文,还要看看作者,看看背景,看看这篇文章选自哪一本文集。如学习《从百草园到三味书屋》,就可以读读《朝花夕拾》;学习《咏雪》,就可以读读《世说新语》;学习《周亚夫军细柳》,就可以读读《史记》。如此站在一本书的背景高度去看一篇课文,你所看到的课文中的风景,也该是完全不同的,是全面而深刻的。

三、这是写什么的文章

读懂文章是教师备课的前提。"懂"的基本含义是"文章写了什么",

也就是文章的内容主旨。教师读课文，首先得知道文章的内容与主旨。

有些教师读着读着就把文章读偏了，把握不住文章写了什么，或者干脆给文章贴标签。《孔乙己》仅仅表达的是对封建科举制度的批判吗？《我的叔叔于勒》仅仅是对资本主义金钱观的批判吗？《变色龙》仅仅是对沙皇俄国统治的批判吗？他们忽视了小说中的人，忽视了"人性的复杂性"，也就忽视了小说意蕴的丰富性。于是，也就会把小说教得单调乏味，学生最后得到的只是干巴巴的标签式的结论，走不进小说的深层意蕴，感动不了小说的人物形象。

王君老师在《我的叔叔于勒》的备课中是这样写的：

> 于勒给予菲利普一家的真正影响何在？普遍的解读认为，于勒是菲利普夫妇梦想中的一棵发财树，是菲利普夫妇价值取向的风向标，在于勒这面镜子面前，菲利普夫妇露出了贪财忘义、趋利避害的丑陋面目。但其实，真的是这样的吗？于勒真的是菲利普一家的梦想和渴望吗？
>
> 如果我们细读文本，我们会发现更多的疑点。我的教学，就是从这些疑点开始的，我希望超越传统的文本解读，带领学生从另一个全新的角度重新审视于勒和菲利普夫妇，让学生通过这篇精彩的小说获得对人生人情更加深刻的体验，而不是简单地去评判任何一个人或者简单地去批判任何一种人生。

相比于传统的解读，王君老师的解读触及了小说的丰富性，触及了小说中人的丰富性。

我在《孔乙己》的备课中，在读《孔乙己》的过程中，非常认同孙伏园老师的解读："能于寥寥数页之中，将社会对于苦人的凉薄冷淡，不慌不忙地描写出来，讽刺又不很显露，有大家风度。"于是，我就着眼于人性的"凉薄冷淡"，选择小说中最能体现孔乙己悲惨的两个片段，引导学生探究小说主题。

备《皇帝的新装》一课时，我在笔记里是这样写的：

《皇帝的新装》，究竟在嘲笑谁？那个令人捧腹大笑的腆着大肚子裸奔于众目睽睽下的皇帝？那个忠诚一生却又无奈说假话的老大臣？那些站在街边言不由衷而欢呼的百姓？有时，某些赞美不是为了阿谀，在世俗世界的习惯与传统面前，个体实在渺小又卑微。每读一次，我都觉得，我就是其中和大家说着一样的赞美词的那个人。我能不说吗？我在孩子天真的话语前愧疚。

孩子们已经长大了，他们有着自己的观察，对我们站立的世界，他们能看到无限美好，也记住了各种烦忧。成长的残酷，在于你必须要慢慢褪去纯真迎向无奈，孩子们也会说假话，这不是童话，这是现实。可是，孩子，我情愿你永远生活在童话中。我们的无奈不是我们必须要走向世俗的理由，成人世界的游戏里，愿我们都是长不大的孩子。

《皇帝的新装》写的是"大人的故事""孩子眼中成人世界的复杂"。读懂文章，最关键的是读出自己的感觉，读出自己的感动，只有自己被感动了，才能让学生感动。

四、这是怎样写出来的文章

我们都知道，"语文教学要经由语言文字达到语文教学的新境界"，

"语文教学要在语言文字上下功夫"，但前提是你需要知道文章的"语言文字"是怎样的，这就需要追问自己：这是怎样写出来的文章？

教学《皇帝的新装》，根据文本语言极度夸张和极富想象力的特点，我就设计了"读出《皇帝的新装》最夸张处"这个教学环节。

教学《在沙漠中心》，根据文本几乎是内心独白的语言特点，我又是这样思考我的教学：

> 我读到文章中三处引号的句子，我意识到教学的突破口，找到了！好好品味这三句话，我们会发现它们正好对应了"我"被困于荒凉的沙漠中的心路历程，即由"痛苦、绝望"到"平静、乐观"的心理过程。这样，"我"说的三句话无形中辐射了全文的内容。而且这三句话，前两句其实是心理描写，这又印证了本文的写作特点。品读三句话，进而研读作者在沙漠中心的险恶处境和心理变化过程，领悟冒险的真正意义。四两拨千斤，巧妙地将阅读落到实处，实现此课的教学目标。

思考"这是怎么写出来的文章"，然后基于语言特点来设计教学，是备课的重要内容。"这是怎么写出来的文章"，其实是对文本语言个性的追问。《散步》的"举重若轻"，《济南的冬天》的"脉脉温情"，《雨的四季》的"清新诗意"，只有把握了文本的语言个性，才能走进作家的心灵深处，探寻到解读文本的密码。

比较是一种很重要的方法，可以帮助教师把握文本语言的个性。比如，同样是回忆性散文，它们的语言个性有什么异同？《秋天的怀念》，史铁生平静的叙述语调中，饱含着深沉热烈的情感；萧红《回忆鲁迅先生》

(节选),语言细腻明丽、平实自然,如话家常却感人至深;《老王》,杨绛温婉简淡、气度从容而又意味深长,用近乎白描的平和叙述;《叶圣陶先生二三事》,张中行行文沉稳平和,质朴蕴藉,平静的叙述中充满感情;《我的母亲》,朱德平实叙述,质朴无华而又饱含深情。在比较中我们会发现,所有回忆性散文的叙述笔调总的来说都是以平静的叙述为主,但在平静中我们又会发现它们细微的不同,继而思考为什么相同,又为什么有差异,这些都是需要在备课中好好把握的。

统编教材为我们把握文本语言个性提供了一些方法,特别是在"单元导语""预习提示""思考探究"等板块有明确的阐释,为我们的教学指明了方向。比如《猫》在"预习"中就指出了课文"真率质朴"的语言特点。

教语文,就是要教给学生运用语言文字的规律,形成运用语言文字的能力。所以,语言文字永远都是语文教学最根本的东西。对"这是怎么写出来的文章"的追问,也自然是我们每一堂语文课最核心的备课内容。

五、为什么放在这个单元、这个位置

文章一旦进入教材,也就成了课文,被赋予了编者意图,教师要用好教材这个凭借的话,就必须读懂编者意图。为此,我们就需要追问:为什么放在这个单元、这个位置?

这里需要从以下两方面加以深入思考:

(一)明确单元语文要素

相比以前的教材,统编教材在"教什么"上给了教师更多的规定性,这些规定性也就是我们平时所说的"干货"。有了这些"干货",就会有效避免出现教师想教什么就教什么的现象。每个单元的"单元导言"都指出了这个单元教学的"语文要素"，那么这个单元所有课文的教学都应该集中在这些"语文要素"上，在教学中坚持一课一得的理念，扎扎实实地把这些语文要素落实到位，帮助学生形成语文素养。

然对于一线教师有难度的是，如何把单元语文要素和课文的文本特性结合起来。如《〈论语〉十二章》是一篇文言文，应是需要诵读的，也只有在诵读中才能使学生走进先哲们的心灵世界。但单元的语文要素却是"默读"，该如何处理？这就需要平衡，单元教学要集中训练学生的默读能力，但并非所有的课文都只能默读，这是需要教师注意的问题。同样七年级第一单元训练的朗读，在学生阅读时，有些地方还是要进行默读的，比如要了解文章写了什么的时候，就不需要用朗读那么费事的方法，但如果要让学生体验蕴含在文字中的情感，那就需要朗读。总之，只有把握好单元语文要素和课文本文个性之间的平衡点、结合点，才能在一课一得的基础上又一课多得。

(二) 确定文章教学课型

统编教材以教读课、自读课和课外阅读课建构起"三位一体"的教材编写理念。教读课要教给学生阅读的方法策略，自读课要让学生运用所学方法进行阅读，课外阅读课要在课内阅读的基础上进行拓展延伸。不同的课型具有不同的教学功能，不能像以前那样，篇篇精读精讲。这就需要我们在这一理念下，针对具体课文确定课型。

当确定一篇课文是教读课，我们就可以利用教材提供的一些支架进行教读课的备课。比如《驿路梨花》，根据单元提示，本单元的语文教学要素是"默读",又根据课后思考探究的第二题"本文构思巧妙,层层设置悬念和误会,使故事情节一波三折。结合课文内容分析这种写法,并说说其表达效果",我们就确定了文本的个性,也就是教学的重点"悬念"。基于此,我们在教学中就确定了"教给学生在默读中体会悬念及作用"的教学目标。在设计时就要凸显教师的教,让学生在语文活动中建构知识、形成能力。

如果确定一篇课文是自读课,那就需要按照自读课的方式来教。自读课文的旁批,是与精读课文的不同之处,也是统编教材编者着力之处,是一大亮点。把握教材的这一特点,充分利用好教材的这一特点来设计教学活动,将亮点做亮,是把自读课当成自读课来教的关键。

统编教材《一棵小桃树》中出现了五次旁批,分别是:

①寻常的情景,不寻常的情感。

②课文中一些描写反复出现,比如多次描写小桃树"没出息"。散文中这类地方,往往寄托着深意,要仔细体会。

③是什么使"我"遗忘了小桃树?

④"蓄着我的梦"的桃核长成了树,而且真的开了花。作者仅仅在写花吗?

⑤"我"的情感在这里来了一个转折,你读出来了吗?

这些旁批都是为了让学生在自读的时候能够有方法,有路径,有思考,从而能够帮助他们自读这篇"自读课文",编者意图十分明确,我们在教学中必须用好这些资源。为此我设计了下面的教学:

1.了解自读学情

自读这篇文章,你读出了什么?

2.关注课文旁批

编者给我们提供了几个批注? 五个旁批,一共提出了几个问题? 哪个问题你能回答?

(关注旁批③④)

3.品读"没出息"的小桃树

旁批中哪个是告诉我们阅读这类散文的方法的? 这段描写中哪个词最能写出小桃树的"没出息"?

(关注旁批②)

4."没出息"的小桃树的深意

同学们,作者为什么要花那么多笔墨写这棵"没出息"的小桃树? 树开花了,"我"的心理也迎来了一个转折。

(关注旁批⑤)

5.一个字读出"不寻常的情感"

文章的第一个批注告诉了我们什么? 如果今天贾平凹先生只能写一个字来形容他的小桃树,读完这篇文章,你觉得他会写哪个字?

(关注旁批①)

我就是充分利用自读课文"旁批"设计教学,组织学生自读,让学生利用好教材进行学习的。

对于如何用好教材,温儒敏老师说"用不着把新教材当作毋庸置疑的标准,可以改动,可以调整,教材教材,就是教学的材料",也就是说,教材为我们的教学创新提供了一定的空间,但他又说"任何个人无法建构教学的体系,虽然教学绝对不能千篇一律,但指导思想、教学目标和方向要一致"的,这种"指导思想、教学目标和方向"就是渗透在教材中的编者意图,它是"要一致"的。也只有这种一致性,才能保证课程标准落实的不走样,教材教学的不走样,才能避免教学的过度随意性。因此,在备课时追问自己"为什么放在这个单元、这个位置",就显得很有必要了。

六、最能体现文章特色的重要语段或句子是哪几个

于漪老师谈备课的时候说:"一篇好的课文总有一些言简意赅、言简意深、言简意丰的关键词句、重点词句,教学时注意把握这些词句,引导学生用重锤敲打,使其中所饱含的思想情操溅出耀眼的火花,照亮学生的心灵,引起他们的共鸣。"[3]10教师只有把握了这些"关键词句、重点词句",教学才能聚焦。

前面我们在第四问的时候,追问"这是怎样写出来的文章",关键是要把握文本语言个性,而文本的语言个性要教出来,要让学生深切地感受并体验到,教师就必须首先自己要读到,还要非常敏锐地从一篇课文的海洋中捕捉到这些闪烁着的文字之光。

教学《一双手》,我在教后的随笔中回忆了我对这些文字之光的捕捉心路:

"我去岭丘的乌马河林业局采访。""采访"?这个词语电流般地击中我。我仔细读读文章的对话——三问三答,采访部分极其简短。

这不多的话语里，究竟包含了什么呢？我一遍一遍地读，读句子，读感情，读性格，尤其那个"一千多棵。"我更愿意用感叹号去表达！这个句号不简单！话就几句，贵在以少胜多；手很平常，但以小见大。从"采访"入，读出这个人；从"手"入，读深这篇文。全面透彻地去挖掘"手"中所蕴含的内在品质和精神，去感受平淡中蕴含着的神奇，去体悟细微处包孕着的博大，"小中见大，平中见奇"就不只是一句结论性的术语。"看着这双手，我看到了一山山翠绿的森林……"课文的最后一句话里，我看到了文章的写作手法，也悟到了语文教学的艺术魅力。

仔细地读，反复地读，才能捕捉到简短对话中的丰富内容。黄厚江老师对我这堂课的评价是"小处入手，平中见巧"，因为这节课我只做了两件事：一是读对话，二是读那双手。教学的聚焦，来自我对"最能体现文章特色的重要语段或句子是哪几个"的不断追问，来自最终我对文本特色的深度把握。

"当学生在曲径中步行，对文中细致的刻画、入微的描绘品析时，抓住每一个'幽处'重锤敲打。"[3]10要实现长文短教，抑或短文长教，都需要从小处入手，把握那些"最能体现文章特色"的"关键词句，重点词句"，对这些"幽处"进行重锤敲打。前面的《在沙漠中心》中的三句话，《孔乙己》中的"记"和"忘"，《斑羚飞渡》中的"灿烂"，都是"重锤敲打"的典型案例。

一堂课的时间有限，要在有限的时间内给学生以最根本的东西，教师在教学内容的选择上就需要集中和聚焦，教师细读揣摩文本的功夫到家了，在教学时才能收到以一当十、事半功倍的效果。

七、思考当下为什么要教这篇课文

每一篇文章都是特定背景下的产物,所以我们在理解的时候需要知人论世,最好用历史还原的方法加以准确解读。但作为当代学生,面对浩如烟海的作品,就需要思考:当下,为什么要学习这篇课文? 作为教师,自然也需要思考:这篇课文教学的当代价值是什么? 尤其是在"立德树人"的教育目标下,语文教学理应发挥好熏陶感染作用,承担起这份历史的责任。

如何发现课文的当代教学价值? 可以从统编教材入手。统编教材采用的是语文要素和人文主题双线组元的形式,与此对应,其"单元导语"一般由两部分构成,第一部分阐述的是本单元的"人文主题",对整个单元的人文教育起到一个统领的作用。同时,每一篇课文在"预习""思考探究""阅读提示"中也有针对这篇课文独特的教育价值的提示,教学时教师需要关注教材中的这些提示。以九年级上册为例:

第三单元的"单元导语"指出:"学习时,要注意体会古人寄托于山水名胜中的思想情感,感受他们的忧乐情怀。"这样的人文主题贯穿了《岳阳楼记》《醉翁亭记》《湖心亭看雪》《诗词三首》等描写山水名篇的学习。

第二单元梁启超的《敬业与乐业》,"预习"中就指出:"本文所说的'业'是指成年人的职业,但'敬业与乐业'的精神具有普遍意义。你认为我们在学业中怎样才能做到'敬'和'乐'呢?"这就提示我们这篇课文的教学价值是培养学生在学习、生活乃至以后工作中"敬"和"乐"的人生态度。这对于当代中学生是有较大的指导意义的。

　　而在《孤独之旅》的"阅读提示"中,编者指出:"这是一篇描写少年成长之路的小说。……在生活中,你也有过类似的感受吗? 结合课文,体会题目'孤独之旅'的含义。"其意图就是通过经典名著的阅读唤起学生的生活经验,让学生感同身受,体会成长的艰难与欣喜,真正让经典陪伴孩子的成长。

　　钱理群老师在谈到鲁迅作品的教学时指出:"要寻找鲁迅与学生之间的生命契合点、连接点,构筑精神通道。"[4]也就是说,确定一篇作品的教学价值不是单向的,不是作者作品说了算,也不是教师说了算,而是要把作品和当代学生的精神现状进行关联,建立"通道",如此才能让作品滋养学生的精神成长。研究作品,研究学生,是确定作品教学价值的两个关键点,教师只有将这些研究透彻了,才能确定作品的教学价值,才能建立起两点之间的"通道"。

八、学生自己能读懂的和不能读懂的可能是什么

　　一篇课文可以教的内容很多,这时教师就需要学会取舍。取舍的一个很重要的依据是学生的需求。我们需要追问:"学生自己能读懂的和不能读懂的可能是什么?"也就是对学情的预判。

　　如何预判? 回到学生角色,实行角色互换,站在学生的角度看文章。下面是我对《一双手》的备课:

　　　　文章一读就明白,很直观浅白,教什么呢? 这苏教版九年级上册的课文,竟然又是北师大版小学四年级下册的课文。像教小学生一样,这是一双怎样的手?"平中见奇""小中见大",我的目光落在课

后练习题上。短文长教，浅文深教，关键在于教师从这双手中能读出什么。我试着从学生的角度去读这篇文章，读这双手，我觉得初三学生完全可以从这双手中读出诸如勤劳坚强、奉献忘我等内在品质和精神，读出这双平凡的手的伟大贡献和惊人成就，如果仅止于此，那么四年级的课堂也可以做到。语文教育要真正着眼于语言的学习，"深奥些的地方，隐藏在字面背后的意义，他们就未必能够领会"（叶圣陶语），这样，教师首先要读出平中深藏的"奇"和小中潜伏的"大"来。

我站在小学四年级学生的角度去读，我站在初三学生的角度去读，目的就是发现初三学生和四年级学生各能读出些什么，而又可能读不到什么，找到"他们就未必能够领会"的所在，从而找到教学的点。

教学不是表演，而是为了学生能真正有所得。教学《春酒》的备课笔记，我是这样写的：

> 我能为《春酒》感动的，我相信学生也能读出来的。只是我不想做什么表面教学。在大家都读懂的地方再做煽情，感觉没多少意思。看过很多《春酒》的教学实录，师生对答都是如流水般的顺畅，那教师去教还有什么意思呢？小孩可爱，母亲慈爱，乡人真爱，春酒味浓，最后怀念乡愁，几乎都能读出……
>
> 但是阅读教学，不应该过过场，不应该做做样，学生能做的事情，我们就不要多掺和了。

琦君的文字，质朴如水，平淡无华。这样的文字，不经过教师的教，学生是很容易滑过的，于是，我选择了让学生"于平常的文字间发现文字的不寻常处"。

同样，教学《美丽的颜色》，对于居里夫人的执着，对科学事业的热爱等学生很容易读到，而对于居里夫人的"淡泊名利"学生可能就不那么容易看出来，所以课堂教学在这方面就应该多花点时间。

要教学生不懂的，这是教师的教学价值所在。这方面的经典课例很多，钱梦龙老师的《死海不死》就是突出代表。钱老的一个主问题就是："哪些问题老师不教你们也能读懂？"学生在这一问题的追问下思维活跃，体会到了自主解决问题的快乐，最后达到"不待老师讲，就能读书"的目标。这些宝贵的经验，很值得我们在备课时学习。

九、教材提供了怎样的助学资源

教材是最重要的教学资源，是教师最重要的教学凭借。在前面备课的论述中，我已经多处提到。这其实就是一个追问："教材提供了怎样的助学资源？"

每个单元的"单元导语"，教读课文的"预习提示""思考探究"和"积累拓展"，自读课文的旁批和阅读提示，"活动·探究"的"单元任务说明""活动任务说明"和"知识短文"等都是我们的教学资源。这些不再赘述，在这里说一下"注释"这一容易被人忽视的资源。

在教学《纪念白求恩》时，我发现毛泽东对白求恩的生平介绍是这样的："白求恩同志是加拿大共产党员，五十多岁了，为了帮助中国的抗日战争，受加拿大共产党和美国共产党的派遣，不远万里，来到中国。去年春上到延安，后来到五台山工作，不幸以身殉职。"

而"注释1"对白求恩生平的介绍是这样的："白求恩（1890—1939），国际主义战士、加拿大共产党员、著名的医生。他率领加拿大美国医疗队，于1938年初来中国，支援中国的抗日战争。3月底到延安，不久赴晋察冀边区，在那里工作了一年多。在一次为伤员施行急救手术时被细菌感染，1939年11月12日在河北唐县逝世。"

在备课时，我就让学生比较毛泽东的介绍和课文"注释1"的介绍各有什么特点，并思考：为什么毛泽东不采用"注释1"的介绍？你觉得是毛泽东写得好？还是"注释1"写得好？学生通过讨论发现原文介绍虽然在年龄上有误差，但叙事中饱含崇敬、惋惜的情感，而"注释1"的介绍客观平实而准确。毛泽东写的是一篇纪念文，自然不能采用"零度情感"的介绍，自然会倾注自己的情感。同时，学生也发现，其实两种介绍都是好的，主要看我们用在哪个地方。显然，学生对语言运用规律的认识是深刻的，这种深刻就来自教师对"注释1"这一资源的灵活运用。

另外，教材还给我们提供了教学的度。如活动探究"尝试写诗"，要根据教参提示的"上不封顶（优秀的学生写出高质量的诗歌），下有底线（基础弱的，敢于尝试写诗歌）"去操作，让所有学生都能感受写诗的快乐。

总之，教学资源的合理开发和有效使用是备课思考的重要方面。在教材逐渐由"教本"走向"学本"的今天，教材编者在学习资源的提供上应该说是十分用心的，也给教师的教学提供了许多有价值的资源，我们尤其要重视教材教学资源的使用。

以上备课九思，自然有待补充与完善。磨刀不误砍柴工，上课的质量

取决于备课的质量,而备课的质量则取决于对教材钻研的质量。钻研教

材,了解学生,设计教法,如此,多多思考,语文教学才能有"备"而来。

[1]王荣生.散文教学教什么[M].上海:华东师范大学出版社,2014:16.

[2]王尚文.语文教育学导论[M].武汉:湖北教育出版社,1994:24.

[3]于漪.语文教学谈艺录[M].上海:上海教育出版社,2012.

[4]钱理群.经典阅读与语文教学[M].桂林:漓江出版社,2012:75.

语文教学：行走在情理之间

2016年5月21日,河南许昌迎来了一场为期两天的语文盛会——全国初中语文"同课异构"教学展示交流研讨会。本次研讨会由陕西师范大学出版总社《中学语文教学参考》编辑部策划主办,会上优秀教师肖亚南、李宝虹、张艳冰、高和鸣四位老师进行了同课异构,分别执教了《社戏》和《我们这双手》,风格、思路各异的教学展示,给与会者留下了深刻的印象。河南名师李宝虹老师《社戏》一课结束语中一句动情的"情到深处不讲理",引发了我对这两篇课文教学"情"与"理"的相关思考。语文教学,该如何行走在"情""理"之间?

一、情到深处得讲理

(一)语文教学要讲文体的理

阅读教学的任务是要教给学生阅读各式文章的方法。基于此,语文阅读教学必须依体而教,学生才能依体而读。语文教学要讲理,首先是要讲文体的理。

《社戏》是一篇小说，在教学中就要紧扣小说的文体特点，不能把它教成散文。有的老师就是把它作为散文在教，把文章的人事景物都当作真实的存在。事实上，"平桥村"并不是一个乐土，而是一个贫穷的小村庄，那里的农人生活很艰苦，"我母亲的母家是农村，使我能够间或和许多农民相亲近，逐渐知道他们是毕生受着压迫，很多苦痛，和花鸟并不一样了"[1]。但是，《社戏》中的人情美景物美确实令人难忘，鲁迅描写江南水乡的笔触也颇为散文化。"我实在再没有吃到那夜似的好豆，——也不再看到那夜似的好戏了。"那夜的豆其实也平常，那夜的戏其实不好看，那么这"好"好在哪里呢？循问而入，带领学生走进夏夜行船、船头看戏、月下归航等情节的描写中，走进平桥村这个美丽的世界，走进天真烂漫的童年，如同走进《从百草园到三味书屋》一样去感受作者渗透在字里行间的情感。这样的教学显然是没有按照《社戏》的文体来教。《社戏》是鲁迅小说集《呐喊》中的最后一篇，和其他几篇在表达风格上迥异，文章用充满诗意的温情代替了那种尖锐的"呐喊"，也正因为如此，教师很容易把它教成散文，尤其是人教版教材在选入时删掉了"我"两次在城里戏园看戏的经历，则更容易不知不觉教成散文了。

情到深处得讲理，即便我们是那样快乐地徜徉在清新、明快的水乡夜色中，还必须清醒地认识到《社戏》的小说文体。也只有教成小说，我们才能理解在现实生活中很不完美的小村庄为什么一下子变成了"世外桃源"。我们可以从小说叙述视角的角度去理解。申丹在《叙述学与小说文体学研究》中说："在第一人称回顾性叙述中，通常有两种眼光在交替作用：一为叙述者'我'追忆往事的眼光，另一为被追忆的'我'在经历事件时的眼光。这两种眼光可体现出'我'在不同时期对事件的不同看法或对事件的不同认识程度。"[2] 小说对于平桥村的叙述是站在一个现实成人的角度，而且是站在一个"不适于生存了"的现实的角度（在"我"两次在城里戏园看戏的经历中作者着力强调的），用充满温情诗意的儿童视角来追忆描绘理想中的幻境的。这样，我们就能更深刻地认识到，关于平桥村的诗意温暖的抒写，都是浸透了作者主观情感的理想化"乐土"，而对于这一"乐土"的理想追求，在文章最后强烈情绪化的"好豆"和"好戏"中可见一斑。作为小说，文中的人事、景物都是作者虚构的产物，正如钱理群先生所言："小说所写到的，都经过了作家主观心灵的过滤，是'醒生活'与'梦'相结合的产物。"[3] 作为小说，"好豆"和"好戏"已经成为一个符号，一种生命状态的象征符号，"轻松而舒展自由，沉静而柔和，和谐而充满情趣"，折射的是作者的心灵世界。"情到深处不讲理"，是对人物独特感觉的解释，但教学时，教师还是要保有对文体的理性认识，即便这文章是有着怎样鲜明的个性特点的"这一篇"。

（二）语文教学要讲语言的理

语文教学必须紧紧抓住语言文字，讲语言的理，要少一些花里胡哨，让学生实实在在地接触文本，实实在在地触摸语言。教学《社戏》时，教师必须带领学生走进社戏的个性语言，读出语言的味道。

小说《社戏》没有曲折的情节，全文几乎是散文化的叙述，不讲究写实，却尽在写意。虽然戏并不好看，但是作者对看戏过程的心理反应却写得如此动人。仅举几个例子：

只有我不开口；他们都叹息而且表同情。忽然间，一个最聪明的双喜大悟似的提议了,他说,"大船?八叔的航船不是回来了么?"十几个别的少年也大悟,立刻撺掇起来,说可以坐了这航船和我一同去。……在这迟疑之中,双喜可又看出底细来了,便又大声说道,"我写包票!船又大;迅哥儿向来不乱跑;我们又都是识水性的!"

为了能促成"我"看戏的愿望,孩子们的表现是如此积极,言行是如此"尽心尽力"。关于双喜的四个"又"字,一个"向来不",把所有不能去的理由都堵塞了,只剩下一个"去"字了,两个感叹号,更是对大人们疑心的强烈回应,让他们吃了定心丸,孩子们的心机清澈透明。如果我们关注这些平时容易被忽略的虚词和标点的话,就会发现平桥村的小伙伴是如此纯真,孩子们的心灵是如此相通。这样彼此心灵相通的世界,怎能不是乐土,怎能不令人向往呢?

小说离不开对话的品读,比如,"我"托桂生买豆浆没买到,桂生回来后的回话是这样的:"没有。卖豆浆的聋子也回去了。日里倒有,我还喝了两碗呢。现在去舀一瓢水来给你喝罢。"照理说,一个"没有"就交代了,但是小伙伴的话却有四个句子,不仅交代了结果,还说明了原因(回去了),又宽慰"我"(日里有),最后想了补救的办法,这些内容"我"都没有问,对方却全说了,实在有些啰唆。但是,细想这多余的几句话却是句句有意,句句有情,小伙伴的体贴是流淌在话语中的。而同样是一句话,在城里看戏时问台上的演员,作者是这样叙述的:"他很看不起似的斜瞥了我一眼,说道:'龚云甫!'"又短又生硬,人与人之间的隔膜是如此之深。两句话,让我们走进了两个截然不同的心灵世界,一个温暖得无以复加,一个冷漠得"不适于生存"。

小说的意蕴隐藏在平淡写意的散文化语言中,教学要讲语言这个理,才能让学生从作者个性化的言语表达中,从文本的字里行间"读"出意蕴,进而潜移默化地融入心灵,丰富情感体验和精神世界。

(三)语文教学要讲教学的理

海德格尔说,教师,"他得学会让他们学",即"让学",教学的意义是"教会"学生"学习"。根据学情和文体特点确定合宜的教学内容,选择合适的教学方式,来实现教学目标,是教师教学的任务所在。

这里的"让学"很重要。语文教学不仅仅是要教学生课文的内容,更重要的是指点学生学习语文的门径,让学生掌握学习语文的方法,养成语文学习的习惯,即"授之以渔"。钱梦龙老师说,所谓"教",也不是把自己已经认识了的东西全盘端给学生,而是着重介绍自己读文章的思路和方法,然后鼓励学生自己到课文中去摸爬滚打,尽可能自求理解,进而领悟读书之法。也就是说,教师在教学中不能以"教"替"学",必须发挥学生的主体性,让他们在积极主动的思维和情感活动中获得审美体验。

同课异构的两位老师都能用主问题牵一发而动全文,来驱动学生对文本的阅读和探究,都能给学生留下必要的阅读时间,都能让学生比较充分地表达他们的阅读感受。"真的,一直到现在,我实在再没有吃到那夜似的好豆,——也不再看到那夜似的好戏了。"两位老师都以"好豆"和"好戏"切入,从矛盾处引发学生思考,体会"好"的真正含义,从而走进小说的情感世界。李宝虹老师对最后一句的分析更是细致入微。当然,同课异构还是希望能看到新颖又不失厚重的教学设计。孙绍振教授说过,语文课要从学生一望而知的文本里面探索出一无所知的奥秘来。小说,往小处去教，《社戏》的切入点一定还有许多，怎样另辟蹊径，投一石激起课堂千层浪，需要我们更细地去读，去找到通向文本深处、激活学生学习的幽径。

"让学"，教师就要适时抓住契机，引导学生积极阅读思考。肖亚南老师问学生那夜的戏好看与否时，学生有说好看的，也有说不好看的。这时候，肖老师就把教学滑向了"不好看"，然后接着问"不好看的戏，为什么说好看"去推进阅读。这个环节其实很有嚼头，学生有说好看的，也有说不好看的，此时，老师应该慢下来，让学生议论争辩，问问学生"为什么说好看（不好看）"，问问学生"你是怎么看出好看（不好看）的"，这样，"让学"充分了，"教会"也就容易了。王尚文老师说："首先是要使所学的内容在学生的心目中显得可爱，起码是在教师启发、指点之后学生觉得可爱。"[4]贴着文本，贴着学生，才能教会学生读书。

二、理到深处不忘情

与《社戏》这样一篇充满情趣的美文不同，《我们这双手》是一篇科普小品文，属于传统意义上的说明文范畴。作者以平实、简洁而不失准确严谨的语言从最完美的工具、文明的反映、与健康关联、充分表达感情四个方面，说明了我们这双手的独一无二和研究价值。同课异构，两位老师呈现了截然不同的教学内容和教学策略。张艳冰老师的教学定位在"理解文意，掌握说明文的文体知识"上，要求学生从整体上把握文章内容，学会分析文中使用的说明方法，体会语言表达的准确性。高和鸣老师则是通过品味标题和文本语言，让学生感悟作者对我们这双手的赞美、崇拜和自豪之情,把握作者写作的情感,体会科普小品的语言特点。前者落实说明之理,后者关注科普之情,在"情""理"之间引发我们对说明文教学的思考。

说明文教学要"讲理"。说明性文章的教学最为关键的是引导学生"抓住要点""了解文章的基本说明方法"和"获取主要信息"。张老师对教学目标和内容的设置与把握,是符合课标精神和说明文教学要求的。叶圣陶先生明确指出:"说明文以'说明白了'为成功。"[5]60说明文的文体本质特性决定了它应该"说得明白",那么,教学说明文就自然需要"教得明白",让学生"读得明白"。因而,高老师在引导学生品读文章作者的情感时,在课文内容的感知、文章结构的把握,以及必要的文体特征教学等方面还应该做得更加实透。因为把握顺序、抓住要点、了解方法、品味语言,正是说明性文章的主要教学内容。但这不等于把说明文的教学都机械地统一为说明顺序、说明方法、说明语言的技术性教学,死板地套用说明文的相关知识贴标签式地去教学,否则,必然致使说明文阅读教学变得死气沉沉、枯燥乏味。落实说明文教学之理,还得如高老师一样,努力生动地教出说明文的情味,理到深处不忘情。

(一)语言有情感

任何文体的阅读教学,都离不开语言教学。忠实于事实的客观性和知识的准确性的说明文,语言的基本特点是准确性和科学性。说明文教学也需要咬文嚼字,需要重语感、品语言。但习惯于应试般训练学生填写说明文准确与科学的语言教学方式,导致学生总以为说明文的语言冰冷无趣、枯燥艰涩,老师也难以将领悟事物的特点与了解文章的说明方法有机结合在言语实践活动之中,实现"言""意""情"兼得。其实,《我们这双手》这类科普小品文,语言确切、简洁、通俗,具有很强的逻辑性,而且细品深读后,我们会感受到文字中的情感和温度,而不是清一色的模板式的所谓"准确""科学"。作者准确说明的字里行间都渗透着浓烈的情感,如标题"我们这双手","这双"一词中的自豪感,"我们"一词中的亲切感,就不是"手"或"人类的手"这样的标题能负载的。教师应依据文本自身的特点,决定语言教学的侧重点,不是逢说明文就一个劲儿讲"准确""科学",说明文语言的情感性与准确性是可以有机结合的。如"手:最完美的工具",这"最完美"既是准确科学的说明,又蕴含着作者浓浓的自豪。还有"每只手有 29 块骨头……这些骨头由 123 条韧带联系在一起,由 35 条强劲的肌肉来牵引"等说明手的结构之精美的句子,其中那些准确的数字不正是对这"最完美"的我们这双手的深情赞美吗? 理解我们的手,珍爱我们的手,珍惜我们的手,创造智慧和奇迹。《我们这双手》,"科学"和"理性"要教,"情怀"和"思想"也要努力教。教师抓住文中关键词语细细品味,让学生体会到说明语言的准确性,并链接情感感悟,从而体味本文语言的温度及所包含的文化内涵、丰富情感。《我们这双手》这一课的知识理趣和语文味道,也就会自然而然地生发出来。

(二) 教学有情趣

过于理性的概念化教学使得说明文课堂单调乏味。叶圣陶先生曾说:"说明文不一定就是板起面孔来说话,说明文未尝不可带一点风趣。"[5]60教师要在对说明对象、事理等有足够了解后,对文本内容建立自己独特的理解,再根据说明文本身的特点和学生的心理,用生动、风趣、幽默的语言组织教学,用精巧的问题激活学生的阅读思维,使学生从被动转向主动,变"厌学"为"乐学",引导学生深入文本与之对话,从而感受说明文别具一格的趣、情、理。如《我们这双手》的教学导入,两位老师都做得非常生动有趣。张老师让学生玩"石头、剪子、布"的游戏,把游戏带入课堂,以此引导学生感受手的灵动自如,课堂气氛顿时轻松活跃起来。高老师让学生用当地方言说说"我们这双手",学生大声说出了自豪与赞美,也很有情感地进入文本阅读之中。于漪老师教学《晋祠》一文时,把《中国名胜词典》中关于"晋祠"的条目与课文进行对比教学,以获得对文章表达、语言、结构等的领悟,效果很好。《我们这双手》的教学,两位老师都有这样的语言实践的策略,采用了比读的方式。通过比较,让学生理解说明文语言的准确性,领悟生动说明与平实说明的各自特点,进而把握作者的思想感情。比读可以使学生获得对文章表达、语言、结构、情感等方面的领悟,并深切地感受到科学小品文与一般科学说明文的不同。学生是学习和发展的主体,学生的一切感悟都必须建立在自主阅读的基础上。教学要有情趣,教师就要积极地为学生创设乐读乐思的阅读期待,即善问。钱梦龙老师在《食物从何处来》一课中是这样问学生的:"今天早上我吃了一个烧饼,两根油条,喝了一杯凉水,后来又吃了一个鸡蛋和一个苹果,谁能告诉我,我吃的都是食物吗?是或不是,都要说出理由。"这个问题立即引起了学生思考阅读的兴趣。"《我们这双手》的课题,能不能改成'手'或者'人类的手'?"高老师设计的问题立足标题,颇见功底,学生很快就被带进文本内容的阅读和探究中。吕叔湘先生曾指出:"成功的教师之所以成功,是因为他把课教活了。"(《关键在于一个"活"字》)教活了,学生在获得科学真知的过程中就会得到一种乐趣,说明文的课堂一样充满着理趣和情趣。

(三) 语文有情怀

热爱语文、对语文始终有情怀的老师,才会把语文课上出语文的味道、语文的情感、语文的丰厚、语文的尊严。有情怀,就会坚持语文教学要守住本真,回归语文;有情怀,就会积极打磨自己的思维,开发自己的创造潜能和教学灵感;有情怀,就会认真研究学生和教材,潜心教学,不断涌现灵动厚实的教学设计;有情怀,就会通过语文教学把人文精神、生命意识等种植在学生的心田。情怀不是知识,也不是能力,但能帮你丰富知识,增强能力。困惑于说明文教学,迟滞于说明文教学,最根本的原因还是缺乏语文情怀,看不到或看不透语文教学的魅力。对语文有深切的热爱,对教学有无比的向往,会让教师披文入情,由情悟文,徜徉于语言文字之间,发现语言文字的密码,进而感受语言文字的魅力,体悟文章的感情和意境。很欣赏王君老师的一句话:"我们不缺少才华,但我们缺少情怀。"她说,写作品质,首先就表现为情怀的品质。延伸开来,教学品质,首先也就表现为情怀的品质。钱梦龙老师的《中国石拱桥》《死海不死》等课已成说明文教学的经典案例,我们在叹服他的教学艺术和语文智慧的同时,更要看到教学境界背后浓浓的语文情怀。他说:"为人师者,不失赤子之心。"他确信:"只要向往蓝天,谁都可能比我飞得高!"《我们这双手》一文,平面与立体,浅表与深厚,知识与哲理,严肃与温暖,读出什么,教出什么,最后指向的都是我们对语文的理解力和专注度。

语文是有温度的,是令人感动的,它必须充满感情;语文又是严谨的,是科学的,它必须持有理性。教出语文味,教出人文味,语文教学,就这样走在"情""理"之间。

[1]鲁迅.英译本《短篇小说选集》自序[M]//鲁迅.鲁迅全集:第7卷.北京:人民文学出版社,2005:411.

[2]申丹.叙述学与小说文体学研究[M].昆明:云南大学出版社,2000:47.

[3]钱理群.读一读《社戏》全文[J].语文学习,1994(9):10.

[4]王尚文.走进语文教学之门[M].上海:上海教育出版社,2007:370.

[5]叶圣陶.文章例话[M].沈阳:辽宁教育出版社,2005.

语文教学：自由与不自由之间

语文教学是自由的，自由的语文教学让我们在广阔的语文天地间任意翱翔，享受着语文教学的自由、感性与洒脱；但语文教学又是不自由的，语文学科的性质决定了语文的天空不可能是没有界限的，语文教学的飞翔也只能沿着语文的路径飞翔，以收获语文教学的科学、理性和美好。语文教学，就是在自由与不自由之间彰显着属于语文的美。

一、语文教学是自由的

（一）教学方法灵活

什么是教学方法？即"为了完成一定的教学任务，教师在师生共同活动中采用的手段。既包括教师教的方法，也包括学生学的方法"（《中国大百科全书·教育卷》）。凡是能够"完成一定的教学任务"的手段都是有效的教学方法。从这个角度讲，教学方法的选择是灵活的，是自由的，语文教学也是如此。

语文教学方法因教学内容而灵活。内容决定方法，方法是内容的方法。不同的内容,可以采取不同的方法。用一种方法、一把钥匙开启所有的门是不现实的,因此,教师必须根据教学内容灵活选择教学方法,促进教学目标的达成。文学作品的教学更多是朗读体验、想象联想;实用文的教学更多是归纳概括、信息筛选。同样是读,说明文一般要默读,散文一般要朗读,而诗歌可能要吟诵;同样是提问,可以是直问,可以是曲问,可以是教师问,可以是学生问,不一而足。总之一句话,方法因内容不同而不同。钱梦龙老师在《愚公移山》教学中采用的经典曲问法,是因内容而变化问法的一个脍炙人口的案例。对本文的字词解释,我们往往是让学生死记硬背,学生会觉得枯燥无味,提不起学习兴趣。为了让学生学习这一内容积极主动,钱先生没有问"且"和"始龀"的意思,而是问:"这个愚公有多大年纪了?""那么,这个年纪小小的孩子跟老愚公一起去移山,他爸爸肯让他去吗?"怎样把枯燥的内容变得生动活泼,让学生学得主动有效? 那就是根据内容灵活选择合适的教学方法。

教学方法因教学对象而灵活。方法的使用是为了完成教学任务,教是为了学,说到底,教学方法的使用是为了帮助学生有效学习。所以,方法只有因学生的变化而变化,才能起到事半功倍的效果。为了能让学生深切感受作者对园中小品的描绘是栩栩如生、十分逼真的,于漪老师在教学《晋祠》的时候,知道班级里有一位平时很顽皮可爱的孩子,就想到了一个教学方法:让这位学生表演文中的小和尚,让其他学生观察"小和尚"并将其与文中对小和尚的描写相对照。这一教学方法因这位学生而灵动有效。请看片段:

师:请一位同学把作品中描述的样子做一做,好不好? 就请你(指第一排调皮的学生），作者是怎样描绘的？

（生高兴地站起来，对着老师。）

师（对着大家笑）：看他描绘得怎么样？

（生双手托着，肘关节在下方，而且与肋骨靠得很拢。）

生（哄笑）：不完全对。

师：应该怎么样？我们一起读，让他纠正。"山上一挂细泉垂下"，预备，读。

生（齐读）："山上一挂细泉垂下，就在下面立着一个汉白玉的石雕小和尚，光光的脑门，笑眯眯的眼神，双手齐肩，托着一个石碗接水。"

师：双手齐肩，对吗？手还要高一些（将手向上抬一些），稍微开一点（将肘关节部拉开一些）。很好。你们看，出神入化！

看得出来，这位学生有了用武之地，非常自得。其他学生兴味盎然，十分投入，对语言描写的准确生动有了切身的体验，这比光让教师来讲，教学效果不知要好多少。

教学方法还因教师个性而灵活。把教学方法引入课堂的是教师，教师对方法的掌控和运用是发挥教学方法功效的关键，因此，教师的个性就很关键。不同的教师擅长使用的方法不一样，教师完全可以根据自己的特长优势，选择自己运用起来得心应手的教学方法。年轻的教师可能对多媒体技术比较青睐，而老教师可能对传统的诵读法和板书教学法比较得意，那么，就不必拘泥，只要自己觉得运用起来游刃有余，又同样能达成教学效果就好。钱梦龙老师的"导读法"、宁鸿彬老师的"卡片辅助教学法"、洪镇涛老师的"五环节教学法"、魏书生老师的"六步课堂教学法"，以及李吉林老师的"情境教学法"等,都是冠于名称的教学方法,是与其教师的个性有着天然血缘关系的。

吕叔湘先生在"全国中语会第五次年会"开幕式上的讲话中说:"真正掌握一种教学法的教师,他是会随机应变的,他的教室里是生气勃勃的。你叫他换一种教学法,他也会根据实际情况取其所长、舍其所短,同样取得成功。总而言之,成功的教师之所以成功,是因为他把课教活了。如果说一种教学法是一把钥匙,那么,在各种教学法之上还有一把总钥匙,它的名字叫作'活'。"一个"活"字,实在是教学方法的自由灵魂、有效之本。

(二)教学切入点众多

语文教学不同于其他学科教学的一个显著特点,就是它几乎是一个拥有无数教学可能的信息载体教学。黄玉峰老师说:"课堂教学的成功,必须有两个基本条件:一是对所教文本的熟悉,二是找到破译文本的突破口。"教学切入点的选择,体现了教师的教学技巧。

切入点选择的依据,是以教材内容为依托的知识目标和以学生为出发点的能力目标。文章体裁不同,作者表现主题的手法就不同。受读者知识层次、生活阅历等方面的限制,教师分析一篇课文的着眼点和突破口,即设置切入点的角度也就不一样。鲁迅的经典小说《孔乙己》,处处都是精巧的教学切入点:众人的"笑",孔乙己的"手",孔乙己的"长衫",孔乙己的"脸色",孔乙己的"之乎者也",孔乙己的动作细节,"茴香豆",两次去酒店的对比,社会对于苦命人的凉薄,谁"杀"了孔乙己,孔乙己"去哪儿了",孔乙己的"钱",孔乙己的"酒",《孔乙己》的横截面结构,小说的叙述者,孔乙己的秋天,等等。一篇《社戏》,你可以按部就班地引导学生从钓虾放牛的乡间生活,到看社戏前的波折,到途中夜航,到赵庄看社戏,到归航偷豆,到六一公公送豆;你也可以从中段赵庄看社戏切入,前后勾连;你还可以从结尾的"好豆和好戏"切入,细观那夜的豆与戏,引发学生思考。总之,一个文本,提供了多个角度,就像一条鱼,先吃尾巴,抑或是先吃头,还是先吃中间或者怎样,决定于你的教学思考和设计。

教学切入点的选择,是教师文本解读的结果。名师教学授课都是精心选择切入点的。教学杨绛的散文名篇《老王》,教师大多会以"愧怍"为切入点展开教学。但名师却各有自己的切入点:余映潮老师以精读训练的方式切入文本,先请学生自选角度欣赏课文第四段,接着以第四段为突破口展开全文的精读训练;黄玉峰老师从"文本直接告诉我们的、隐藏起来的、不想告诉我们的"三个角度切入文本,展开教学;黄厚江老师以阅读叙事写人散文的方法为切入点;程翔老师则是以学生的"原始理解"为切入点,继而引导学生进入"后续理解"阶段,最后实现"基本理解"。

文本提供了诸多的教学切入点:可以是文章的标题;可以是文中的一个段落、一个句子、一个词语,甚至是一个标点;还可以是文眼、线索、结构、背景、疑问等。这全在于教师对文本的独到理解和教学设计的匠心。

(三) 文本解读多元

语文课程丰富的人文内涵对学生精神世界的影响是广泛而深刻的,学生对语文材料的感受和理解又往往是多元的。学生如此,教师亦然。多元化的个体必有多元化的眼光和多元化的解读视角。对文本的解读向来没有一个定论,不同的读者,由于生活阅历、知识经验、审美趣味等的差异,对同一篇课文会读出不同的意味,正所谓"一千个读者心中,就有一千个哈姆雷特"。其实,即使是同一个读者,在不同的时间读同一本书,其结果也会不一样。经典作品的魅力就在于常读常新,每一次阅读都会使人有新的发现和感悟。

一部《雷雨》,作者先是说"并没有显明地意识着我要匡正、讽刺或攻击些什么",后来作者又说含有对"中国的家庭和社会的揭露和批判",但后来作者又说"这绝非一个社会问题剧",是对生命、对人的生存状态及其审美形态的独特发现,最后作者又说,应该还包含悲悯的审美情感。可见,文学作品的有些意蕴是可以意会不能言传的,有些意蕴甚至连作者自己也说不清楚。其实,对于《雷雨》这样一部经典的阅读才刚刚开始,不知道将来的人们还会有怎样的多元解读。

一篇《猫》,郑振铎先生特意回避传统的小说创作套路而只叙述人和猫的故事,读者对它的主题出现多样化理解是非常自然的。有把《猫》作为爱心等情感教育和反思精神等思想教育的题材解读,认为"我"的自责、内疚、痛苦正是作品的积极意义所在,提示着人性中善良、仁爱、公平、正义等美好一面的觉醒;有对小说中"无人性"的言行表现加以痛心疾首的批判,揭示人性中凶恶、冷酷、残暴和阴暗的一面;也有联系背景,通过郑振铎先生沉重的笔触感受"一个时代知识精英对生命的尊重与高度的责任感"等。这样,人性的多面性,对卑微生命的关爱,生命的平等、自由的诉求,维护生命价值的可贵,尊重生命的漫长之路,强弱之分的社会状态,美好人性的觉醒等主题齐聚《猫》中,众说纷纭。

一篇《背影》,杨剑龙认为文本展示的是一帧父子情深的悲凉画面;

王玉宝则认为是展现了一个被"死亡"照亮的世界……《背影》的解读完全可以编一本厚厚的书。其实，从接受美学的角度来看，每个人心中都有一个"背影"，属于自己的不一样的"背影"。

总之，文学的本性决定了对它的理解、阐释必然是多元，甚至是无穷无尽的。教材文本的意蕴是多层次的，不同的读者对文本解读的视角、广度、深度、过程，以及文本对他今后的作用都是不同的。倡导对文本的个性化解读，尊重多元化理解，建构课文的多元化讲析平台，阅读教学才可能常教常新、渐入佳境。

二、语文教学是不自由的

(一) 教的必须是语文

无论以什么样的方式展开教学，语文基础知识和基本技能仍然是学生必须掌握的，语文教学必须要回归"语"和"文"的本真。语文课程应致力于学生语文素养的形成与发展。"语文课就是语文课，须把握它的本质属性，在语文知识教学、语文能力训练中贯彻人文精神，以培养学生，收潜移默化、春风化雨之功效。"随着新课改的推进，语文课堂教学方法越加丰富，但教学方法的灵活多变，绝不意味着语文本真可以被肆意扭曲，语文学科的根本性质可以被忽视或变异。无论走什么样的教学路径，无论呈现什么样的教学风格，语文课堂教学都要以语言为核心，以语文活动为主体，以学生语文综合素养的提高为根本目的。

陈日亮先生觉得，目前的语文教学特别是语文课堂，有几个问题：一是承载过度，什么目标、内容都要求它承载，太沉重了；二是花样甚多，可谓"花团锦簇";三是涂饰太厚,也就是装饰得太多了。不依照语文规律教学的课堂,或以非语文内容(文本内容)为主核,如教学《看云识天气》就一味阐释云与天气的对应关系研究怎么样预知天气变化,教学《端午的鸭蛋》就研习高邮鸭蛋的吃法等;或以非语文活动为主体,如教学《苏州园林》就通过视频参观拙政园等园林名胜,教学《木兰诗》就欣赏美国电影《花木兰》,教学《吆喝》就播放相声听老城风情,教学《观舞记》就播放杨丽萍的孔雀舞录像等;或以人文精神探究感知为教学主旨,如教学《秋天的怀念》就讲母爱的伟大,教学《在沙漠中心》就围绕"如何做一个英雄人物"深谈,教学《香菱学诗》就谈理想中的教与学是怎么样的……古今中外,天文地理,这些"语文课"形式新鲜、风格时尚、包装豪华、生动趣味,很受学生欢迎,执教老师也就上得非常得意自信。然而作为一门实用性极强的学科,如此的语文课颜值颇高、气质走样,像极了历史课、艺术课、班会课、科学课等,就是不像语文课。正如"真语文"教学的提倡者王旭明先生所言:这些课或者是"贴标签式的生硬拔高,脱离语言文字的本体教学渲染所谓思想性和人生意义",或者是"语文的元素没有融化在语文教学里",最终都脱离了语文课"语言"和"文字"的本真,上成了非语文课。

教学形式的多样化,丰富了语文课堂的内涵,但把控不好,也有可能遏制教师的教学创造力,致使语文课堂迷失语文学科特性。语文课就是要做好最基本的"听说读写",实实在在地教会学生阅读写作。语文学科工具性和人文性的统一,必须是在工具价值实现的过程中体现其人文性。"我们一再强调:要把语文课上成语文课,要用语文的方法教语文;教师要按照语文的规律去教,学生要按照语文的规律去学。"[1]

(二) 教的必须是语言

有别于其他学科,语文课程的基本任务是学习语言运用。《义务教育语文课程标准(2022 年版)》也明确指出:"语文课程是一门学习国家通用语言文字运用的综合性、实践性课程。"这样,无论你如何切入教学,语文课都必须紧紧围绕语言文字的理解和应用组织教学。

以语言为核心组织教学,即"一切教学活动要充分体现语言元素,要紧紧围绕语言展开。具体表现为语言解读、语言品味、语言积累、语言运用、语言共生。即使有其他的教学安排,也必须是为这些语言活动服务的"。语文教材所选的文章文情并茂、文质兼美,以语言为核心组织教学,学习规范、优美的语言,不仅是学习民族语言的一条简捷而有效的途径,也是语文教育实现其多元目标,促成学生精神发育增长的必由之路。好的语文老师必须挖掘出文本语言深处的美,引导学生揣摩、品味、感悟和吸收。作家为载道、明道而写作,语文课堂则是立足"文何以载道言何以明道"而展开,语文教学的核心是言语学习,它的基本任务是提高学生理解和运用语言文字的能力,这种能力的形成必须借助于语言实践。

如《看云识天气》一文的教学意义绝不是只在云与天气的科普知识上,更要通过阅读理解作者是怎么把"看云"和"识天气"说明白说清楚的,即教师要处理的是科学知识、说明方法与语言形式之间的关系。如此,教学就要进入说明文语言深处引导学生思考"作者是怎样生动形象地说明事物特征的"。有教师教这一课设计的主要环节是"猜猜我是谁":"我"是一朵怎样的云——"我"的脾气怎么样——"我"会带来怎样的天气。随后问学生:"我们只需要观察云就能够完全掌握天气情况吗?怎样判断云的类型和它预示的天气?"这样的教学失去了语言成分,语文课变成了自然科学课。立足文体语言,从说明语言的科学准确性和生动形象性设计教学,才能教活《看云识天气》。有的课也有大量的语言实践,但脱离了作者的写作语境,不吻合文本的文体风格,自然也是品味不出其中的语言滋味和作者感情的。如汪曾祺先生的散文《端午的鸭蛋》一文,平淡质朴,不事雕琢,却极具韵味和情致。有教师以给高邮鸭蛋设计产品包装(一条广告、一则产品说明、一个商标品牌、一个图案)为教学内容,把教材作为"用件",进行了颇具创新意义的语言实践。但细细推究,汪氏味全无,这种语言实践和汪曾祺的《端午的鸭蛋》的"这一篇"真有直接关联吗?汪曾祺清淡情深的语言风格学生懂了吗?汪曾祺蕴含在鸭蛋里的复杂感情学生能悟出来吗?"高邮的鸭蛋的特点是质细而油多……这叫什么咸鸭蛋呢!"这一段,作者将文言词语与口语结合起来,相映成趣,倍添韵味。如"质细而油多""入口""尤为别处所不及"属古汉语语言,而"发干、发粉""嚼石灰"又极俗。"筷子头一扎下去,吱——红油就冒出来了",让人跃跃欲试,作者把它写得有声有色、富有动感。细细品味,作者对高邮鸭蛋的赞美之情也就溢于言表。所以,以设计产品包装来教学《端午的鸭蛋》,必须是在有效品读文本语言、深悟作者感情后进行的,否则,形式的创新其实也是蜻蜓点水、浮光掠影、浅尝辄止式的粗略品读,学生是很难真正触摸到作者语言的精魂的。

怎样巧妙地切入,语文教学要回归语言。"从语言文字入,又从思想内容出",学习怎么理解和运用语文这个工具,是语文课程的基本任务。

教师首先必须潜入文本深处探求语言珍奇,对语言品味持有高度的自觉和敏感,不是在做支离破碎、寻章摘句的语言补位,而是真正能够关注全文灵魂的语言。

(三) 教的必须是学生

强调教的对象是学生,是希望语文课堂要关注学生的存在,要基于学生的学习展开教学,要尊重学生的阅读体会,做有效的点拨升华。

教的必须是学生,课堂教学的文本解读必须基于学生心理。教师要站在教学的需要解读文本,并善于从学生的立场解读文本,既要尊重学生的独特体验,又要注意教学内容的价值取向。近年来,在多元解读、创造性阅读、思辨性阅读等理念倡导下,语文教师的文本解读也各自为政、五花八门。一些极有思想的教师依据自己的人生经历、个人体验,依据深厚的哲学、美学等功底,对文本做了极富个性化的深刻解读,其"深刻洞见"是"新奇独见"了文本内蕴,却又控制不住这种解读的兴奋和惊喜,不考虑学生的接受能力,强势地在课堂上"灌输",诱引学生步入此中。这种忽视文本应有的教学价值,径自用自己对文本的理解、分析代替学生阅读学习的教学,其实是对学生学习角色的漠视。《愚公移山》解读出愚公的狡猾、毒辣、自私、疯狂和愚蠢,《斑羚飞渡》解读出斑羚超凡的数学才能,《那树》停留在解读保护树木、珍惜自然环境的主旨上,《紫藤萝瀑布》引导学生深探"文革"痛楚,这些解读,或怪或偏或浮或过深。文本解读的实质是指向教学内容的认定,对文本的诗意挥洒和率性开发无可厚非,但教师必须要关注如何以学习者的立场倾听文本,把文本解读有效转化为教学内容与教学设计,让学生"跳一跳,会摘到",深入浅出,深入巧出。

钱梦龙老师称赞闫学老师朴实、自然、大气的文本解读特色时说：既紧扣文本，又不局限于文本；对文本有深刻的见解，却从不刻意求深，而是深而有度；知识面很广，却从不恣意突破语文教学的"边界"，而是宽而有界。这种由博而返约的功力，既是一种修养，也是明智的自我克制。这是最好的提醒，也是至高的境界。

教的必须是学生，教师要关注学生阅读、解读文本过程中的发现和思考。王尔德说：作品一半是作者写的，一半是读者写的。学生是课堂学习活动的主人，语文教学过程中要体现学生的主体意识，防止以教师的分析代替学生的阅读实践，要让学生经历语文学习的过程，在主动探究和老师的点拨下有所生成、构建。语文教学应在师生平等对话的过程中进行，要尊重学生在学习过程中的独特体验，留给学生表达的时空，即便他们的见解是错误的，教师也要在尊重的基础上加以引导纠正。钱梦龙老师在执教《故乡》一文时，有学生问："鱼怎么会有青蛙似的两只脚呢?"面对这一横炮式的问题，钱老师用"大家都没见过，这说明什么问题"轻轻一引，就加深了学生对见多识广的少年闰土形象的感知，从而更激发了学生自主阅读的积极性，也激发了其成为阅读探索者与研究者的欲望。在语文教学中，若以直接灌输的方式向课堂输入理性，势必导致学生感性世界的湮没。语文教学的最终目标不是知识，而是道路[2]。

于漪先生说过，"语文教学有语文教学的法则，也就是有其自身的规律，不能随心所欲"。2014 年上海高考作文材料"穿越沙漠与自由"是这样提示的：你可以选择穿越沙漠的道路和方式，所以你是自由的；你必须穿越这片沙漠，所以你又是不自由的。转换成语文教学，我们同样可以如此思索：你可以选择语文教学的道路和方式，所以你是自由的；你必须穿越的是语文课堂，所以你又是不自由的。语文教学方式灵活多样，但你教的必须是语文；语文教学切入点众多，但你必须基于语言核心；语文教学文本解读多元，但你必须拥有学生立场。语文教学，行走在自由与不自由之间。

[1]黄厚江.从"本色语文"到"共生教学"：为了解决问题的行走和追寻

[J].中国教师,2016(4):57.

[2]熊芳芳.不是知识　而是道路[J].中学语文教学参考(中旬),2016(8):4-7.

基于学习视角的
语文课堂言语生成策略

语文是我们的母语学科,语言是语文教学紧紧围绕的核心。"语言运用"是整个语文核心素养培育体系的基石,也是学生语文素养表现的关键见证。在课堂里,学生内心的学习体验不断生长、生发,会促使其自我主体性的言语世界的形成。学生富有生命感的意志、思想情感都会通过言语来表现,言语的内容和方式是言语质地的重要表现。言语是手段,是表述与作品、作者对话中产生感悟的凭借;言语也是归宿,所有的理解与感悟都要化为学生的言语成果。但,言为"心"声,学生的言语质地显然与其思维的发生密切相关。思维的发生,是学生在课堂上的学习情境中通过多角度对话,调用理性思维,同时也伴随着情感、意志、审美、联想、想象等非理性思维的过程。

但是,在阅读教学中,语文老师受教学习惯的影响,仍然是以语文"学科本位"的"教"为主,学生的学习是流于形式的、表面的。知识辨别式的问答、缺乏整体阅读思维建构的语言零碎化浅表性训练、程式化表述等现象依然充斥课堂,严重影响着"语言运用"能力的养成。这样的课堂,消解了语言的丰富美感,致使语言个性丧失,也意味着某种审美能力的模糊、弱化,易导致师生的思维陷入惯性的概念化和空泛的浅薄境地。

课堂是学生学习的场域,怎样建构以学生的学习为中心且能让学习更好地发生的学习情境?值得我们研究。语文能力的提升,依赖于学生自身学习行为发生的实践过程,不是教师以语文"学科本位"的"教"养成的。学生只有在教师的指导关照之下和自主的学习空间之中,思维不断进阶内驱,唤醒主体意识世界的言语感性,才有语言生成性体验,才会更好地提升语言素养。

一、思维进阶促进语言理解

语言是思维的外壳,思维的发展会促进语言的理解,促生丰富的言语生成。学生在课堂中言语生命的绽放有赖于在课堂上实现思维的发展,推进非理性思维的情感世界的进一步丰盈,即思维进阶。没有思维进阶,学生的言语生命很难丰盈。在核心素养体系中,"思维发展与提升"的达成也要通过思维进阶来实现。教师在阅读教学中要唤醒学生对语言的和思维的体验,进而达到建构的目的,就必须让学生在清晰的思维轨道上感受到思维的轨迹,在阅读整体梯度和局部细度上实现进阶。

实现思维进阶,须基于自身认知。事实上,认知是在情境中不断生成的,我们需要深入体验,密切关注人的身心统一。身体的具体参与、多感官地与所处环境的交互作用,使学生的学习更加深入而灵动。那种机械地只注意自己的"教",静止单向地教授内容的"离身"性的课堂,一度陷入知识教学的泥潭而不可自拔,频频出现简单的知识传递或是以知识为中心而忽视人的思维现场发展的现象。

我们阅读作品,几乎都是由理解词语句子开始,到逐渐理解整篇,再到深入理解具体句子语词的交互过程。要实现思维进阶,我们须在整体阅读的思维迈进、局部阅读的细腻深刻和多维能力训练上下功夫。在阅读整体思维上,教师将自己拥有的资源转化成彰显语文学科逻辑的资源,再将语文学科逻辑资源转化为具备学习逻辑的资源,用学习逻辑的视角来设计学程,学生就能够凭借着彰显阅读规律的主问题拾级而上,逐渐递进发展,对文本语言不断地生发理解体验,会产生"原来如此"的顿悟之感。在主要问题主导的局部阅读思考中,学生需要形成"单点—多点—联点"的清晰学习思维纹路,才能细腻、深刻地体悟,产生丰富多元的理解,又相互碰撞融生,实现自己"习得"。清晰的阅读整体思维和局部细腻思维的纹路促使着学生的学习行为自主而积极地发生。语言实践活动的主体是学生,学生就会在精心组织的学习活动中实现言语建构、自我成长。

其中,学生自己不断"习得",多层次阅读能力的融入是关键。章熊针对理解能力,把阅读能力分为复述性、解释性、评价性和创造性四个层次。香港理工大学祝新华也从复述、解释、重整、伸展、评鉴和创意六个角度阐发了他对阅读能力分解的观点。他们"这种能力训练层级的研究思路,可以克服目前语文阅读教学的经验主义和简单随意现象"[1]。如在小说《猫》的教学中,整体上学生依托着"第三只猫的可怜(不幸遭遇)—人的可怜(张妈)—社会的可怜(人与人的冷漠与不平)"这一思维阶梯展开阅读,思路畅通使他们"各以其情而自得"(王夫之《船山遗书》)。在整体思维带动下,学生品读文本语言细节有诸多的深入发现与理解体验。

如学生品读第三只猫的不幸遭遇之时，通过"仍是一只若有若无"读出"被轻视"，通过"钻到火炉底下去"品读出"无自己的窝"，通过"却仍不改它的忧郁性，也不去捉鼠"一句中的"却仍不改""也"字和妻子叮嘱张妈"换水，加鸟粮，洗刷笼子"的一组轻快短句品读出"被攀比"，还通过"三妹在楼上叫道：'猫在这里了。'"品读出"被告发"，且也通过句号体味出三妹淡然地告发猫的位置也是为了满足"我"仇打它的心理，学生也对"三妹"并不是真正喜欢猫有了更深的体悟。

学生体验到第三只猫被冤枉，进而将人与物连接起来，阅读思维向前推进，读出"张妈"也是被冤枉的。学生发现，在对待鸟的态度上，"张妈"对"妻"言听计从，"便"字可以看出不敢怠慢，更何况"向来不喜欢猫的张妈"这一前文的铺垫之句又给我们以暗示，让我们知道她在猫和鸟中定是对鸟上心。学生这时又读出矛盾："张妈"不喜欢猫，为何又将猫捡拾了回来？这时，学生的阅读思维进入细微之处：可能是可怜它，可能是讨好"我们"。更高层级的推断能力训练就在这里出现了。学生判断只能是可怜，不可能是讨好，与"我们"朝夕相处的"张妈"就是讨好也不可能用这样一只外表丑陋的猫。所以，学生又发现"我们"喜欢猫却对猫下了狠手，"张妈"不喜欢猫却充满着怜悯，二者形成巨大反差，对比之有力，铸就了小说的艺术张力。学生在作品的语言丛中产生了丰富的阅读体验，这就是思维进阶的内驱效果。整个过程动态交互，自我阅读、思考这些学习行为就发生在"学生"这一角色身上，课堂就是学习的场域。

要实现思维进阶，学生内心情感层的、审美层的、情绪层的非理性认识同样需要融入进来。《学会生存——教育世界的今天和明天》中说道：

"在理智训练与感情奔放之间求得和谐是今天的教育面临的重要任务。"[2]在《猫》的教学中,"我们"喜欢猫却对猫下了狠手,"张妈"不喜欢猫却充满着怜悯,学生在体验到这种有力的对比和巨大的艺术张力之后,教师随即设计了"以第三只猫的口吻来朗读课文(写第三只猫的部分)"这一语言活动。学生读着读着,就产生了浓厚的怜悯之情,情感被调动了起来,小说的悲剧力量走进了学生的内心世界,非理性认识融入了学习的过程,化为生命的有机部分,实现了思维进阶。

二、灵动情境激活语言运用

文本是一个情境、形象世界,也是一个认知体验的过程。这与把课文单纯当作学习对象,分解成若干个静止知识点的教学相对。学生是在文本的情境中思考、感受,通过阅读实践实现多样的语言思维活动,有了体验的旅程。针对行为与情境的关系,心理学家勒温用公式表述它们之间的关系,即 $B=f(P \cdot E)$,其中 B 代表行为,f 为函数,P 代表人,E 代表情境。所以,语文阅读教学,就是陪着学生一起在文本情境中感受丰富的形象世界,在形象世界中感受形象之间的复杂关系,感受语言,开展多维伸展活动,领悟作品的深层意蕴,帮助学生形成自己的言语世界。所以,这个过程是生长性的,带有想象空间的,是归于学生学习行为发生的。

但是,在语文阅读教学中,有教师经常把作品转换成一个一个具体而零散的问题,问题回答出来又转向另一个问题,简单地把阅读文本等价于回答问题,剥夺了作品的生命力。在这个过程中,学生的思维力、想象力都没有好好伸展,"忙"于思考答案,而疏于和文本的亲密接触。这样的问题设计,形式是不贴合阅读教学本质的,效果也可想而知。因此,教学的问题形式设计至关重要,采用对了,就会有好的效果。

我们在阅读教学中可以将问题设计情境化,创设与教学内容关联的具体场景,使学习活动可以融通生活,可以激活学生的前认知,帮助他们快速而正确地深入理解教学内容,提高教学效率。所以,情境化的教学设计具有一定的联想、创生空间。

可以在个人体验情境上来设计。如在《一棵小桃树》的教学中,深入体验"我"对"小桃树"的复杂情感及文本所蕴藏的"小桃树"的丰富内涵,就可以根据文本情境设计带有丰富言语体验性的问题:"'我'常想写,但总是写不出一个字。如果今天作者就用一个字来写他的小桃树,大家根据阅读体验,觉得他会写哪个字?"这一情境设计一下子就激起学生的兴趣,"梦""爱""念""灯""蓄""孕"等字就是学生源于对文本的丰富理解而生发的阅读体验,也是学生的阅读创造! 言语成果有文采,显个性,"万紫千红","亏他想得出来"(王蒙语)。"一个字"这一情境形式,是达成一定教学目标的有效途径,是杠杆的支点,可以"撬动石头",带有兴味涵盖性和迂回指向性,是所要达到目标问题的"象",非"你怎样理解小桃树的含义"所能比。其催发的思维活动也带有丰富性和指向性,意味着自由、辨别、运用和生成,学生紧紧研读文本语言激活语言积累,能够运用自己的知识积累通过自己的言语方式呈现出来,且相互激发,有更多的语言创造价值,很好地拓展了思维空间,丰富了学生的语言生成性体验。

除此之外,还可以在一个整体化、系统化的应用情境的学习任务群上来进行教学情境设计。以整体的、综合的学习任务来构建语文学科学习逻辑下的学习过程。这样,就可以关联更多的社会生活情境,使学生的学习行为更充分地发生。关联更多的生活化的教育情境,我们的语文课堂教育就可以更好地回归生活。如,学生读林语堂的《苏东坡传》,以"东坡文化长廊"的设计为载体设计学习任务,组织教学,利于学生形成对传主的整体认识。以"诗词撷萃"的任务强化学生对其代表性诗词的鉴赏能力;以"为雕塑设计形象并配上介绍文字"的任务,强化学生对作品内容的深入理解、灵活运用能力;以"长廊楹联撰写"的任务考查学生对苏东坡整个人生的感悟程度,激发言语创造热情。当然,在实践过程中,教师可以提供样例供学生参考,并通过及时评价进行学习引领。在这一过程中,学生会依托学科思维展开多角度思考,切实地解决了与学科内容相关的问题,其在学习实践中也发展了学科思维的能力。学生的学习在学习动机、学习互动和学习内容这三个维度上实现了联动,学生身上的知识、理解和技能,以及学习动力、意志和情绪都得到了关注与发展。

三、主体意识唤醒语言创造

阅读文学作品,应是"我—你"式的关系,非"我—他"式的关系。"我—你"的关系可以将学生的读者生命体验与文本、作者的生命融合起来,将焕发学生的生命力,促使阅读后心灵成长,唤醒人的言语生命力与精神创造力,激活言语表达。要达到这种效果,一定得让我们的思维方式发生改变。传统思维方式重整体感悟、物我相一,具有诗性特点,它仿佛儿童的心灵一样看世界,整体而又充满着灵性与温度,而不是充斥着一个一个枯燥的知识概念。语文教学所依托的文本,其所塑造的丰满世界,就是一个融入作者、融入作品形象生命感怀的充盈的世界。所以，这样一个世界，我们也要在其中使我们的生命走向充盈，在自我的言语之中逐渐形成灵魂的趣味，形成有血肉的赤诚的心灵。

但是，这样一个世界往往被一个一个知识概念切割得支离破碎。我们的语文阅读教学，习惯于一味分析，沉醉于概念思维的模式，致使学生的语言偏于理性，缺乏言语感性的个性之美。概念思维是"诉诸主客二元的对象化思维模式"[3]6。这么多的文质兼美的文本，都被我们放在对立面，进行隔岸观火式的冷静分析，都在说着别人的喜怒哀乐，而丝毫看不见自己。情感与思想都成了概念式的标签。如在《春》的教学中，有教师问道："为什么要写蜜蜂？"有学生回答："这是衬托！目的是衬托花的烂漫芳香。"又有学生回答："蜜蜂欢闹着，这是以点来写面，写出了整个春天的生机。"可不想，教师却简单地应对出"衬托出花的香与多"。这一师生对话情境大家都不陌生，学生的回答折射出的都是知识的辨认。教学中知识辨认是必要的，但如果一味地进行这种知识识别而忽视了对那个有趣自由的春的世界的感怀，显然是偏颇的。因为这样，我们往往止于知识，而忽视凭借知识去创造，去审美。如果知识剥夺了我们对生活的美感体验，要么是知识出了问题，要么是我们对待知识的态度尚需纠正。教师所提的问题和问题的语言都是概念式思维体现。这种思维方式，是属于"我—他"式的，其实是以知识为中心，将作品与人本身疏远了，"特别是对处于整体性中活生生的人性，它是不关心的"[3]23。就教师与学生的对话来看，教师忽视了学生的具体言说内容，没有将自己的教学智慧灵动地作用于具体的学生本身，而是置学生于文本之外。所以，学生不会有归属感、成就感，更不会有主体意识。在阅读教学中，读者不在阅读的过程中参与意义的生成,对他来说就毫无意义可言[4]。

我们换一种方式,使文本也变成主体,努力把学生带进文本,唤醒其主体意识,就会产生更大的意义,其生命内部诗性的感性之美就会展现出来。如《春望》的教学,学生在读到"恨别鸟惊心"一句时,教师相机追问的"你仿佛看到了一只什么鸟"调动了学生的阅读积累,回答出了可能是"乌鸦""布谷鸟""杜鹃""燕子""鸳鸯"等。到课堂高潮阶段,教师给出任务:以"鸟"或者"花"的口吻,将看到的景象描写出来,须包含诗人的形象。一位学生以一只"布谷鸟"的视角写道:

> 我是一只布谷鸟,我一直是"布谷——布谷"地叫着,吆喝着农人们来一起布谷。我飞了一个大圈,我发现,我的家呢?这是我曾经熟悉的地方吗?田野怎么是荒着的?我来到了哪里啊?那里怎么站着一个老人,佝偻着身子,挂着棍子,头发稀疏又花白,满脸愁容,望着远处……他也像我一样在寻找吗?我带着疑惑不时地回头飞走了,他还在那里……

这一阅读情境的"写",就是学生学习的真实发生,很好地再现了诗歌的内容,又丰富了诗歌内容。学生多种感官被调动了起来,又对诗人杜甫的形象加以丰富,达到"切己体察"的深度。这样,课堂在语言的创造之中将文本、诗人、读者(师生)体验融为一体,学生得以进入诗歌情境,内化阅读体验,诗歌的生命力才得以更好地展现。设计这一环节,也是诗意的手法,切合诗歌这一体式的教学需要。诗歌的情感世界是被体验、建构出的,而不是"隔岸观火"式理性分析出的。这里有远隔千年的心灵呼应,有诗的价值实现,有学生精神世界的重塑,诸多元素共生共长,促成了丰富的语言生成性体验。

在贴近性的评价上,我们在什么角度评价什么,学生的学习就会偏向什么。教师注重评价学生的语言表述,学生在回答时势必也就会关注那一时刻自己的语言表述,会形成有意注意,自身的言语才会更有生命力。在课堂上,教师要注重倾听学生的言语,给予准确、具体而发展的评价,也是关注生命个体的关键。教师的教学行为,直接影响学生言语思维与个性体验的形成,教师要关注学生的听、说、读、写,关注他们的主体感受与独特的个性表达。那么,学生的自评、互评及教师评价等就会激发学生的生命主体体验,使他们更好地参与课堂的建构。

总之,语文素养的高低表现在语言素养的高低上。课堂即评价,学习的实时状态即评价。课堂上丰富的言语成果便是教师塑造学生语文素养的关键。在预设的教学情境中,教师给予清晰的整体思维导引和细腻深刻的局部思维结构搭建,学生思维欲望被激发,能动性被调动,有了积极的主体意识,生命意识与身体合一,他们才会有更深刻的顿悟和更丰富的表达生成性体验。

参考文献

[1]荣维东.语文文本解读实用教程[M].北京:北京大学出版社,2016:19.

[2]联合国教科文组织国际教育发展委员会.学会生存:教育世界的今天和明天[M].北京:教育科学出版社,1996:6.

[3]王树人.回归原创之思:"象思维"视野下的中国智慧[M].南京:江苏人民出版社,2020.

[4]王尚文.语文教学对话论[M].杭州:浙江教育出版社,2004:5-6.

深度学习下的
语文课堂构建策略

随着教学改革的不断深入,语文课堂发生了很大的变化,具体表现为更加注重过程,注重活动与体验,注重情境性等。但是,我们也受传统认知科学的惯性影响,教学中知识的单向传递现象还广泛地存在着,一直摆脱不了"知识中心论"的困扰,对阅读思维的培养也还存在短板。教师往往忽略教学活动的复杂性和丰富性,思维流于平面;同时,也忽略或搁置了认知过程中人的情感、想象等非理性因素,导致我们的学生发展失衡,人之为人的生命性、敏感性、情感性缺失。

随着时代的发展,我们的教育更需要指向人的教育,我们的课堂更需要关注人的发展。深度学习,就是强调要在课堂上深度关注学生学习的过程。深度学习,是指"在教师引领下,学生围绕着具有挑战性的学习主题,全身心积极参与、体验成功、获得发展的有意义的学习过程"[1]32。在这一过程中,学生能随着学习内容的深入而逐步掌握语文核心知识,体验学习的发生过程,在与学习环境动态的交互之中能形成积极的学习动机与情感、积极正确的态度与价值观,成为优秀的学习者,成为真正具有核心素养的生力军。

在深度学习背景下,我们如何构建语文课堂,本文试从以下几个角度展开探讨。

一、核心问题向导

在阅读教学中,学习的发生是需要问题凭借的。问题引领,不仅是发展学生思维能力的重要方法,也是实现课堂深度学习的有效途径。核心问题,对于文本来说,蕴含着言语的、审美的、整体统一的社会价值;对于学生来说,是有力展开阅读过程、发现文本价值、助力思维提升的凭借;对于课堂来说,是支撑课堂教与学的骨架,是彰显课堂效度的试金石。核心问题,对于整个课堂"教"与"学"的发生,是"好钢用在刀刃上"的最佳发力点,是"牵一发而动全身"的举足轻重之所在。

核心问题,它密切地关联着文本本体。文本是内在意义结构与外在形式结构的统一,以其整体性的结构发挥着它的作用价值。深度学习的重要任务,就是要深入到作品的内部,打通文本的筋脉,读出文本的奥秘。所以,教师展开深度教学所要预设的问题,就是在深度研读文本,将用于教学的资源向具有学科逻辑的资源转化,再将具有学科逻辑的资源向便于学生学习理解的具有学习逻辑的资源转化之后提炼出来的。

核心问题,它具备聚焦的特质:一方面聚焦文本的核心,就是我们常说的"重点",对学习重点的精准把握本身就是深度学习发生的关键;另一方面,聚焦学生学习的精力分配,清晰地指明着思维的方向,促使全班同学在一定时空内将思维倾注在这一问题上,并进行交流、碰撞、生成,学生的心智由此得以纵深发展,教学的境界也得以纵深"通幽"。同时,核心问题又具有开放的特质,它具有一定的思维空间,开启着学生的心灵,引发着学生的联想、想象,让更多学生觉得有话可说。

比如,在教学《孔乙己》的时候,笔者设计了这样几个核心问题:

1.你们最"记得"孔乙己的是什么?(内容感知)

2.小说中的其他人最能"记住"孔乙己的又是什么?(重点研讨)

3.这些人真的是"记住"孔乙己了吗?(主题探究)

美国管理学家彼得·圣吉在《第五项修炼》中说:"微小的改革可能产生很大的成果,但最有效的杠杆往往最不容易发现。"这几个问题,就是反复研读文本,精准把握住小说所揭露的人与人之间的冷漠与凉薄而提炼出的,其中"记"与"忘"两个字是整个核心问题之核心。这几个问题成了撬动整个课堂"教"与"学"的"最有效的杠杆"。第一个问题,紧紧围绕着学生对小说中孔乙己这一核心形象的初读体验,促使其完成整体感知;第二个问题顺势而入,过渡到对小说中其他人物形象的理解,引导学生体悟孔乙己的倒霉相给周围的人带来的"乐趣",也进一步体悟孔乙己集悲剧与矛盾于一身的角色特点,从而深化理解;第三个问题承上而来,深入到小说的意旨核心,启发学生冷静地认识周围的人惦记孔乙己的真相,冷漠与凉薄就能够在前面两个问题的基础上被学生自然地读出,小说的社会意义也自然地在学生心中生成。这一组核心问题,按序排列,构建着学习逻辑,彰显着进阶趋向,引领着整个阅读过程,学生的阅读兴趣盎然,思维拾级而上,不断有新的阅读发现,仿佛一石投水,圆波荡漾。

二、情境问题活化

教育教学都是在情境中发生的。德国心理学家莱温用公式表示行为与环境的关系：$B=f(P\cdot E)$。公式中 B 是行为，P 是个体，E 是环境，这是一个函数关系。这里的环境，一是物理环境；二是资源支持环境，包含学习资源、教学模式、教学策略、认知工具等；三是情感心理环境，它包括人际关系、情境会话、情感舆论、学习氛围等。学习是一个融合身体、大脑和环境一体化发展的动态过程，具有整体性、过程性、情境性、涉身性、体验性、生成性的特点。深度学习之深，就是学生最终能在真实的情境之中解决问题。真实的情境，勾连所学的知识，促使学生学以致用。所以，教学时要注重情境教学。对于情境教学，韦志成在《语文教学情境论》一书中这样解释："情境教学，指在教学过程中为了达到既定的教学目的，从教学需要出发，引入、制造或创设与教学内容相适应的具体场景或氛围，引起学生的情感体验，帮助学生迅速而正确地理解教学内容，促进他们的心理机能全面和谐发展，提高教学效率。"

在教学革命主题文章《老山界》时，笔者设置了如下情境化的问题：

1.编者为了让我们更直观地感受翻越老山界的过程，特地配了一幅图。这幅图对应文中哪些段落的内容？

2.编者给这篇文章配图，为什么单单挑第 12 段—18 段的内容？

3.如果再给这篇文章加一幅插图，你觉得哪个段落的文字最适合？为什么？

4.还有没有别的插图可设计？

　　情境化问题一般有两个作用：一是带动对文本的深入阅读，一是知识的迁移与应用。作曲家赵季平、王立平先生分别给电视剧《水浒传》《红楼梦》编曲时反复读原著，他们写出的曲子才得以彰显神韵，受到万千好评。所以，类似的情境最易看出阅读者的素养水平，这也是我们在课堂上所追求的核心素养。

　　在所设计的情境中，知识往往在迁移中得到应用，深度阅读获得的理解体验往往在迁移中得以深化，形成核心素养。怀特海研究发现："知识的要义就在于知识的运用，表现为我们的灵活掌握，体现在智慧的光芒之中。尊重知识，首先要看谁有知识，其次要看怎么运用知识。知识之所以能够增益心智，就在于知识的运用能够改变心智发展过程中的直接经验。"[2]以上的几个情境化问题，前两个明显是以配图来深化对文本内容的理解，在这一"理解"之中，已经将意思理解又转化为应用式判断。后两个问题是建立在学生对文本意义更深入的理解和体验之上的，学生要想成功地完成，且可以自圆其说，须有自己对文本更深的发现。如果说前面两个问题以判断为主，那么第三个问题就是借助判断来进一步理解体悟文本。最后一个问题，可以说是阅读体验之后的迁移与运用了。给文章配插图是一个真实的任务情境，无论是教材编排还是教学需要，都是适切的形式，能直接而有力地反映出学生对文本重要内容与情感指向的审美性理解，是完成教学目标、实现深度学习的凭借。

　　当然，情境的设置，要紧紧贴近文本情境，主要面向文本内部和作品本身的核心价值，立足文本自足性。社会生活情境的创设，也要紧紧地扣住文本情境，不然，文本就会有被淹没的危险，学习也容易流向游戏化的境地。比如，某教师在《台阶》的教学最后，设置了"假如愚公遇上了台阶上的父亲，他们会说些什么，请试着同桌之间表演"这一情境任务，老师的用意是希望让学生间接体悟父亲坚持不懈的顽强精神，但是偏离了小说的核心旨意，且情境的设置跳脱性太大，效果适得其反。

三、多元对话纵深

语文课程致力于培养学生的语言文字运用能力，提升学生的综合素养。这里的语言文字的运用，不仅包括生活、工作，还有学习中的听说读写活动及文学活动。"听说读写实质上都是一种对话活动，听说读写能力实质上都是一种对话能力，它主要来自学生自身在听说读写活动中的对话实践。"[3]阅读教学的过程，就是编者、作者、教师、学生之间交互的对话过程。其中，主要应该指"读者与文本的对话以及读者之间（包括教师）就文本解读展开的对话"[4]。

在师生对话过程中，教师要注重培养学生的多维度思维能力。针对阅读思维能力，许多专家学者的看法同中见异。比如，章熊先生将阅读能力分为四个层面：复述、解释、评价和创造；香港理工大学祝新华老师将其分成六个层面：复述、解释、重整、伸展、评鉴和创意。这些能力，是需要在教师、学生和教材之间展开多重反复对话的过程中花很大工夫逐渐培养的，其中最主要的是师生之间的对话。师生对话，是在核心问题的引领下展开的细腻、深刻的心智交流活动。学生之间诸多的见解、想法往往是其"前理解"与文本之间对话产生的结果，不免带有原生性，需要教师以自己的阅读体验来引导他们，帮助其纠偏、丰富、深化，实现"单点—多点—联点—联点结构"的认知结构的层递变化,使得学生在其最近发展区获得贴近发展。

师生对话时,教师更要注意激发学生的非理性思维。犹太哲学家马丁·布伯曾说,对话是从一个开放心灵者看到另一个开放心灵者之话语。要实现深度学习,学生内心情感层、审美层、情绪层的非理性认识同样需要融入进来。学生在社会中是一个个完整的生命体,他们的认知除了有智力、理性活动的发生,其情感、态度、意志等也会融入其中。只有将理性的思辨和良性的情感态度、价值观融合起来,对事物的认知与理解才能是完善的、温情的、生命充沛的与全面的。一方面,教师教学的环节设计要能够关照学生的心灵及精神境界;另一方面,教师的情感要激荡、濡染着学生的情感,用心灵去唤醒心灵。如果语文课堂总是被理性思维充斥,我们也就难以领悟到文字背后柔软而丰富的千千情感世界。当我们在一味地冷静分析时,我们也往往置身事外,隔岸观火。面对着"愚公不如搬家""《背影》中的父亲违背交通规则"之类的质疑,我们才意识到非理性思维在语文课堂的缺失,进而要呼唤言语感性的回归。笔者在教学《一棵小桃树》时,为了将"小桃树"与读者、与作者的生命体验融通,激发学生的阅读想象,强化学生的言语感性体验,也为了理解"小桃树"的丰富内涵,设计了这样一个情境:"作者说自己常想为小桃树写点东西,但总是写不出一个字。如果真要为小桃树写一个字,大家觉得会写哪个字?"一石激起千层浪,学生兴趣盎然,"灯""蓄""孕""梦""爱""念""好"这些字就是学生与文本、与老师展开对话之后融通了作者与"小桃树"的生命情感而生成的言语创造。笔者在教学《外国诗二首》时,也融通了诗歌与学生生命的需要,用"你想把它送给谁"来彰显诗歌的力量,以及他们对诗歌的领悟,让诗歌走进我们的生活,融入我们的生命。

四、重构单元生成

"传统的教学内容固定僵化、恒久不变,教学程序独立自洽于教师、学生的自主认知与经验建构之外。"[5] 指向深度学习的课堂教学内容应该有开放的问题结构,它们是不断发展和生成的。我们需要重新整合生成单元教学内容,并深度学习。这里所说的单元,区别于教科书所说的单元,教科书的单元往往是内容上的,这里所说的单元是一种学习单位,一个单元就是一个学习事件、一个完整的学习故事,因此,一个单元就是一个微课程[6]。我们在使用教材的时候,对于一个单元内部的几篇课文,必须组织成一个围绕目标、内容、实施与评价的"完整"的学习事件。在这个"学习事件"之中,"选择单元学习主题、确定单元学习目标、设计单元学习活动、开展持续性评价"[1]72。在动态的综合性活动之中,知识得以生成,核心素养得以培养。

比如统编教材八年级上册第二单元中《藤野先生》《回忆我的母亲》《列夫·托尔斯泰》《美丽的颜色》四篇课文,它们是一组通过多件事写人的文章。针对这一单元内容的学习,我们可以转换为这样以"大任务"驱动的学习单元:从阅读方法上对四个文本进行宏观指导,经过学生自我的和小组的学习,动态生成多件事(多材料)写人文章的共性策略这一知识;在阅读策略生成的基础上,将其应用到同类文本的阅读学习中;反过来讲,阅读策略是在洞察文本写作特点的基础上形成的,而写作特点、阅读策略亦可以转化为写作方法层面的知识。所以,单元教学是可以做到读写一体化的,形成由读到写的闭合式结构,学生就完成了一个完整的学习过程。这一单元内容,我们还可以转换成另一个学习单元:利用教材"三位一体"的特点,以《藤野先生》为教读课(或者以另外一篇为教读课),在教读之中指导学生掌握其阅读方法策略,进一步提炼出该类文本的阅读共性策略;在此基础上,就将另三篇课文变成自读课文,运用教读课所学的阅读策略来展开自读课文的阅读实践。学生经历了一个"学习—迁移训练"的巩固、调整过程,不断内化融通其变式;在读写一体上,以"学写传记"来反向深化阅读,实现读写共生。不管哪种设计,在练习测验上,设计与本学习单元密切相关的类型文本;在作文上,也是以"学写传记"为考查重点,做到"学—研—测"的一致,真正形成了学生的能力建构体系,实现深度学习。

参考文献

[1]刘月霞,郭华.深度学习:走向核心素养:理论普及读本[M].北京:教育科学出版社,2018.

[2]怀特海.教育的目的[M].靳玉乐,刘富利,译.北京:中国轻工业出版社,2016:36.

[3]王尚文.语文教学对话论[M].杭州:浙江教育出版社,2004:1.

[4]王尚文."对话型"阅读教学策略[J].课程·教材·教法,2005(12):30.

[5]张良.论具身认知理论的课程与教学意蕴[J].全球教育展望,2013(4):27-32.

[6]崔允漷.如何开展指向学科核心素养的大单元设计[J].北京教育(普教版),2019(2):11-12.

守与变："双减"政策下语文教学的反观与回归

1987 年,国家教委对全国初三学生语文学习成绩进行全面调查发现:汉字通过率为 55%,词语通过率为 64.7%,句子通过率为 48.1%,篇章通过率为 50.3%;其他项目的通过率也很不理想。1997 年至 1999 年,中小学语文教育界遭到了新中国成立以来最为严厉的批评。语文教学效果"少、慢、差、费"不仅是一个普遍现象,还是一个历史难题。早在 1978 年,吕叔湘就在《人民日报》发表了《当前语文教学中两个迫切问题》一文,吕先生说:"新近公布的《全日制十年制中小学教学计划(试行草案)》规定,十年上课总时数是 9160 课时,语文是 2749 课时,恰好是 30% 。十年的时间,2700 多课时,用来学本国语文,却是大多数不过关,岂非咄咄怪事!"吕先生继而发问:"我们要搞四个现代化,可是让孩子们只用稍多于十分之一的时间学科学,而有几乎三分之一的时间用在收效不大的语文课上。这个问题是不是应该引起大家的重视? 是不是应该研究研究如何提高语文教学的效率,用较少的时间取得较好的成绩?"这些话语一直在鞭策着语文课堂教学。随着时代的发展与教育改革的不断深入,语文课堂不断地融入新的教学理念,发生了很大的变化。

2021 年,国家实施"双减"政策,回观之,这是对语文课堂新的挑战,也是检测教学改革效果和课堂效率的试金石。在"双减"政策下,在大量的新的学习理论涌入的情况下,教育本身、语文教育教学始终拥有自身固有的规律,需要我们去牢牢坚守、继承、创新,这就需要我们明晰语文教学的方向是什么,要坚守什么,去除什么,变革什么。我们要重新来审视语文教学,让语文进一步回归,使语文更是语文。

一、依循教材:阅读能力的进阶之道

统编教材采用"双线组元"与"三位一体"的编排方式,以培养学生的阅读能力为务,对阅读能力的培育有了整体的规划与设计。每个单元的学习导引很清晰地为师生指出了方向,前后单元之间形成了由浅入深、由低到高的螺旋上升体系,而且基本做到了"读"的方法、方式与文章体式特点的契合。如七年级上册第一单元是写景抒情散文,单元阅读能力定位是"重视朗读课文,在朗读中感受语言的美""把握好重音和停连""还要注意揣摩和品味语言"等,精准、贴切。第二单元是写人记事散文,其朗读的语气节奏变化难于写景抒情散文,能力要求定位在"语气节奏的变化"上,层级显然在推进。下面几个单元的能力要求是练习默读。第三单元《从百草园到三味书屋》等课文较适合中学生阅读,所以要"一口气读完全文,保证阅读感知的完整性和一定的阅读速度""要在默读中把握文章中心和主要内容"。接下来的第四、第五单元课文的理解难度增大。第四单元要求"在整体把握文意的基础上,学会通过划分段落层次、抓关键语句等方法,理清作者思路"。

由此可以看出,统编教材形成了空前的融合,将能力的发展提升与人文素养的提升有力地融为一体,这更贴近语文教学的需要。所以,教师在教学时,要领悟统编教材的核心指向,始终把培育学生的阅读能力放在核心位置,遵循教材体系,找准能力坐标,清楚所教的篇目所在的单元能力在体系中的位置,这样的语文课堂才会有的放矢。在教读篇目与自读篇目之间,在单元与单元之间形成衔接、进阶,形成能力的持续培育。遵循学生发展规律、教材能力培养体系,就是在关照学生自我的发展,语文教与学就是有根之木、有源之水。比如《伟大的悲剧》一课,其所在单元的阅读能力训练内容是用浏览的方法阅读文章,阅读时能够一目数行。预习提示建议用十分钟读完,并标记重要时间、地点信息。篇幅较长,文章易懂,"浏览"正是其需要的阅读方式,编者的目的就是要用《伟大的悲剧》等课文来指导、训练学生如何浏览。我在教学时,紧紧地围绕教材编排要求,"老老实实教学生读书"。在课堂的前十分钟,学生进行"浏览"实践,教师当场获得反馈,进行形成性、表现性评价,让教读课彰显"教"的色彩,让学生在课堂上得到具体而深刻的指导,习得浏览章法,学生才会感觉到语文课上的阅读远不是自己平时状态下的阅读。

面对教材,切不可盲目自以为是,我行我素,认识不到"读"对于学生核心素养形成的关键作用,怀疑一切地自我标榜,其结果是浪费了大量的时间,没有认真地实施国家设置的语文课程方案。陈日亮老师在《我即语文》中说道:"不借课文引导学生'学习浏览',结果必然出现'课程内容的虚无,训练项目的空置',必定不能为'这一课''这一单元'的'学习浏览'增值。"在实际教学中,确实有教师先教完教材中的古诗文,对其他篇目"挑三拣四",梳理知识点后,急躁地对学生进行考点训练,把大量的时间放在题海练习中,生怕期中或期末考试前"练"少了,或是要在本次月考中成绩遥遥领先以彰显个人超群的教学水平。这种做法,忽视了能力的序列养成,认为机械的训练可以"包治百病"。最致命的是,忽视了语文阅读的扎实开展对学生心灵成长的关键作用。

二、致力养成:学生发展的自能之路

语文课上,常常遇到这样的情况:课前提问学生上一节语文课学习的一些内容时,很多学生或含糊其词,或默不作声。回想上一节语文课教学的场景,总觉得教学效果非常不错,学生的学习兴趣浓厚。那么,为何今天又出现这样的场景了呢?想来想去,还是"温故而知新""学而时习之"这些被我们熟知得不能再熟知的学习方法没有用好。课堂上效率再高,也需要课后的复习巩固和消化。这一过程,就是回温、自我建构的过程。话又说回来,学生为什么不知道课后去复习?这是我们老师的责任。教师忙于教书,忙于重视教的内容,忽视了学生课后的自我学习情况。教师也没有培养起学生这方面的学习习惯,致使学生一直在学习的关键环节缺乏有力的学习行为发生,基础没有夯实,结果只能靠大量的"补救"措施来打牢基础,但是成本已经加大,战线已经拉长,打牢的东西也带有瞬间性。我们也在认识的误区里前行,总是想着自己教了多少,而忽视学生真正学了多少,才会出现课堂一"问"惊醒梦中人。

所以,我们要致力于培养学生的语文学习习惯。习惯是最好的能力见证。叶圣陶先生说："好的先生不是教书，不是教学生，乃是教学生学。""自能读书，不待老师讲；自能作文，不待老师改。老师之训练必做到这两点，乃为教学之成功。"结合上面的案例，自我知道及时温习，便是"自能"。我们来看某学校梳理出语文学习的学习习惯[1]：

预习：通读课文、标记评点、提出质疑；朗读：大声、流畅有感情；书写：端正、规范有美感；听课：精心听、积极思、大胆讲、敢质疑；阅读：常阅读、品名著。

我们对学生的语文习惯养成，可以紧紧围绕"听说读写"的核心体系来开展。课堂上，教师就要依托丰富的"听说读写"来调动学生的感官，使得学生在课堂上是在场的，身心投入的。教师在课堂上往往会陷入问题解决为上的迷局，不能有效地做到以问题来培养学生多方面的能力，目中有问题，心中无学生，致使问题的育人价值减弱。

有美感地读。"语言教育的核心是培养语感。"[2]语感的培育，离不开"读"。一方面，"读"包含着策略的运用、思维的运行；另一方面特别是指有声朗读。阅读教学的过程就是要凭借问题，调用阅读策略，实施多种阅读方式，回归到有声朗读来品味、咀嚼，打通文本与学生的生活体验。只有当学生与文本是亲密的，与文字是亲密的，学习才是诉诸心灵意义上的。现实中，学生读书的能力普遍较弱，很多学生不能够有感情地朗读。或许，是因为教师的主要精力放在了学生对文意理解上，忽视了对朗读的具体有力指导。或者，根本就没有认识到朗读对于学生的重要性。有美感地读，要建立在情感的深刻把握上。所以，我们在教学的时候，要注重学生的朗读，以文意的深刻体悟带动表情与语气的投入。

　　我们要对"阅"和"读"深入理解。课堂上不闻读书声,教师设计的几个问题你一言我一语地回答,看似问题已经解决,但是问题的解决是大家"合力"在完成,落到学生个体的身上,对其各自的学习行为并没有带动多少,学生个体也根本不会触及语言深处,致使以"读"为核心的教学活动只是浮光掠影,收效甚微。

　　有档次地写。一方面,要正确而美观地书写新学的字词,练好基本功;另一方面,能够运用新学的词语去表达,参与到对话所使用的言语中去,激活词语的运用,这也具有了"写"的意识。往更深层说,课堂上做到读写结合,是提高语文阅读教学效率的重要方法。学生有了阅读体验之后,在有感触之处动笔,势必可以提升书面表达的档次,可以起到对文本意义建构的作用。课堂上的阅读活动,还可以进一步延伸、引领课后的写作,比如传统的故事续写、仿写、补白或者探究性作业、鉴赏性作业,以及作文片段练习等。

　　有要求地听。倾听能力是语文素养的第一道关。能否静心倾听或者精准听出言说者的意思表达是衡量学生听力强弱的重要因素。学生的听力,往往在互相交织的多元对话中得到强化。这时,学生的注意力被教师调控,观点的交流与碰撞使他们细心地倾听,其间又得以相互补充、重构。对于赞同的成分,学生得以明确学习方向而更加肯定自我,对于不全面的成分,可以补充;对于不赞同的成分,可以质疑并提出己见;这使学习的建构意义得到体现,使学生自我能力的发展真实发生。这便是倾听的价值取向。

　　有品质地说。学生的口语表达能力须在课堂上、问题情境和多元对话中练就。简明、得体是最起码的要求。能够在特定场合言之有物、言之有序、言之有体，是学生言说表达要具备的重要能力，也是语文课堂的价值所在。学生回答问题时，如果言语清晰，教师应该相机表扬；如果语无伦次，则要与其他同学一起帮助他梳理思路，再让其清晰地言说一遍；如果言说不足，可以让其他同学补充，必要时可让该同学再次清晰地表述完整。另外，肢体形象也是我们要关注的重要角度，学生在课堂上回答问题的站姿也是一种言说。言说有品质，语文能力才能真正得以提升。

三、单元学习：学习建构的价值旨归

在时间的分母开始减小之下，优化学习过程和优化学习资源配置是提高教学效益的必经之路。教师采用单元教学，组织学生单元学习，势必不可缺少。这也是语文核心素养培育的必经之路。《现代汉语词典（第7版）》这样解释"单元"：整体中自成段落、系统，自为一组的单位（多用于教材、房屋等）。其实，单元意识由来已久。《昭明文选》《古文观止》都是按照文体编写的，近代教育家梁启超主张语文教学"不能篇篇文章讲，须一组一组地讲"，以改变篇与篇没有内在联系的局面。单元教学，也在教学一线广泛应用。韦志成认为："语文单元教学是遵循语文教学大纲，依据语文学科的性质、任务，将内容相近、表达方式或文体相同等不同标准的若干篇文章组合在一起，融知识和能力为一体，培养学生语文能力的教学单位。"[3]我们可以换一个视角，从学习的意义来看单元。"学校教学中的'单元'是基于一定的目标与主题所构成的教材与经验的模块或单位。"[4]67教科书中的内容编排是教材单元，另外一个是"以学习者的生活

经验为基础所构成的经验单元(生活单元)"[4]67。日本学者佐藤学认为"单元设计"呈现了计划型课程和项目型课程两种不同的单元编制。"目标—达成—评价"是计划型课程采用的单元编制方式,"主题—探究—表达"是项目型课程单元编制的方式。"主题—探究—表达"可以让学生一起探究所学内容,协同性地、活动性地开展学习。

我国语文课程育人价值从"双基"到"三维目标"再到"核心素养",不断深化,语文课堂也应随之完成转型。改革的起点与落点都是在课堂。传统意义上的教学,以课时为单位,到了核心素养的时代,应转变为以学习为单位。在核心素养时代,课程发展的着力点、学校课程的开发、课堂转型必须从单元设计做起,"单元设计是撬动课堂转型的一个支点"[4]68。

单元学习的组织形成,可以根据一个大观念、大任务及大项目或者课题的名称来进一步提炼出"单元主题",设计"单元目标""单元内容""单元评价""单元实施"。单元目标是一个学习阶段较大的目标,紧紧围绕着核心素养的具体达成。在单元整体目标的引领下,对于本单元的学习成果要有预设。学生在本单元的学习之后能够做什么? 能够解决什么问题? 做到什么程度是能够被评价的? 我们怎样才能判断学生达成了学习的目标? 所以,要及时地设计出评价任务,这是区别于传统的做法,将评价集中置于学习末梢。当然,目标是多个的,需要我们在具体的课堂之中逐步完成,所以要进行课时目标设定。目标的逐步达成要凭借内容来承载,一方面,我们可以根据教材中的单元内容;另一方面,也可对教材进行再开发。在学习展开的过程中,教师须实时关注学生的学习发生情况,开展形成性评价,还要进行表现性评价,即学生在真实的情境中完成具体的学习任务,教师观察学生的行为表现,以证明学习目标的达成。例如,做一次公开演讲,做一次新闻采访,编辑一期新闻小报等。教师将评价动态地贯穿其中,促进学习更好地发生。

所以,在开展单元学习的过程中,我们要完成教学内容的整合、重构、生成。生成和重构的过程"是一个随着时间变化而呈现动态发展的连续性过程,是一个知识不断生成的过程,这就要求教师随时能捕捉到教学过程中不断生成的问题,并引导学生分析和探索"[5]。比如,我们可以将《中国石拱桥》与《苏州园林》整合,将《湖心亭看雪》与《记承天寺夜游》整合,或将教材中的女性形象加以整合,或将教材中贬谪之下写就的作品整合来初步探究中国古代社会的"贬官文化"。

在实施单元学习的过程中,教师要将大任务、单元练习和作业嵌入其中,实现"教""学""评"的一致性,构建单元学习的闭合结构,这就需要我们在设计评价任务的时候,把评价任务先随同单元学习目标一起制订。这一点明显区别于传统教学方案的制订。在穿插性的作业中,一线教学最大的问题就是作业的随意性。一方面,作业没有提前设计好,教师直接在统一的练习册上选题,致使当天的作业与课堂教学内容不对应,出现"教""学"与"评"不统一的现象;另一方面,作业没有精心构思,量有余而质不足,致使学生练习的效益减弱,教学效率高不上去。我们无论进行哪一个阶段的教学,作业都是在备课的时候尤其需要设计的,这样才会真正形成闭合的学习结构。

在完成单元教学后,加入反思环节是必要的。教师通过搭建支架、问题导向,引导学生思考"我是怎样学习的",学习的建构意义也要经反思而获得。

在整个过程中,教师设计的单元教学让学习资源得以优化,学习的行为也得到优化,进而一定程度上培养学生更好的学习方式与方法,这便是"教会学生学",我们的教学理念与行为正是使学生耳濡目染的环境因素。

但是我们要看到,单元学习的发生仍然是以单篇教学为根基的。丰富而饱满的单篇教学可以深化学生的阅读功底,发展多维的思维能力。单篇教学与单元学习只是学习之旅的不同阶段。仿佛我们练习驾车,初学阶段的倒车入库、弯道行驶、百米内加减档等训练,都是要逐一认真练习的,其目的是最后能够独立完成生活中真实而完整的驾驶任务。所以,单篇教学与单元学习之间是统一的,不是互斥的。没有单元意识,单篇教学就会减少其教学的价值效益;没有扎实的单篇教学,单元学习就会"千里之堤,溃于蚁穴"。

四、情境介入:素养本位的支架设计

真实情境之于学生语文素养形成有着重要的意义。"语文课程领域所说的'情境',可以从来源角度概括为三大类:一是语文学习对象、内容本身所构筑的'情境',包括平常所说的文学意境、情境等;二是学习主体置身其中的客观、自然的现实'情境',包括某个时刻所处的自然环境、交际场景等;三是教学主体在教、学、评的过程中有意识地为学习主体构筑的背景、环境、场景等,选择、组合、加工色彩较为突出,通常会包含前面两类情境因素。"[6]

学生在课堂上学到的知识能够在真实的情境之中恰当运用，才是素养。学生能够应对诸多复杂而不确定的生活情境是其核心素养的重要见证。在教学中，知识向素养的转化，需要凭借真实的情境。所以，情境的介入是我们提升语文课堂教学效益的关键策略和教学思想。

在课堂上，回归学生现场的真实感受，实现教学现场的真实互动，就是最真实的学习，是最好的课堂情境。如我在教学《紫藤萝瀑布》时，一开始学生在读书的时候，有人把开头读错了。误读，其实就是学生最真实的学习感受的反映，我相机紧紧抓住这一"错误"，心里判断出正是因为作品开头与结尾相似，又形成呼应的特点才会给学生以错觉。如《伟大的悲剧》的教学，有一位男生把作者写传记时基于真实材料而作的必要想象说成"胡编乱造"，这就是他学习现场最真实的自我感受，这就是学生成长的最真实的情境。教师在课堂上只有直面这一最真实的情境，他们才会真正地成长，课堂才会效度倍增。

好的情境，需要教师精心设计。如教学《伟大的悲剧》，以斯科特的口吻来发表演讲，设计活动情景。又如教学《外国诗二首》时，正好外面风雨交加，这就是师生现场的学习情境。我就顺势而入，以自然界的"风雨"深化诗歌的学习，体悟人生的"风雨"。另有，"你想把这首诗送给谁"这一情境导问又将诗歌的学习体悟与自己生活中的体悟有机融合，学生的生活体验将普希金的诗歌激活，课堂教学接近了阅读诗歌的意义。

将课内导引勾连到课外，塑造一种语文的生活，同样是利用了生活最真实的情境。比如，八年级第一单元是"活动·探究"单元，在课上教师通过设置情境，生成如何拟写采访提纲的知识，教会学生拟写采访提纲，将之延伸到课外,让学生在校园内、在周末带着自己拟好的采访提纲去采访,将采访的问题与获得的采访内容在班级内展示。这样,利用生活的真实情境,将书本内外、课堂内外紧密融合,学以致用,激发了学生学习的积极性,使学生的课外生活充满意义与乐趣。

[1]许昌良.惯习:一种内部创造的形塑[M].上海:文汇出版社,2014:158.

[2]钱梦龙.教师的价值[M].上海:华东师范大学出版社,2015:106.

[3]韦志成.语文教学情境论[M].南宁:广西教育出版社,1996:87.

[4]钟启泉.核心素养十讲[M].福州:福建教育出版社,2018.

[5]杨晓,毛秀蓉.从"离身"到"具身":学生思维进阶的特征与路径[J].当代教育与文化,2020(6):28.

[6]叶丽新."情境"的理解维度与"情境化试题"的设计框架:以语文学科为例[J].课程·教材·教法,2019(5):107.

阅读情境教学的重构
与价值回归

情境教学,在我国由来已久。"孟母三迁""断织教子"就是古人利用环境进行教育的典型例子。20 世纪 80 年代至 90 年代中期,李吉林老师经过 10 多年对情境教学的探究,在 1996 年初步提出了"情境课程"的主张,推动着情境教学在我国本土的发展。同时,西方国家也在探索着情境教学。特别是经济合作与发展组织于 2000 年发起的对基础教育进行跨国家(地区)、跨文化的国际学生评估项目测试,将阅读素养融入诸多情境来检测、评定,给我们的教学带来很大的启发。《高中语文课程标准(2017 年版 2022 年修订)》高频率地出现"情境"一词,有 34 次之多,加上考试评价度的进一步改革,新中考、新高考命题的情境化倾向带动,情境教学在新时期掀起热潮,以新的面貌呈现。但是,什么样的情境是我们阅读教学所需要的,什么样的情境教学是符合阅读教学规律的,值得我们去规整、探索。

一、反观: 情境教学的正本溯源

在情境教学上,李吉林老师做出了先行的、持久性的探索,对我国"情境教育"的发展做出了较大的贡献。她在长时间的探索中,利用大量的课例证明着这一教学、教育思想的科学性、深刻性。她经常借助图片、音乐、野外自然资源、互联网等设计特定的情境来努力构建"儿童—知识—社会"的教育结构,激发学生学习兴趣,提高学习内驱力,强化教育的审美意义。这无疑是我国教育教学改革向前迈进的一大步,具有稳定而积极的意义。中学阶段的教学也有类似的现象,挂图、配乐、实地观察等教学方法、手段常式地使用。但是,反观之,这是李老师主要基于小学语文教育教学的理论建构。这些情境在中学时段是否适切,值得探究。小学阶段的文本,主要是以基本理解为基础,夯实学生的语言基础,对生活的基本认知至关重要。帮助学生建立对生活的基本认知与体验,是帮助学生提升阅读体验的重要路径。所以,教学情境的引入更能激发小学生的阅读兴趣。凭借着情境资源或是塑造的情境,其目的是能帮助学生"读"进文本,沉浸地"想",有充沛的"说"的欲望,让学生的阅读实践发生,走向"自能",而不是为了急于完成眼前的教学去一味地阐释文本,或是作为噱头变相地嚼碎文本,"加工"好放在学生面前,使他们容易理解。

　　中学阶段,学生开始阅读大量的文学类文本,诗词歌赋、小说、散文、戏剧等逐渐进入他们的视野,他们开始慢慢接触文学阅读,逐步提升鉴赏力。文学类文本阅读,是培养一个阅读者的主要凭借,语文的四大核心素养,主要是依靠文学类文本的阅读实践来逐渐达成。文学类文本的阅读不是获得基本的理解,而是需要师生进入文本所塑造的生动的、完整统一的形象世界去感受、深味语言,产生自己的阅读审美体验,建构自己的精神世界。所以,图片、音乐等资源未必与文本的世界等同或相似,我们要深刻领悟的是情感的主体在特定的文本里所刻画的具体的场景，其所抒发的独特情感，不可复制，也绝不雷同。如果我们过多地依赖那些情境资源，无形中学生阅读的已经不是文本本身，而是被这些资源冲淡了的文本，或者是被教师阐释过了的文本，这时学生阅读的文本很可能已经不是完整统一的、有机体的文"本"。教师所设置的所谓"情境"，剥夺了学生与文本真正面对面亲密接触的机会，"情境"变成了控制，而不是帮助生成。某老师教学苏轼的《水调歌头》，以王菲演唱的同词歌曲《明月几时有》作为配乐，学生在歌曲的影响下把主要的精力放在了曲子上，以为"忧愁"充满了词作，却没有充分看到后面的达观，或者是学生捕捉到的"忧愁"不是自己读文本而"自得"的，而是通过音乐传递的。其实，这就是变相的直线传递或包办，不是情境教学的真义。

所以，中学阶段的情境教学，应该基于学生自我的读书实践去展开，指向帮助学生与文本之间的往复对话。学生在"情境"的催生下，得以深入文本内部，进入文本情境。那么，情境教学所立足的"情境"，更多的是文本情境及其意境，或者是基于文本情境，以文本情境为本的设计所得。一方面，文本是一个自足的系统，其外在结构形式与内在的结构形成浑然的统一。我们学习国家通用语言文字的运用，具体的语言表情达意只是起点，更重要的是在复杂的语境之中适切地、深刻地、艺术地运用语言，形成个人的言语。其意蕴与生命力具有客观性与主观性，也有动态性。文本的丰富含义或生命力就在那里，一旦被深懂它的人读"懂"，它就不轻易因时代的变迁而黯淡，它可以静静地表达自己。另一方面，其意蕴丰富程度也要由读者建构而成，不同的人会赋予文本不同的意蕴与生命力，随着时代也在流变。

二、重构：情境教学的历久弥新

情境教学由来已久，什么是情境教学？韦志成认为，情境教学，指在教学过程中为了达到既定的教学目的，从教学需要出发，引入、制造或创设与教学内容相适应的具体场景或氛围，引起学生的情感体验，帮助学生迅速而正确地理解教学内容，促进他们的心理机能全面和谐发展，提高教学效率的方法。总体来看，情境作为文本，作为促进学生将文本"读"进去的凭借，作为评价而存在。它在教学的不同阶段承担着不同的任务。在教学中，教师要整体性地运用。

笔者听过一位老师上《台阶》一课，设计如下：

（1）用简洁的语言概括文章内容。

（2）文中的父亲是一个＿＿＿＿＿＿的人，因为＿＿＿＿＿＿。

（3）为什么父亲总觉得我们家的台阶低？

（4）父亲做了哪些事情？

（5）请用"为了台阶，父亲付出了＿＿＿＿＿＿"句式说话。

（6）作者对父亲有着怎样的感情？

（7）我认为这篇课文是可以删除一部分的，大家认为是哪一部分？

（8）这篇小说的细节细致入微，给人留下深刻的印象。请从文中找出最打动你的细节，谈谈你的体会。

（9）父亲闪了腰之后，整天若有所失，有一天走出家门，恰遇愚公闲逛，二人皆生无限感慨。他们会有怎样的谈话？小组合作扮演。

通过上面的设计,我们可以看出此教师是没有将文本作为一个情境来对待的。文本的情境具有完整性、统一性。人物内心世界深处在特定的环境之中,喜怒哀乐是什么,其痛苦、期待、兴奋与失落是什么,基本没有去感受,学生没有在作者精心营造的故事世界中去体味、去深入人物的心底世界,倾听人物心底的声音,进而去感受人物的命运,却把文章拆解成若干个知识问答。这些问答量多且有的肤浅而封闭,其间似乎也构不成完整的情境世界,缺乏阅读能力的构建。最后的情境创设,从现场效果看,带有令人捧腹的反作用,且以表演的形式出现,学生怪相百出,课堂笑声不断。究其原因:一方面"愚公"与"父亲"相遇跳脱性太大,带来穿越的喜剧效果,消解了小说中所蕴藏的悲剧意蕴;另一方面,表演的形式致使表演滞后于理解性而使效果不佳,成为笑料,最终与文本的主题暗示指向相悖。同一个课例,有教师这样设计:

(1)父亲回忆自己修台阶,会回忆到哪些?

(2)你觉得父亲会带着什么样的心情回忆?

(3)"我"还会不会修新的台阶?

细观之,该设计遵循着由"父亲"修建台阶的艰辛到洞察修建台阶的结果,再到深味"父亲"复杂的内心世界,深刻理解"父亲"一生的命运进而领悟小说主题的思路展开教学,紧扣住人物形象,基于小说的文体准确定位教学问题视角,使教学问题契合于小说文体的具体文本。最主要的,是贴合着人物"父亲"的视角,是以深入故事情境的阅读路向来定位教学问题的,这就是基于文本情境又回归文本情境。而学生的阅读思维伸展就是在文本的故事情境中伸展的,真的是如临其境之感。以"父亲"的视角来反观他自己,以"我"来反观生活的环境、反观父亲,就会使教学有张力,并由此促使学生将人物形象勾连起来,领悟小说的主题暗示与言说空间。学生的阅读思维,自始至终都是在文本内部,文本仿佛就是泳池,师生都是在泳池中学习。

通过以上两个设计的比较,我们可以反思情境教学之"情境":

首先,要区别文学类文本与非文学类文本。不同的文本对于情境有不同的需求。对于文学类文本,更多的要基于文本情境,将所创设的情境镶嵌在文本情境之中,学生得以在教师所创设的情境之中拓展思维,深入文本世界,体味文本里的各处筋脉,领悟文本的审美意蕴与言语精妙,进而生成自己的学习体验而又回归建构文本的意义。这样,才可以使文本归于艺术整体性而散发生命力,这样的情境教学才是尊重文本的阅读教学。文本是语言文字应用的高级形式,消解了文本,我们学习语言文字应用等于无根之木,变得虚浮。情境要契合于文体,符合特定文体的阅读思维规律;对于非文学类的,大致以实用为主,更多地以基于实际需要的交际语境来设计。

其次,我们有必要区分基于教学需要的情境教学与基于评价需要的情境任务之间的差异。情境教学更多要归于文本本身,在特定的情境中培养学生的核心素养,包含了更多的隐性知识及体验,这些隐性的知识体验往往是不容易"教"及评价的,但是情境教学可以激发起这些隐性的知识及体验。评价尽管指向对文本理解程度的考查,但是更多的是以新的情境来考查学生对于文本情境的理解程度。所以,这"新的情境",是基于现实生活情境来激活文本阅读的过程及其价值,它可以更开放、更灵活,甚至与文本情境可能有较大的跳脱性。我们不能不分青红皂白地对情境加以运用,要把握好教学的节奏与平衡度。那些还没有把文本读几个来回就急着设计情境来教学的做法,显然是买椟还珠,是形式主义,把文本置于了无所适从的境地,扰乱了"输入—输出"的总体节奏。

再次,情境设计要契合于具体文本的特质,带有阅读的伸展空间,能够激发学生的阅读创造力,指向文本的深度阅读,进而彰显教学切中肯綮的发力之处。如果我们千辛万苦设计的情境,学生几个简单的"答案"就给"打发"了,这样的"情境"就是为情境而情境的伪情境,它不能够指向文本的特质、文本的精妙所在,而带有肤浅性、快餐性,致使教学抓不住重点,完不成目标。

三、策略：情境教学价值的回归

对于"情境",叶丽新从来源角度,认为语文课程领域所说的"情境"可以概括为三大类:一是语文学习对象、内容本身所构筑的"情境",包括平常所说的文学意境、情境等;二是学习主体置身其中的客观、自然的现实"情境",包括某个时刻所处的自然环境、交际场景等;三是教学主体在教、学、评的过程中有意识地为学习主体构筑的背景、环境、场景等,选择、组合、加工色彩较为突出,通常会包含前面两类情境因素。这就为我们深刻认识"情境"提供了理论基础,也为我们更好地设置情境奠定了基础。这些视角,可以为我们进行情境的设置提供一些策略。

但实际上,现实中的教学还广受概念思维影响,把文本充分地对象化,一味地理性分析文本,或者把文本作为某种经验的案例来剖析,以此来验证自己的阅读经验,或者为了寻找证据来印证某个结论。这样,阅读被阅读方法代替了,方法成为中心,而不是以阅读过程的充分伸展及体验的获得为目的。事实上,读书方法的获得仍不是阅读教学的最终目的,否则,语文教学仍然会陷入"工具理性"的危险境地。所以,尽管我们认识到文本是一个情境,但教学问题设计或者理念与"情境"是对立的,课堂的具体样态还是在无形中消解了文本的情境性。所以,情境教学很大程度上不在于我们有没有创设情境去展开阅读教学,而在于是否把文本作为一个生动丰富的、饱满的形象世界,即情境来对待。

立足文本。在文本情境内部设置情境。比如《一棵小桃树》的教学,在文本中就有作者"至今写不出一个字"的感慨,彰显着作者内心的愧疚。我们牢牢地抓住作者内心苦楚,贴合作者的视角来帮助其完成心愿,既是作者意的体现,又是读者领悟文本的表现性评价,也带着学生的读者意实现对文本的意义建构。《周亚夫军细柳》中紧紧扣住"周亚夫"这个形象,在皇帝离开军营之后,也可以设计一个情境:天子称赞他为"真将军",那么周亚夫又会称赞天子什么? 这样就将文本的情境拓展了,也借助这一个情境,贴合着"周亚夫"这一形象,走近汉文帝这一个人物。这一情境将两个人物之间的联系进一步关联起来,学生的读书思维向前迈进,进而体味到司马迁在写周亚夫时也是在写汉文帝。其文字的精妙和文学性的特点就在学生的读书实践中"自得"。

立足互文。我们在学习统编教材的时候,发现里面有很多插图,这些助读系统其实与文本之间呈现出互文的意义。那么,这些插图,就是文本的一角或者影子。所以,利用这些插图,是可以带动学生对文本的阅读的。比如笔者在教《猫》这一课的时候，就设置了这样一个情境：书上插图中的猫是文中第几只猫？学生的读书兴趣一下子就高涨了，在纷纷陈述理由时，已经在无形之中对几只猫的特点、命运了如指掌，已经在文本内部"走"了几个来回。再比如教学《老山界》这一课，利用书上的插图同样可以设置情境：书上的插图可以对应文本中的哪些文字？这样，长篇文本的阅读教学很快就聚焦到了重点段落，重点段落的教学就落实下去了。继续运用"插图"的情境：假如再配一幅插图，会选择哪个段落？这一个情境与前面的是一脉相承的，具有统一性、完整性，同样是在文本情境里面行走。学生的阅读视野被打开，对文本其他段落进行阅读发现，进而将其他文字与翻越老山界的主要文字联系起来，理清文字之间的逻辑关系，对文本行文的整体意义有了领悟。

立足现实。这里的现实就是即时的学习环境。包括物理环境、教师的教学方法、互动方式、教学资源和师生双方的心理等。它是一个综合的系统。所以，利用现场环境进行情境设置也是好的策略。比如《〈论语〉十二章》的教学，笔者一开始设置这样一个情境：对到场来听课的老师说一句话，我们可以借用课文里哪一句？笔者在昆明执教《外国诗二首》的时候恰逢风雨交加，这么一个好的资源当然可以引入并写成诗句，以"托物言志"的手法表情达意，完成语言训练，锦上添花。在南京执教《好久不见》作文课的时候，学生思维受阻，笔者现场请老师拉开窗帘，再让学生去思考，果不其然，窗外的现实情境又给学生打开了一扇窗。

立足评价。从评价的角度来说，情境彰显着阅读输出的功能，既通过特定的情境来检测学生对文本的理解程度，又通过读者意的生成来实现对文本的意义建构。在文本课堂教学的后面时段，需要融入评价来设置情境。比如《皇帝的新装》续写，学生对结局做了诸多设计：有的设计是自从孩子的"真话"说出以后，刺痛了大人们的心，国家上下逐渐说起了真话；有的设计是"孩子"长大之后，也慢慢开始说起了假话，又开始怀念曾经说"真话"的场景；等等。这些实例见证着学生对文本内涵的理解程度，将阅读催化为审美创造。

立足需要。我们阅读文学文本的价值是什么？审美意义上的文本，在一个实用的世界里它的生命力是什么？或者文学的价值在自己的现实生活中充当着什么角色？这些都值得我们思考。比如，《外国诗二首》的教学，在充分学习两篇诗歌的基础上，笔者设置了这样一个情境：你会把这首诗送给谁？一个"送"字就将文本巧妙地与生活融通，"送"的是不是准确也衡量着学生对文本意蕴的理解，让"送"发生也是将学习所得动态地运用到现实生活中，实现学习的进阶。更关键的是，我们看似"无用"的文学阅读获得的审美体验得以回归到成长需要的精神力量的角度，让文学趣味在现实生活中生根发芽。又如《怀疑与学问》一课的教学，不只是要教议论文的阅读知识、方法，更要有人文精神的塑造，文本本身蕴含的怀疑精神与做学问的精神在课堂中也要培育，这也是学生需要的。教师应引导学生基于现场阅读的发现去质疑作者行文的"不严谨"之处，学以致用，以使情境创设与语文实践相融相生。

"具体化"理论视角下的
文学作品教学艺术探微

"具体化"是波兰文艺理论家罗曼·英加登在《对文学的艺术作品的认识》中提出来的概念。他认为,文学的艺术作品有四个层次,即语词声音层次,或语音层次;意群层次或语义层次;由事态、句子的意向性关联物投射的客体层次和这些客体借以呈现于作品中的图式化外观层次[1]10。换言之,文学作品是由语音、意义、客体、图式化外观这四个异质的层次构成的一个整体结构。英加登的一个基本观点是,文本中存在着大量的"不定点"和"空白点",因而有赖于读者的阅读活动去充实,等待着读者借助想象等方式对它进行补充或重构。未经阅读的作品只是"潜在的存在",阅读才使它成为现实。只有对这些散布在各个层次之间的"不定点"和"空白点"进行"填空",才能获得作品的审美意义。这个融入读者欣赏、发现、创造和生成的审美过程便是"具体化"的过程。读者积极地调动自己的想象和经验填补作品中的"不定点"和"空白点",促使自己"解释"作品,或者按作品的有效特性去"重构"作品,使文本的"空白点"具体化,才能实现文本的审美功能,领悟文学作品的美感,感受文学的魅力。在文学作品的教学过程中,我们要充分运用"具体化"策略,或关注一个词语的深刻内涵,或着眼于句子与句子之间的空白,又或是利用文本创设空白,引导学生品读语言,发挥想象,在探究活动中填充文本的"不定点"和"空白点",挖掘文本丰富的意蕴,使它灌注生气、血肉丰满,驱动学生实现文学作品的深度学习。

一、巧用呼应,使文本词语"具体化"

英加登认为:"文学作品具有各部分——包括句子、句群、章节等——的有序联系。"[1]10-11其实,文本内部中词语、句子、段落之间也存在着呼应的关系,从头到尾都包含着一种"延伸"。因此,在解读文学作品时,教师要有联系的眼光,注重文本内部的呼应和关联,如词语和词语、句子之间的补充、对应和阐释关系,引导学生挖掘并填充词语的"空白",使词语的意义"具体化"。

《孔乙己》的结尾说"大约孔乙己的确死了",这句话看似矛盾,实则精妙。在文字运用上,鲁迅向来以简练为美。"大约……的确"这种表达方式,具有自相矛盾、模棱两可的指向,让读者难以判定孔乙己到底死没死,而这正是鲁迅想要的表达。"大约"或者"的确"其实都能在文中找到呼应。小说以"我"的视角进行叙事,许久未见,时间又辗转了多个春秋,"我"自然无法确切地了解孔乙己的现状,也没有确切的证据来推断孔乙己的生死,只能用"大约"来表明自己的猜测。但凡深入小说内核,透视孔乙己的凄凉人生和悲惨命运,解剖他所处的那个硬冷如铁的病态社会,就会知道,"的确"指向了孔乙己悲剧的必然归宿。在当时的社会环境下，孔乙己唯一的出路和宿命就是死。这往大了说，可以理解成历史的必然性。教学中可以充分利用文本内部的呼应关系，让"大约"和"的确"的意义"具体化"，从而读懂这个精心雕刻出的冷漠世界。

杨绛的散文《老王》，末段是全文的点睛之笔，其中的"愧怍"，奇妙地把杨绛一家与老王交往的点滴事情升华到情感的境界，有高度，有气势，耐人寻味。为何"愧怍"？"愧怍"何意？走向"愧怍"的桥梁又是如何铺设的？文章中也有多处呼应。"我回家看着还没动用的那瓶香油和没吃完的鸡蛋，一再追忆老王和我对答的话，琢磨他是否知道我领受他的谢意。我想他是知道的。……几年过去了，我渐渐明白：那是一个幸运的人对一个不幸者的愧怍。"反复读这段文字，从香油、鸡蛋读到老王和作者对答的话，从眼前实体物到耳侧的抽象话语，慢慢走进幸运的人的内心愧怍。"一再追忆老王和我对答的话"，这其中的"一再追忆"，令人深思。原来，鸡蛋与香油只是愧怍心理的触发点，而老王与杨绛的对话却是愧怍情绪的纠结处。"我想他是知道的"，"我想"是作者借以平衡的自我安慰。因追忆对话而生的"我想"，最后让作者心生不安至泛起愧怍。课堂上引领学生在这些对话上重锤敲打，再链接个体遭遇和社会背景，这"愧怍"的理解就能持之有据，"愧怍"的意义即可具体化。

徐德湖老师在教学《台阶》一课时抓住了文中父亲穿的草鞋，问学生："你们从墙边的破草鞋能读出什么呢？"再启发学生把"破草鞋堆得超过台阶"作为结果，关联上文叙述的内容，寻找原因。学生关联了文中关于父亲劳动生活的诸多细节，具体、丰富、深刻地理解出，父亲为建造台阶付出了十分艰辛的劳动。"阅读需要循着文本的思维路径，关联文本的内容,还原作者言语思维的过程,才能进入文本的语境,理解作者的思想感情。"[2]这样的教学不仅有助于引导学生充分理解文本内容,更有助于学生在词语"具体化"的过程中走进人物内心,感受人物的心理波澜。其他如贾平凹《一棵小桃树》里的"梦",史铁生《秋天的怀念》里的"好好儿活"等,教师都可以把握文本内部的这种呼应联系,并依此进行教学设计。

二、补充空白,使文本情境"具体化"

"文学作品描绘的每一个对象、人物、事件等等,都包含着许多不定点,特别是对人和事物的遭遇的描绘。……所以我们作为读者,不仅不知道在这段时间里发生的事有哪些描绘,而且这些事件根本就是不确定的。"[1]50文本存在的空白,虽然为我们的阐释提供了舞台,但是也为我们想象事件的始末、理解文章的内容设下了障碍。如何设计教学活动,引导学生结合语境,结合自己的经验发挥想象填补文本空白,使得文本情境具体化,是教师在面对文学作品教学时需要考虑的问题。教师要对文本空白造成的张力敏感,并能将其设计为贴近学情、启发学生进行深度思考的学习活动,以激活学生的生活体验和想象力,培养创造性阅读能力。

前面我们谈到了鲁迅的《孔乙己》,孔乙己最后一次出场是这样的,"穿一件破夹袄,盘着两腿,下面垫一个蒲包,用草绳在肩上挂住",最后"在旁人的说笑声中,坐着用这手慢慢走去了"。孔乙己只留下一个凄惨的身影,"大约""的确"死了,言尽而意未尽。既然"的确"死了是他悲剧的必然归结,那么,他又是怎么死的呢? 孔乙己用手走出咸亨酒店后,又发生了什么? 教学中引导学生将文本未直接表达出来的空白点进行合理补充和延伸,再进行合理阐释,孔乙己那可怜而可笑的个性特征及悲惨结局、封建社会的世态炎凉、人们冷漠麻木的精神状态,以及社会对不幸者的冷酷,都会因此更加清晰、具体地展现出来,学生对小说的理解和认识也就有了深化和升华。补充文本空白,使文本情境"具体化",不但能训练学生的思维,培养其想象力、创造力等多方面的能力,还能帮助学生更深刻地探究文本,从而打破阅读壁垒。杨绛的散文《老王》中有这么一句:"有人说,这老光棍大约年轻时候不老实,害了什么恶病,瞎掉一只眼。"老王"瞎掉一只眼",不但让他没了乘客,而且招致了别人的诋毁,要忍受"更深的不幸",被欺侮、被凌辱、被践踏。那么,这"有人",又是什么人?"有人说",又是怎么说的?我们可以利用文本留出的空白,让学生结合课文内容和生活体验,去延伸,去补充,依据语境研究话语的真正含义,去解释话语的言外之意,散文的意蕴和情怀才能更加深刻地表现出来。这种"具体化"的补充,是充满个性的再创造过程,也将教学行为从对"教"的关注转向对"学"的关注,从对"学"的关注进一步转向对"人"的关注。

三、还原空白,使文本情感"具体化"

刘熙载《艺概》里说:"文有以不言言者。"不著一字,尽得风流,文学作品中多有这样的例子。作品留给读者想象和再创造的空间,读者可以凭借自身的文化素养,调动自己的情感,展开思维的羽翼去获得对作品更深层次的理解和把握。阅读教学的过程,便是学生在教师引导下与文本的对话过程。教师的引导方式因人而异,"具体化"理论启发我们围绕文本的"空白点"和"不定点"展开教学,在学生、教师、编者和文本之间的多重对话中,创建积极的思维和情感活动,逐步走进文字中的世界,感受文字带来的思维魅力。

小说《山羊兹拉特》向我们讲述了一个有关人和动物的故事,故事主人公阿隆与山羊兹拉特经历了一场暴风雪,在患难中互相救助得以保全性命,人与动物之间那种无法用言语表达的和谐共处、患难与共的情感得到了充分的展现。故事中主人公和山羊有着很温暖的交流,山羊的回复则是一声"咩"。紧扣那一声意蕴深长的"咩",引导学生还原背后潜藏的话语和情感,是"具体化"策略在课堂上的生动展现。课堂实录片段如下:

生19:兹拉特,我们现在的一切,你是怎么想的?

生17:虽然在这里很危险,但是和你在一起,我什么都不怕。

生19:如果没有找到这个草垛,我们现在不都得冻僵了?

生17:是呀,幸亏有这个草垛在这儿呢!

生19:如果大雪仍这样下的话,我们可能要在这儿待几天。

生17:待多少天都没有关系,因为你会永远跟我在一起。

生19:"咩——"是什么意思?你最好说明白些。

生17:哦,我是多么想让你明白,我想要说的是什么呀!

生19:噢——你不会说话,可我明白你的意思。你是说,我需要你,你也需要我。是吗?

生17:是的。

实录中,生17,即山羊兹拉特的角色,他说的话在文中其实都是一个看似简单的"咩"字。两位学生的对话还原了草垛里的对话情境,而这种"还原"带有学生自我的理解、经验和推理,是建立在学生对小说文本内容的充分理解和深度学习基础上的。关注"咩"字的空白之处，并引导学生巧妙地还原文本中的情境，这样的牵引保证了学生思考路径的准确，再通过师生共读、析读、范读的导读方式，引导学生"读"出"咩"字中的真挚情感，以此突破了"小说写作时情感处理的方式——节制胜于放纵"的教学难点，也使得语文教学实处含虚，虚处含实。

再如《孔乙己》的教学，当店内酒客说看到孔乙己因偷书被打折腿后，掌柜的反应是"哦！"，一个语气词，加上一个感叹号，极其简洁的表达却极具深刻意蕴。这个"哦！"怎么读？邓彤老师说："关键在于这些人物为何要如此说？为何会在此刻说？关键在于这些话语到底折射出怎样的人物心理？"抓住一个字，抓住一个标点，带着学生反复比较揣摩，还原掌柜的话语，联系语境体会掌柜为什么会这样说，而不是那样说，从而走进人物的心灵世界，体察"看客"的卑劣心理，感受凉薄世界的冷漠和残忍。

四、创设空白，使文本主题"具体化"

我们所面对的文本实质上是一系列文字信息，它既在语法的层面上（为我们经验所熟知）陈述事实，也在隐喻的意义上形成分岔和偏离；它既是作者情感、经验和遭遇的呈现，同时又是对这种经验超越的象征；既是限制，又是可能。在英加登的现象学文论中，作品的意义并非自洽、自足，而是存在着大量不确定性，有待读者去挖掘，去想象性地联接和填充。创设文本空白，激发学生探究文本的好奇心，深入文本，激活学生的思维，并立足语言进行思考、探究，理解文本的主题，是引导学生进行深度学习的重要方式。

　　曹文轩说:"小说的特色就是采用隐蔽的方式去呈现现实,而它的魅力也正在于它的隐蔽。"[3]小说的隐蔽造成了主题理解的空白,创设小说文本的空白,引导学生在填充空白的过程中理解小说主题,是小说主题"具体化"的体现。教学郑振铎的《猫》时,可以利用文中"我也怅然地,愤恨地,在诅骂着那个不知名的夺去我们所爱的东西的人"这句话,将其变形为"诅骂着不知名的夺去了猫所爱的东西的人",并以"猫所爱的是什么东西? 这只猫死了,我们夺走了猫所爱的什么?"作为主问题撬动课堂,在师生对话的过程中,耐心引导学生走进思维更深处。学生先后答出了"生命""世界""尊严""自由""信任"等。教师继而话锋一转,问学生:既然是"不知名的夺去了猫所爱的东西",这个"不知名"又究竟是什么? 学生的思维再次激起阵阵涟漪,"武断""自私""冷漠""偏见"等词语从学生的口中蹦出,最后归结为"人性的丑陋",直指人类灵魂的黑暗处,小说的主旨得以升华,学生也在多重对话中获得生命的启示与精神的成长。再如之前入选统编教材的小说《植树的牧羊人》,教材有意识地引导学生去理解和感悟主人公的毅力和无私,这其实也是对这篇小说主题多元化理解的损耗。"当答案成为学生学习的唯一目标时,教学'掩盖了'当前所学内容中自然出现的重大问题,从而减少了学生的参与,降低了理解程度。不停地灌输当前已得到认可的内容,最终将扼杀深刻细致的探究。"[4]种树老人"做到了只有上天才能做到的事",奇迹归功于什么? 这个文本空白的创设,会激发学生积极阅读的兴趣,促其"不仅理解句子意义,而且理解它们的对象并同它们进行一种交流",从而真正进入文本,将文本的特有结构与细节挖掘出来。细细读来,除了毅力和无私外,我们还可以感受到种树老人的智慧与思考、孤独与坚定、细心与平和,从而把小说阅读中的已知部分扩大到未知部分,把有限扩大到无限,再现作品通过艺术手段所表现的情景。其他文学形式的作品同样可以如此探究,比如童话《皇帝的新装》。"这不仅仅是新装,它还是什么?"如此一问,学生有各种填充,如"闹剧""面具""诚信的试金石""成人内心世界的透视镜""人性黑洞"等,这篇童话由此就有了更深的挖掘和理解。当然,为维护作者的原意,教师要严格地在文本基础上进行"恰当"具体化,不能随心所欲。

阅读不是一项机械性的行动,而是想象、体验、理解、参与的过程。找寻文本中的"不定点"和"空白点",并引导学生使文本词语、情境、情感和主题"具体化",便是着力于激发学生的想象力,为学生创设走进语言世界,咀嚼语言文字的路径和方法,让学生在"具体化"的过程中建构语言,发展思维,实现文学作品的深度阅读。教师浅浅地教,教出学生理解文字的深度,热爱文字的深情,深深浅浅之间的语文教学,潜藏着语文教学规律的"空白",值得我们反复玩味,并将这些语文教学的规律"具体化"到我们的语文课堂之中。

[1]英加登.对文学的艺术作品的认识[M].陈燕谷,晓未,译.北京:中国文联出版公司,1988.

[2]徐德湖.文本语境关联的基本方法[J].中学语文教学参考(中旬),2021(12):32.

[3]曹文轩.小说门[M].北京:人民文学出版社,2010:206.

[4]威金斯,麦克泰格.追求理解的教学设计[M].闫寒冰,宋雪莲,赖平,译.上海:华东师范大学出版社,2017:139.

构建走向尊重生命的语文课堂

教育,始于尊重,成于尊重。成功的教育往往以尊重为基石,对生命的尊重则是教育的至高境界,也是一切教育的核心理念。尊重生命是教育最基本的出发点,实施教育教学,必须尊重教育规律和生命成长规律。教育要最大限度地开发人的生命潜能,引发人积极向上、崇高向善的生命价值。尊重生命的语文课堂必须致力于提升学生的生命质量,它不是纯粹知识技能传授的课堂,而是指向学生生命自觉和自我超越的课堂——这样的课堂需要教师站在"尊重"的高度去构建。尊重学生的生命发展,构建美好的语文课堂,这样的教学理念如何践行? 可从两个层面进行梳理:一是"为何",二是"何为"。

一、"为何":语文课堂走向尊重生命的学理

(一)生命成长的内在要求

每个生命都是宇宙间奇迹般的存在,都是独一无二的。朱永新老师提倡的新教育把生命理解为自然生命、社会生命和精神生命。他说:"自

然生命之长强调延续存在的时间,社会生命之宽重在丰富当下的经验,精神生命之高则追求历久弥新的品质。"其中的"延续""丰富""追求"都从各自角度印证着不断运动和成长的生命过程。生命是平等的,是发展的,是变化的,是具有无限种可能的。生命自身所具有的各种元素,为其发展的实现提供了可能性。生命这一容器不是封闭的,不断进步是它的规律。要正确认识和理解生命自身蕴含的发展潜质与价值,积极促成个体生命自觉地自我成长,使人的生命不断丰富、提升,不断趋于完善。尊重生命的成长规律,让教育起于生命,服务于生命,教育才真正具有价值和意义。

(二)教育性质任务使然

教育的对象是人,"在一定意义上,教育是直面人的生命、通过人的生命、为了人的生命质量的提高而进行的社会活动,是以人为本的社会中最体现生命关怀的一项事业"[1]。教育从根本上来说,是人的一种生命活动。教育绝非单纯的学科知识的堆积,而应该指向生命的灵魂。面对目中无人的教育,叶澜教授曾主张以"人的生命"为核心来重构教育、重构课堂,呼吁构建"焕发出生命活力"的高品位"生命课堂"。《义务教育语文课程标准(2022 年版)》强调把立德树人作为教育的根本任务。也只有尊重生命,真正把教学当成具有丰富情感和思想的、个体独立的"人"的教育,才是"育人",才能"育人",才能"育好人","立德树人"才不至于沦为一句空话。

(三)学科育人应然追求

"语文既是学校教育中的一门学科,和数、理、化等科目相似,又不仅仅是一门学科,语文是直接与宇宙、世界、自然以及生命对话的工具、枢纽和载体,是各门学科的基础,是生命体所以高贵地存在的灵魂伊甸园。"[2]语文学科是其他一切学科的基础,语文课程的基本特点是工具性与人文性的统一,具有得天独厚的育人优势。《义务教育语文课程标准(2022年版)》中说:"语文课程致力于全体学生核心素养的形成与发展,为学生学好其他课程打下基础;为学生形成正确的世界观、人生观、价值观,形成良好个性和健全人格打下基础;为培养学生求真创新的精神、实践能力和合作交流能力,促进德智体美劳全面发展及学生的终身发展打下基础。"语文学科丰富的人文性对于生命个体具有一定的熏陶、感染作用。学生在"生命体所以高贵地存在的灵魂伊甸园"中阅读写作,与古今中外的文学大师对话,与自然、世界、自我对话,滋养心灵,成长生命。语文教学的根本目的是"立人",而"立人"之本在于尊重生命。语文教学应通过丰富的语文活动,唤醒学生的生命意识,促进其生命成长;要尊重学生,尊重学生的生命本质,"让每一种颜色盛开"。

二、"何为":语文教学走向尊重生命的路径

(一)以语文的方式,滋养生命的成长

1.潜入文本,以文本的生命丰富学生的生命

语文是学习语言的一门学科,语言学科的育人必须经由语言的学习实现。因此,语文教师需要让学生潜入文本,浸润于文本,让文本阅读与学生的内心情感、人生发展相关联,去感知文字中他者生命的温度、深度和广度,从而丰富学生自身生命的体验。

潜入文本,需要细读。细读《老王》中的闲话,在"老王"的一声呼唤

中，感受生命的温暖；在反复朗读"有个哥哥，死了，有两个侄儿，'没出息'，此外就没什么亲人"中感受生命的悲苦；在品读一再追忆与老王的对话中感受一个不幸生命对另一个生命的"愧怍"。细读《伟大的悲剧》，细读那些动人的细节，品读冰天雪地中人物个性的语言和细小的动作，感受特定境遇中生命的伟大，体悟人物的美好品质，真切体验阅读带来的巨大精神震撼与独特审美感受。

潜入文本，需要朗读。教《一棵小桃树》，师生在反复朗读"我在开花"中感受生命的勃勃生机，在小桃树的"委屈"中怜惜生命的毫无生机。

潜入文本，需要与角色对话。教《老王》，师生以杨绛与老王的身份，在沉浸式的角色对话中体会人物的生命状态，感受特殊时期人物关系的美好；教《孔乙己》，模拟掌柜和酒客们议论孔乙己的对话，感受世人对孔乙己悲苦生命的漠视。

潜入文本，需要比读。《义务教育语文课程标准（2022 年版）》指出："乐于探索，勤于思考，初步掌握比较、分析、概括、推理等思维方法，辩证地思考问题，有理有据、负责任地表达自己的观点，养成实事求是、崇尚真知的态度。"立足语言，打开思维，开展比较阅读，为学生提供个性化解读创造时空。季羡林的散文《幽径悲剧》和鲁迅的小说《孔乙己》，植物的悲剧和人的悲剧，不同的文学形象，其悲剧有哪些相同之处？史铁生的《秋天的怀念》和莫怀戚的《散步》，都写到了母亲、亲情和对生命的思考，有何不同？《壶口瀑布》和《在长江源头各拉丹冬》，同为游记，异同点何在？

我们总会感动于生命的内容，却容易忽略生命的诉说形式。语文教学的意义，在于经由表现生命状态的言语形式，走向生命的言语内容。于是,我们的生命中有了悲苦与挣扎却依然绽放人性之美的小人物,有了虽是走向死亡却依然精神伟大的探险者,有了虽被压制仍在阳光下俏皮、骄傲、充满童趣的"我在开花"的紫藤萝;有了各种各样生命的美。以文本的生命丰富学生的生命,能提高学生的语言能力和思维辨析能力,这就是尊重生命的语文课堂。

2.反观自省,以文本的生命构架我们的生命

统编教材中的文学作品负载着重视生命、尊重生命的哲学意蕴,对学生养成正确的人生观、价值观与世界观有极大的引导作用。在丰富学生生命体验的同时,教师还要引导学生反观自我,建立自我生命与文本生命的关联,让自己的生命中有悲悯,让自己的生命中有智慧,让自己的生命中有整个世界。

学习《老王》,我们反观自省:"我们是不是对这样的人给予了公正的关爱和帮助? 我们是不是给他们同样真诚的温暖? 或者,我们是不是也是袖手旁观甚至恶语相向的人?"学习《猫》,我们反观自省:"只要丑陋的人性不改,我们每个人都可能成为那只可怜的猫,不是今天,就会是明天。想一想,你我有没有可能成为那只猫?"学习《斑羚飞渡》,我们反观自省:"灿烂,是不应该消失的。如果曾经消失的话,就让我们重新找回。那悲怆的咩声,那灿烂的飞渡,是否能让我们如梦初醒? 是否能让我们找回精神之桥?"读《孔乙己》,我们反观自省:"孔乙己也就只有哭泣,我们甚至听不到他哭泣的声音。那么,今天的我们是不是也很可能成为这样一种人?"教师要在阅读中不断追问人性,触及心灵,使其在思考中发现自我、完善自我,建立文本生命与自我生命之间的关联,叩问我们的人生。

在文学意义的发掘上,教师不能满足于教材教参已有的解读,而要给予学生更多更好的滋养。在《猫》的教学中,教材对文章的主题定位是"人与动物相处共存的问题",偏向于"尊重动物、善待生命"。这样的主题定位对《猫》这篇文章来说,显然是简单的,至少是学生容易读出来的。这篇小说显现出纷繁的文字奥义,仅"我家永不养猫"的背后就可以衍生出独特的人文主题,能从不同的维度、不同的细节生发出深层次的思考。读《猫》,绝不是只把"猫"读成"猫",而是要学着把"猫"读成"人",把"猫"读成"我"和"我们","到最后开始解剖自己,开始思考生命,反思自己"。教学不能就已知教已知,必须依托学情,遵循适度的原则,引领学生从"一望而知"走向"一望无知"的领域,走进更深刻的生命意蕴和人性思考中。如此,文字对学生生命的唤醒与滋养才更真实,语文阅读才更能"向人传送生命的气息"。

3.动态勾连,以文本的生命观照个体的生命

潜入文本和反观自省,是在用教材丰富人文性,帮助学生建构丰富的自我生命,这种教学更多的是预设性的,是面向全体的。而教师运用教学机智动态勾连教材内容和学生学习状态,以文本的生命观照个体的生命,则更多是动态捕捉的,是具体的,是个体的。

之前教学《走一步,再走一步》时,发现一位胆小的女生就像课文中"趴在悬崖上的男孩"一样不敢举手,我就让她起来复述。复述后我结合教材内容适时鼓励她:"你说得比他还好,你为什么不举手呢?手举出来就是迈出第一步,然后,再站直一点,就迈出了第二步。"面对生命中的胆怯,文本中的男孩已经告诉她该怎么做了。

教学《紫藤萝瀑布》，面对一位朗读得断断续续、有点紧张的女同学，我说："你一直都读得那么紧张，看来是需要同学的帮助，和你彼此推着挤着，就放松了。你读起来都一字一字顿开了，连贯性、节奏感就没了。"教师的指导结合了文本中"彼此推着挤着"一句，既缓解了学生的紧张情绪，又让学生知道"断断续续"的朗读无法表达出"彼此推着挤着"的感觉。教师适时把学生的生命状态和文本中紫藤萝花的生命状态巧妙地结合起来，能有效指导学生理解文本，学会朗读。

尊重生命，不是尊重抽象的生命，而是一个个鲜活的生命个体。苏霍姆林斯基指出："请记住，没有也不可能有抽象的学生。"[3]语文课堂的育人可以针对大部分学生情况来预设，但更多的时候需要根据课堂教学的实际，动态即时地捕捉育人时机，实现动态育人。

"能让学生终身受益的不是外在的知识符号本身，而是内隐于其背后的思维方式及价值观念，特别是意义部分，由于其是作为一种内隐的价值系统而存在，故对学生的思想、情感、态度及价值观的形成发挥着独特的作用。"[4]因此，我们在研读教材备课的时候，要关注教材中的语文要素和人文主题，经由外在"知识符号本身"走向"思维方式及价值观念，特别是意义部分"，以语文的方式滋养每一位学生的精神生命，促进学生"思想、情感、态度及价值观的形成"，既让知识薪火传承，又让学生生命成长。

(二) 以生命活动的方式，构建尊重生命的语文课堂

叶澜教授指出，传统课堂教学观根本的缺陷是"把丰富复杂、变动不居的课堂教学过程简括为特殊的认识活动，把它从整体的生命活动中抽象、隔离出来"，忽视了作为生命活动主体的"人"的"思想、情感、态度及价值观"，于是语文课堂沦为知识的传授，学生变成了知识的被动接收器。因此，必须让教育回归"人"，以生命活动的方式，充分激发"作为独立个体、处于不同状态的教师与学生，在课堂教学过程中的多种需要与潜在能力"[5]，构建尊重生命、充满生命活力的语文课堂，实现从"知识课堂"向"生命课堂"的转变。具体可从以下几个方面切入：

1.知识教学的生命性

"现代知识观认为，知识并非价值中立的，知识是价值负载的；知识并非仅是静态的，它会在与认识体验主体的交互运动过程中不断丰盈、充实；知识的创生比知识的呈现和传递更重要，实现知识增值、创生的同时也是促进学生能力提升、个性自由发展的过程。"[6]因此，语文知识的教学方式不能仅仅是"告诉"，还要引导学生在丰富的语文活动中体验、体悟，亲历知识建构的过程。"要让学生体验到获取知识的幸福感和喜悦感，使学生在不知不觉中获得语言知识和技能，领悟到语言传递的深层内涵，直至激起学生对生命、价值、人生的思考。"[7]

（1）开展学习活动，亲历知识建构过程

在《紫藤萝瀑布》的课堂教学中，一位学生很快识别了"通感"这一修辞，并能很顺溜地解释这一术语，呈现出"一个很专业的回答"，却不理解"香气为什么是浅紫色的"。他没有真正走进作者的心灵，自然无法理解作者的体验。在学生眼中，修辞只是一种知识，与心灵无关，与情感无关。于是，我引导学生看窗外的绿叶，当学生沉浸到它的颜色中去遐思的时候，它散发出来的味道也会被这个颜色所裹挟。这样也就理解了"通感"是作者的一种独特的生命感受，作者融入了那个景致，看着看着，心进去了，浅紫色的香气也就扑面而来。通感修辞的背后有一个沉浸于紫藤萝瀑布生命之美的"我"，这样，学生就"领悟到语言传递的深层内涵"，也"激起对生命、价值、人生的思考"。文学阅读旨在培养学生生命的审美能力、感受能力，而不是几个术语的浅表知道。尊重生命的课堂，教师要引领学生突破识记术语学习阅读的窠臼，让学生沉浸在文学世界，于涵泳体悟中理解、接纳知识。

（2）唤醒生命体验，体悟知识生命印记

"教育向学生展示的只是一个科学的世界，而忘却了作为根本的生活世界。"[8]知识只有进入学生的生活世界才能让学生感受到知识的价值意义。语言知识也只有在真实的生活世界中得以运用才能体现它的价值意义，才能和学生的生命活动关联，才能充盈学生的精神生命。一个句子甚至一个词语的理解，都不应该是一个标准的内涵分析或词语解释，而应该是与学生在生活世界中的生命体验紧紧相连的释义。

理解《一棵小桃树》中的"紧抱"，我问学生："你什么时候会紧抱着身子？"于是与"紧抱"一词相连的生命体验被一一唤醒："冷的时候""紧张的时候""害怕的时候""孤独无助的时候"，等等。小桃树的害怕、脆弱、可怜、无助、孤独，甚至内心深处的寒冷，瞬间与学生个性化的生命体验有了共振共情，"紧抱"一词也带上了学生的生命印记。

"生活世界"可以是课堂之外的生活，也可以是正在进行的"课堂活动"本身。还是《一棵小桃树》中"委屈"一词的理解，一位学生无法解释，旁边同学说是"猥琐"，该同学听成了"萎缩"，于是回答"萎缩"。我追问是什么意思，学生答不上来，显然他游离在课堂之外，没有认真阅读文本。

于是让他先"委屈"一下,站着倾听其他同学的交流,之后由他来进行总结,最后他不再"委屈",用自己的总结赢得了大家的掌声,找回了自信。这样,不仅"委屈"这个词留在了这位学生的生命中,其"倾听不同学生的话语,并加以概括总结"的语文能力也得到了有效训练:生命是可以在倾听中成长的。

(3)迁移运用知识,感受知识生命价值

教学《假如生活欺骗了你》,我创设任务情境:"这个七月,你想把这首诗送给谁？为什么？"让这首诗走进学生的生活世界,促使学生理解"直抒胸臆"的写法。教学"托物言志"的手法,我不是直接告诉,而是让学生借窗外的滂沱大雨,用直抒胸臆的方式改写《假如生活欺骗了你》,让学生在真实的生活世界中运用知识解决问题,建构知识的意义。这样的知识教学与学生生命中的那个"七月",那场"滂沱大雨"紧紧相连。诗歌可以为自己、为同学,也为这个世界提供心灵的慰藉。无论是"直抒胸臆"还是"托物言志",都能为学生的情感表达找到个性化的出口,这就是知识的价值。如此,教学除了带给学生知识的享受外,还把师生推向了更加高的境界,最终实现了对生命的关怀和人性善的彰显,使课堂在情景交融中得以推进。

2.问题设计的开放性

每一个生命个体都是独特的,带着自己的经验走进课堂,尊重生命的语文课堂,应该是用开放性的问题激活每一位独特的个体,让他们能基于自身经历与内心感受去体验生命、感悟生命,让课堂充满生命的丰富色彩。

"《未选择的路》最后一节,你觉得哪个词最有味道？"基于自己的理解,我原来是想从"叹息"入手,走进对人生选择的思考。诗人也许并不十分懊悔自己的选择,但一定会在某个时刻想起那条"未选择的路"。生活的无奈就在于我们不能返回选择的起点,只能徒留一声轻轻的叹息。可我没想到学生竟有很多选择,如"路",如"选择",如"决定",而且每个词语都能指向诗歌的某种深沉意蕴,都能勾连自身的生活体验,阐释出其中的哲理内容,这就是诗歌的魅力。内涵的开放性,让每个真诚的读者都能找到共鸣和慰藉。如果我问的是"你从作者的一声'叹息'中读到了作者怎样的情感"这样指向固定的问题,那么学生还会有那么多属于自己的精彩选择吗?

教学《怀疑与学问》,我的第一个问题是:"如果这篇文章题目不叫'怀疑与学问',而改用文中的某个短语或某个短句,你会用文中哪个短语或哪个短句?"紧接着我的第二个问题是:"考虑一下,哪几个标题,你觉得其实是不可以的? 哪几个标题,仔细思考是有问题的?"开放性的问题激活了学生的思维,学生在比较揣摩中对议论文标题的特征及文章的论点有了更深层的理解。

"'花朵儿一串挨着一串,一朵接着一朵,彼此推着挤着,好不活泼热闹'这一句,是读得快好,还是读得慢好?"有些学生就觉得应该读"快点",因为这样可以显得"更活泼,更热闹一些",有些学生觉得应该读"慢点",因为那样可以表现出"相互挑逗、自然、悠闲的状态"。朗读是对话文本的一种方式,朗读的一头是文字,是作者,另一头是学生,是通过个性化的朗读对话文本并表达对文本的理解。这里的"快速"和"慢速"都可以说是对生命美好状态的表达,这种表达是开放的,是个性化的。从学生的个体差异着手,充分发挥其思维潜力,通过阅读实践,加强其对生命的认识。唯尊重才能开放,唯开放才能走向个性,唯个性才能铸就学生生命的底色。

课堂教学是一个塑造生命的过程,从"技术课堂""知识课堂"走向尊重生命的课堂,教师需要以一个丰富鲜活的完整的生命个体参与到课堂生活中,以生命对话生命。师生双方以价值追求者和生命思考者的身份介入教学,更有效地发现生命价值,激活生命活力,通过心灵沟通和对话,生成感情的体验和共鸣,如此,我们的语文课堂才能真正实现多元化和民主化,才能真正成为学生生命放飞的美好世界。

[1]叶澜."新基础教育"语丝[J].基础教育,2004(5):4.

[2]陈芳.课堂:梦想起飞的地方[J].中学语文教学,2016(3):84.

[3]苏霍姆林斯基.给教师的建议:全一册[M].杜殿坤,编译.北京:教育科学出版社,1984:1.

[4]张跃先.课堂教学中生命教育的缺失与追问[J].教学与管理(理论版),2015(12):14.

[5]叶澜.让课堂焕发出生命活力[J].教师之友,2004(1):51.

[6]梅伟权.化学课堂教学中教师倾听策略的研究[J].化学教与学,2014(2):74.

[7]朱尧平.兼顾道德性的英语课堂有效教学[J].教学与管理(理论版),2018(11):114.

[8]雅斯贝尔斯.什么是教育[M].邹进,译.北京:三联书店,1991:98.

大单元设计下的单篇教学

《义务教育语文课程标准(2022年版)》(以下简称"新课标")颁布,它"突出课程内容的时代性与典范性,加强课程内容整合""增强课程实施的情境性与实践性,促进学习方式变革"。"大概念""大情境""大任务""大进阶"成为"新课标"时代教学的关键词。为了更好地进行课程教学与促进学习方式变革,大单元教学也试图依托这些概念的介入走出原来"单篇时代"支离破碎的教学困境,让教与学更具有整体性。一直以来,单篇课文是语文课堂教学的主要内容,单篇教学也是我们一线老师最熟悉的教学形态。与此同时,单篇课文教学也问题多多,其教学效果也备受质疑。那么,在"素养本位"的单元整体性设计的情形之下,单篇教学该以怎样的姿态存在,或者单篇教学在大单元中的功能价值如何体现,亟待我们在"变"与"不变"之中进一步切实地探究。

一、反观:单篇教学的痼疾毕现

语文教学,一直以"单篇"的形式来进行。过去20年来语文教学改革的展开与结果呈现,主要定位在单篇教学上。单篇教学简便灵活,教学设计相对容易,便于教与学的展开。在教学改革持续深入推进的情况下,相较于传统的语文教学,语文课堂向前迈进了一大步,发生了很大的改变。一线教师也持续地关注如何进行巧妙的教学设计,使课堂的样态得以改善与重建,去除传统教学中知识简单传递与灌输的陋病。在教学目标的设定上,努力摈弃模糊泛化,向清晰化、具体化转变,对目标的表述尽可能量化。教学的过程注重体验,注重方法与过程,注重语言活动实践的设计,注重突出学生的主体地位,变"教"为"学"。

但是,语文单篇教学本身仍然弊病重重。教学设计的线性排列、一味追求结论、知识的简单传递、教学对话的形式主义、非语文元素的杂入等现象还在制约着语文教学改革的进展。"单篇"教学之间的连续性更是软肋。尽管单篇课文及"单篇教学"都在教材编排的单元之内,但我们教学的时候往往未能有效地将其放在整个单元的教学思维中去考量。如七年级教材对语文要素按照"朗读—默读""精读—略读"的形式来编排,很多老师教学时并没有将其持续性地有机联结起来,致使这些具体的朗读方法不能形成系统而灵活的阅读策略,"教"没有形成建构性自觉,学生的阅读方法并没有得到课程意义上的教学培育,教学还是带有零散性、去学理性的特点。教学目标也带有很多重复性、散乱性,"千篇一律,千课同构"(王宁语),教学"没有直击核心知识与核心能力,导致量的积累没能引发质的改变"[1]。"在组织学习经验时,泰勒提出了应遵守三个准则:连续性、顺序性与整合性。"[2]而长时间的单篇教学,正忽视了教学与教学之间的连贯、整体、整合,在顺序上也往往是"古诗文先行"的安排模式,不能形成教学的有机意义结构。特别是在我们注重作品"这一篇"的特性情况之下,更加使得单篇教学与教学之间彰显着许多不同,忽视彼此之间的意义联结。从单篇教学的实际情况来看,教师紧扣语文教材,一篇一篇地认真教,字词默写、文章分析、配套练习等扎实推进,阅读教学实际上变为了以单篇课文的讲解教授来聚合诸多练习的活动,即在课文阅读教学过程之中,将文章拆解成与考试高度契合的一系列的知识点问题,并以课件来辅助,"我来问你来答",甚至还出现了背诵答案的现象。其目的是制造经验,让学生到考试时候有话可说。大量的分析使得语文课堂支离破碎,知识点大量堆积,思维培育缺失。所以,这样的语文课堂教学是"知识本位"的,而"知识本位"的课堂是忽视"人"的。

虽然我们注重教学的设计,沉醉于好的创意,但是这些好的教学设计是如何在课堂的环节推进中得到落实,或者这些设计是如何真实地促进学习在学生身上更好地发生的,我们关注的并不多。这就使得我们的教学仍是不够深入,没有有效地将学生的学习组织起来,忽视了学生学习的真实发生。教学目标制订的模糊化、随意化较为普遍,不能够结合单元的整体目标来定位,也没想清楚课文学过与没学过的区别到底在哪里,或者通过该篇课文的学习能够解决什么问题,能够做些什么,致使阅读教学低效、重复。说到底,这还是关注"教"的教学。

二、结构:单元视角的小大之辩

我们的语文课堂要从"知识本位"转向"素养本位",以改变忽视学习的组织的缺点,更加关注"人",更好地关注学生的学习行为,实现深度学习,这也是"新课标"的精神。根据泰勒组织学习的原则,其连续性、顺序性与整合性是解决教学碎片化、零散化弊病的有效策略。那么,使教学组成一个结构,教学目标、教学内容实现结构化,学生的学习实现结构化,我们的教学就会形成单元,具有整体性。"结构化则是一种理性的方式,这种方式就是通过把握事物的内部结构,从而清晰地掌握与描述这一事物。"[3]我们要对学生进行思维建构,须在具有建构性的问题结构和结构性的问题之中才有可能实现从"单点结构"到"多点结构",再到"关联结构"和"抽象拓展结构"的进阶发展。

但是,在一线教学中,很多教师已经对"整体性"产生误解,导致对群组课文产生匆匆掠过的走马观花之病。因此,我们需要反思:在大单元教学中,该如何定位单篇课文?

从前20年的教学改革经验来看,我们曾经在"人文性"与"工具性"之间徘徊不定,那么,本轮改革也不免在"单元整体"与"单篇教学"之间失衡。但这20年的教改经验会让我们更具教学理性,更深刻地把握语文教学的本体规律与核心任务。

大单元教学的意义在于将诸多学习元素组织起来,而非淡化单篇教学,否则,语文教学被架到了"云端"而不接地气,其"工具性"再一次被舍弃,语文素养便无从培育。单篇教学得以在大单元之中被重新定位。单元整体设计"是一个围绕目标内容的有主题、情境任务、学习活动、评价、技术支持的统筹安排综合设计。通过这样的整体设计,实现多重教育价值。整体设计之后回到单篇去的时候,情况就不一样了,是在一个大的单元情境中,围绕单元任务进行学习"[4]。

要实现结构化,就得让单篇教学有一个上位的概念来统领,使学习过程结构化,学习的过程形成意义结构。这就需要我们运用大概念来教学,进行大单元设计。"以往我们更多的是将眼光局限在单课或单个项目中,而单课或单个项目常常针对一个非常具体和细碎的话题或内容,比如一篇课文、一个项目、一个概念。如果没有渗透单元的大概念意识,那么就很难将其与其他内容构成一个集合,而它本身的迁移价值一般是比较低的。"[5]36单篇教学有了大概念的引领,就有了魂魄,学生的学习就有了持续性、整合性。"布鲁纳认为,无论教师教授哪类学科,一定要使学生理解该学科的基本结构。"[6]如八年级下册第五单元包含《壶口瀑布》《在长江源头各拉丹冬》《登勃朗峰》《一滴水经过丽江》四篇游记,可以结合四篇游记,以探究"我眼中的风景"和"我心中的风景"的关系作为大概念来展开教学。七年级上册第六单元包括《小圣施威降大圣》《皇帝的新装》《女娲造人》《寓言四则》和写作训练《发挥联想和想象》,我们可以提炼出"文学的联想与想象"作为大概念统领单元教学,尽管文体不同,但是"联想与想象"就是本单元学习的上位概念,可高度迁移运用,它是语文核心素养的核心要素。

有大概念引领的同时,单元内部的课文篇目之间要形成"教读—自读"的结构化方式,以实现学习(阅读)的迁移。利用前文所学知识完成后文学习任务,利用教读解决自读,前后贯通,就把单篇教学与单元教学、单篇阅读与单元内其他文本阅读有机结合,很好地处理了单篇教学的独特性与单元教学的整体性的关系。如对七年级上册第六单元进行教学的时候,不是简单地将四篇课文形成群文连贯起来分别思考其如何联想、想象,而是以联想、想象为语言实践手段和途径分别来达到深度阅读,获得对文本完整意义结构领悟的目的,进而从中领悟到语篇的联想、想象的功能效果。

三、前置：素养本位的评价设计

我们原来的单篇教学,大力地追求"语文味",用语文的方法教语文,致力于语文教学课堂设计的本体探索,有时也试图以"单篇"教学而知"一类"。这些都是对"这一篇"深度理解的理念诉求。我们也较少去考虑,通过学习所计划的单篇文本,学生能够做成什么事情,理解什么或者可以去"解决什么问题",从而导致课堂与生活的隔膜。其练习也是类文阅读,以实现迁移。学习《壶口瀑布》等游记类的散文,教师往往布置游记类的散文阅读,涉及的练习无非游踪线索、写景手法、词句赏析与情感理解等方面。所以,在教学的时候教师也会从这几个角度来展开,以实现能力迁移。练习的文本与所学的文本有高度的相似性,所以,这种迁移也是一种低通路的迁移,这种教学是"知识本位"的教学,所谓的"知识点"充斥着阅读教学过程,忽视语篇的阅读功能与对语篇原理的理解,而这些"知识"也会形成惰性知识,只是被机械地经验化地熟悉套用,很难激活。惰性知识最显著的弊病是换了个新的环境后学生便不能调取应用,这就不是"能在真实情境中解决问题"的素养,这里的问题更多的是指向现实世界的问题。"许多教师从输入端开始思考教学,即从固定的教材、擅长的教法,以及常见的活动开始思考教学,而不是从输出端开始思考教学,即从预期结果开始思考教学。"[7] 15这就是说,我们一线教师惯性地关注自己的"教",并非学生的"学"后的应然趋向。"我们的课堂、单元和课程在逻辑上应该从想要达到的学习结果导出,而不是从我们所擅长的教法、教材和活动导出。"[7]15

所以,"最好的设计应该是'以终为始',从学习结果开始的逆向思考。"[7]15那么,我们教师在设计教与学之前,最先要想清楚学习要达到的目的是什么,哪些证据能够证明学习已经达到了目的。"我们不以内容为起点,而从期望学生掌握内容之后能做什么作为起点。"[8]这样的逆向设计,就倒逼着我们来思考教学设计的功能价值,或者倒逼着我们在教学设计的时候思考到底能够以什么证据来证明学生已经理解了。比如《外国诗二首》的教学,教师设计"你想把这首诗送给谁"这一问题,就巧妙地将诗歌学习与生活联结起来,以诗歌的力量来解决生活中的心灵困顿;《植树的牧羊人》中,"为牧羊人塑像"这一情境问题,以作品的学习来解决真实的问题,在问题解决的过程中调用知识与阅读体验等,将阅读教学中的"学得"激活;"学习演讲"单元,在学习演讲词的基础上,举办真实的演讲活动,以此来解决学生真实地演讲所面对的问题,并从身边现实生活出发,发掘演讲的定位点,"缘情而发",或赞美或批判,为形成良好的价值观,营造好的环境而以"演讲"献力、尽责。但是,这些作为教学的重要环节,是要在教学设计中设计好的,教学评价具体化、清晰化,以学生在具体情境中的表现来作为评价的参照,使得学生能够很好地实现学习迁移。

这也启发我们,要将阅读教学的"作者—文章"视角转向"文章—读者"视角,以建构学生的精神世界来培养其通过"语言学习"来解决问题的能力。"核心素养区别于应试学力的最大特质在于真实性。真实性是核心素养的精髓。"[9]"何谓真实性？真实性指的是'超越学校价值'的知识成果，也就是解决真实问题的能力。"[5]13

四、守正：范式嬗变的"不变"之思

"新课标"的颁布，势必会引起课堂教学的改变。量的改变，也会引发质的改变。这种改变，是社会高度信息化、智能化发展带来的必然结果。同时，也会给我们的教研带来新的视角转变。研讨课往往还会以单篇形式出现，那么观课者需要看到背后的单元整体意义架构，以点知面，或者几个执教者连贯共同合作来展现大单元视角下的教学完整样态，以便在实践中探究大单元教学。当我们面对任务群、大单元、大情境、大任务等诸多概念的时候，要深思其精髓，但也难免会有"两极"的思想：一是固守着原来的教学习惯，一步一个脚印走下去；另一个是忙于彰显着新课标的精神，又有些迷失。大单元设计的思想，不是对单篇教学的否定，而是在整个社会体系高速发展的背景之下，伴随脑科学与认知科学的不断发展，教育体系自身的反思与质变的需求，它更加关注学习的组织与发生，也是对单篇教学的优化。2022年新高考 I 卷作文材料中的"本手""妙手"与"俗手"之间的关系也正是如此。在广求创新的同时，更要"守正"，守得住语文教学的规律，紧贴着我们教育教学的实际。大单元教学，更加看重单篇教学，是整体优化之下的深耕细作。义务教育阶段也是基础教育阶段，需要具体而扎实地展开，需要引导学生在大量的具体情境中进行听说读写的训练，培养语感，夯实基础，"小立课程，大作功夫"（朱熹语）。

在我们进行大单元教学的时候，"语言"依旧是我们教学围绕的核心。在整体的教学架构之中，老老实实地进行听说读写。这犹如工程整体设计之下的具体施工，每一具体操作都有明晰的目的。"单课计划理应依从单元计划：当一堂课被包含在更大的单元和课程设计中时，通常会更有目的性和连接性。"[7]9大单元教学，是为了更好地发挥阅读教学的功能，让我们更有目的地"读入"，在此基础上能够真实地"输出"，即能够在真实的情境之下调用我们的阅读体验，用"言语"解决真实的问题。任何忽视老老实实"读入"的做法应是本末倒置而徒留形式的，那种没有让学生深入阅读文本就火急火燎地"解决问题""完成任务"的做法更是肤浅的。任务的解决要么来驱动阅读，要么来检测阅读，它始终代替不了阅读。

再有，我们还要处理好大单元的整体性与语篇的独特性的关系。尽管大概念的介入可以促进学习的规整，那也是以大概念的下位层面的一个一个个体为基础的。如果我们忽略语篇的个性，忽略其完整的自足意义结构，还只是在语篇的表面徘徊，并没有深入其意义结构，那么"学习祖国语言文字运用"就是空谈。所以，把单元的几篇课文简单地从几个角度分别进行逐一阅读的做法显然是肤浅粗暴的，歪曲了大单元教学本意的。当然，如前所述，大单元教学，强调整体性，仍然需要突显"教读—自读"的关联，注重教读篇目与自读篇目的紧密联系，以教读解决自读。

统编教材"三位一体"的设计，就是单元意识的体现，以结构化的样态呈现。我们可以基于单元教学的精髓创造性地使用教材。"'大单元'实际上就是教师在语文统编教材中教材单元的基础上，创设'活动单元'的一种主张。这种主张可以有两种解释：第一种是基于教材单元固有结构进行内容重组、资源补充与教学整合；第二种是打破教材单元固有结构"[10]，对教材中有一定内在密切关联的内容进行分析、重整。

参考文献

[1]陈家尧.实现结构化：初中语文大单元教学设计的核心[J].语文建设,2022(1):41.

[2]苗新坤.嵌入 进阶 回归:基于例子情境的读写共生策略[J].中学语文教学参考(中旬),2022(2):13.

[3]于泽元,王雁玲,石潇.群文阅读的理论与实践[M].重庆:西南师范大学出版社,2018:85.

[4]陆志平.从单篇到单元 从单元看单篇[J].七彩语文(教师论坛),2021(7):17.

[5]刘徽.大概念教学:素养导向的单元整体设计[M].北京:教育科学出版社,2022.

[6]李刚,吕立杰.落实学科核心素养:围绕学科大概念的课程转化设计[J].教育发展研究,2020(Z2):86.

[7]威金斯,麦克泰格.追求理解的教学设计:第二版[M].闫寒冰,宋雪莲,赖平,译.上海:华东师范大学出版社,2017.

[8]威金斯,麦克泰.理解为先模式:单元教学设计指南(一)[M].盛群力,沈祖芸,柳丰,等译.福州:福建教育出版社,2018:10.

[9]钟启泉.真实性:核心素养的精髓[N].中国教育报,2016-06-20(7).

[10]刘飞.语文统编教材大单元教学设计框架构建及其运用[J].基础教育课程,2020(23):43.

第三辑　语文笃行

生命与爱

2020年,对于全世界而言,是不平凡的一年,世界各地发生了不同程度的灾难。新型冠状病毒肆虐,广大师生无法按时返回校园。在严峻的疫情形势下,教育领域如何"逆袭",既能实现"停课不停教、不停学",又能顺应时代潮流,推进区域教学改革和教师队伍成长,就成了一个重要课题。抗"疫"时期,开展线上教育教学是回应社会关切、服务民生的需要,也展现着教育者的育人情怀。作为教师,积极参与其中,我们责无旁贷。

教什么呢?线上课堂不能是传统课堂的直接复制,须重新设计课程内容。教学不应只盯着课本教材,而应该打开"社会"这本大语文书。社会是最好的课堂,这场全民参与的抗"疫"带给我们太多的生命思考与感悟。河南省教育厅时任厅长郑邦山说,这次疫情,需要所有的教师、家长、学生"共同面对,共同讨论,共同参与,共同承担,在教学条件变化中,在交流空间变化中,把疫情、把灾难变成教材,共同完成好这场生命教育、信念教育、科学教育、道德教育"。灾难以极端的方式对人类生存提出严峻的挑战,迫使我们淬砺意志,进而寻求灾难问题的正确解答。朱永新老师说:"我们能不能把这次灾难看成对孩子进行教育的实践课堂？以这次灾难中全社会的表现为教材,让教师和学生乃至全社会好好讨论一下,在生命面前,个人、专家、政府、全社会的所为与应为。"生活就是语文,我们应该把疫情、把灾难化成教材。这场疫情像一面多角棱镜,照见英勇、果敢、牺牲、担当,也照见漠视、误解、偏见、逃避,照见了各自不同的生命状态和生命灵魂。疫情面前,我们不只是哀叹生命的脆弱与无常,更要充分发挥生命的能动性,去绽放生命的光彩。孔子说:"未知生,焉知死？"这场灾难也在告诉我们:"未知死,焉知生？"生命教育,既是一切教育的前提,也是教育的最高追求。疫情之下,应补上"生命教育"这门人生必修的课程,让语文教学与生命教育融合,引导学生建立自觉而清醒的生命意识,帮助他们认识生命的本质、理解生命的意义、创造生命的价值。这样,我选择了"生命与爱"的教学主题,指导学生写作,并以此帮助学生完善人格、健康成长。

我原本打算借助"钉钉"展开教学,但由于疫情防控任务紧急,担心在教学过程中遗漏重要的通知信息,就改用微信建群。一个八年级班级近50名学生借助家长微信群与教师"见面",师生通过文字或语音交流。进群以后,教师做了课前动员,布置了相关要求。比如,教师做了要求发言或者讨论的指令后学生才可以发出信息,教师发出停止指令后学生必须停止信息发送,教师指定回答的时候其他同学不得打断或者干扰等,这避免了各种回答信息的狂轰滥炸,使得线上课堂教学既活泼生动,又能有序推进。

"生命与爱"线上作文教学分四个步骤展开。

一、由疫情讨论引出话题

教师出示"新冠肺炎"疫情下的多张照片:乘坐高铁奔赴武汉的钟南山院士,各地医生主动去武汉救援的请愿书,白衣天使们被防护镜压出折痕的脸,医生倒在地上睡觉的背影,医院门口等待救治的病人,彻夜施工的火神山医院,四面八方捐赠的物资,等等。引导学生讨论:这场疫情,给你最大的心理冲击是什么? 你从中悟到了什么?

学生各抒己见,积极发言。有说生命之重、要珍惜生命的,有赞国家英明、制度优越的,有敬医护人员无私奉献、逆行英勇的,有叹生命脆弱、感伤离去的……团结、责任、担当、感恩、良知、珍惜、敬畏等关键词跃然而出。教师耐心等待,给足时间,同时快速浏览学生的答案,归类整理,肯定学生的发言,最后引导到"生命"这个关键词上。让学生明白,对生命的关注与尊重,才是一切和谐发展的基础。生命教育涵盖了人从出生到死亡的整个过程和这一过程所涉及的各个方面,既关乎人的生存与生活,也关乎人的成长与发展,更关乎人的本性与价值。科学理性地认识生命、感受生命,继而尊重生命,树立对生命珍视的价值观,已经变得越来越重要。生命教育,不仅关系着个体生命的意义和生命质量,而且关系着国家和社会的未来。

二、思考写作与生命的关系

教师要求学生列出上个学期写过的作文。学生回忆,而后打字发出了作文题目。原来,初二上学期他们写过《坚持下去》《有你,真好》《有一种美丽唤醒了我》《总会想起那句话》《我与_____有个约定》《这里的风景真美》等多篇作文。教师整理后,要求学生思考这些作文实际上都在写什么内容。学生得出的结论很多:写人,写生活,写时代,写感悟,写情感……教师通过"语音"给予肯定,并做小结:"其实都在写生命,写自己的生命,写我们的生命,写时代的生命,写自然的生命,写历史文化的生命,写真实的生命或者精神的生命。'坚持下去',是对生命的激励;'有你,真好',是对生命的赞美;'唤醒我们的',是生命世界的美丽;'那句话',是生命留给生命的鞭策与期待。生命的约定,生命的风景,真美,我们和我们的生命,我们和我们的世界!"温暖动情的话语,很快就引来了学生无数热情的点赞。

那么,写作和生命有怎样的关联呢?教师不急于总结,要留给学生自己思考。"写作,就是在写生命。""写作,要学会观察生命,凝望生命。""爱生命,才能写好文章。""写自己,写他人,还要写动物和植物。"学生金句妙语层出不穷,写作的生命意识初步建立。

讨论了作文"坚持下去"写作中可能出现的几种文章题材后,我出示了事前准备好的几则语段,都是作家、名人谈写作的话语,读给学生听。在作家的选择上,我有意识地倾向于湖北籍。

诗人北岛说:"写作与生命,于我,有一种平行交错的关系。当我的个人生活处于危机中,往往是诗歌离我最近,有时带着历史的愁容,听我倾诉,帮我渡过一个个难关。"

武汉大学文学院教授叶立文说:"写作可以为生命赋予意义。通过写作,我们必会在文字所构筑的精神乌托邦内,重燃起对理想的追求。从这个意义上说,写作让我们免于流俗。写作让我们脱离了有限性的束缚,继而在无穷的想象力中发现了生命的无限可能。"

湖北籍作家方方特别指出："作家应该始终遵循自己内心的原则去写作，一个优秀的作家应该坚持为自己的内心写作。"同为湖北籍的作家池莉总是要求自己具备世俗的感受能力和世俗的眼光，还有世俗的语言，以便能与人们进行毫无障碍的交流，以便自己有一个比较好的观察生命的视点，能够创作出更具生活气息的写实性文学作品。

所以，写作与生命相连，写作与生命相融。写作，就是在接近生命，触摸生命，感知生命，提升生命。爱生命，爱写作。

三、"我"和"我们"的生命

从哪里入手建构写作与生命的联系，怎样把深奥抽象的道理通俗易懂地传递给学生，我后面的教学分两个板块进行：一是"写作，说不完的'我'"；二是"写作，说不完的我们"。

对生命的感悟和热爱，从自我生命开始。我在群里发出一行字："你了解你自己吗？你知道你竟然是一个蕴藏丰富的写作宝库吗？"学生立刻有了回应，多是"觉得自己没什么可写"或者"写来写去就是那么几件事"等句子。其实，"我"是写不尽的，也是写不枯竭的。作家乔叶甚至认为，所有作家都是在写自己。我出示了一个抖音作品，是自己不同年龄阶段的几张照片，很快招来了学生各种表情，我甚至隔空也能感觉到气氛的融洽与轻松。接下来，我引导学生用填空的方式说"我"。

第一次是"我有一_____"。学生发来种种答案：我有一个梦想，我有一个憋闷的春节，我有一个献给医生的美好祝愿，我有一个温暖的家，我有一个时常微笑的爸爸，我有一个忧虑的冬天，我有一首童年的歌谣，我有一堵寂寞的土墙，我有一只可爱的小猫，我有一棵不长果子的老树,我有一双清澈的眼睛……"你看,你有的东西很丰富。"

第二次是"我和_____"。学生发来各种答案:我和妈妈,我和老师,我和祖国,我和故乡,我和天空,我和我的春节,我和我的老屋,我和破旧的小巷,我和远去的风筝,我和门前的那棵老树,我和爷爷手里的那根拐杖,我和角落里的那只流浪狗,我和我最喜欢的钢琴……"瞧,其实你很富有。"

第三次是"我真_____"。学生发来各种答案:我真好,我真伤心,我真烦恼,我真聪明,我真有趣,我真失败,我真高兴,我真着急,我真担心,我真敬佩……"我"的挖掘无穷无尽。

线上的回答多是在同一时间发来的,几秒就汇集成河,很多学生看到后都在感叹"那么多啊",他们对"我"的关注也就更加清晰,更加具体了。我见缝插针,说:"每个人的生命都是一座富矿,但不是每个人都善于挖掘自我及与自我相关的生命内容。写作苍白,看上去是辜负了写作,实际上是辜负了生命。安静下来,去思考自我,去理解自我,这很重要。"确实,倘若我们连只属于自己沉默的时间都没有,又如何确保所写文字具有真情实感呢?又如何体现自我的思绪及感情呢?

关注自我,还要凝视其他生命,也就是凝视"我们"。"茫茫人海,大千世界,你最敬佩的人有哪些,物是什么?"我用这句话过渡到第二个教学板块。说人的有医生、科研人员、清洁工、老师、爸爸妈妈等,言物的有树、野草、落叶、河流、飞鸟等。一个斑斓多姿的世界就呈现出来了。打开"百度",搜索相关图片,我选择性地发在群里。静静躺在地上的金黄色落叶,荒原里倔强生长的树,天空里飞翔的小鸟,还有生活中让我们感动的各种人,尤其是奋战在抗"疫"一线的医生和护士。"说说他们的美吧,把他们最令你感动的一面简单告诉大家。"很快,微信群里有了各种诗意的赞美。

这一次,我尤其注意引导学生走进人以外的生命世界,去凝视一只鸟、一条鱼、一株草、一朵花、一枚叶、一颗星。叶立文教授说:"与浩渺无边的宇宙万物相比,人类是何其卑微渺小!生命之短暂,犹如白驹过隙,此即为人存在的有限。它既是存在的本质,也是我们无法逾越的现实。但人之所以为人,还在于我们有着超越有限、追求无限的生命本能。"写作让我们明白,原来"上穷碧落下黄泉"般的神游物外,竟可在奥妙无穷的写作中得以实现。造物主准备了那么丰富的"我们",可是你有多久没有好好看过"我们"了!在"坚持下去"等作文中,我们可以写"我",也可以写这样的"我们"。同样,"这里的风景"不仅是人的风景,也是自然的风景。在引导学生重新讨论两个作文题后,我说:"很多时候,我们都忘却了生命的意义,在平淡的生活中,我们变得越来越麻木,对身边的一切似乎少了些热情与在意。"在生命面前,我们需要敬畏,更需要反思。爱自己,爱生命,爱世界,爱我们。通过生命影响生命,通过生命学会爱,学会善良。

四、奥运口号小结

2020 年东京奥运会的主题口号"United by Emotion"(情同与共),我截图发群,要求学生用简明且内涵丰富的句子来翻译。学生发送的各种翻译闪耀在微信群里。有译成"以爱相连"的,有译成"因情感而联结"的,有译成"激情相聚"的,有译成"山川异域,风月同天"的,也有的干脆就译成了这堂课的关键词"生命与爱"。"United by Emotion",情感相容,人类共生,共同寻找生命的意义,写作也正是如此。

最后,我给出一个截图,是介绍新东方生命教育双语绘本体系的一段话:

人与己：认识自己，接纳自己，欣赏自己。

人与人：接纳他人，学会关爱他人、尊重他人，与他人分工合作。

人与地：适应环境，爱护环境，珍惜所有生命。

人与天：接触大自然，体会和认识自己与世界、宇宙的关系。

我要求学生一起读这段话，虽然听不到他们的声音，可我能感觉到他们在认真地读。声音，重要的是进入心灵，进入生命内核，这和写作是同样的道理。而课后学生传来的作文《坚持下去》的二次写作也证明了这一点。

抗"疫"时期，特殊教材，特别课堂。线上教学，师生时空分离，教的行为与学的行为在时空上分离，既有灵活性，又有局限性和适应性，教与学的再度整合就成为关键。北师大陈丽教授说："学生居家在线学习，是通过三种教学交互方式来开展的。第一是与教师进行交互，通过直播，或者微信等工具；第二是与学习资源进行交互；第三是学生之间进行交互。"注重借鉴多元化课程资源，注重教学内容的选择，注重教学方式的特殊性，积极思考在教和学时空分离的情况下如何实现教对学的促进作用，是线上教学优化的保证。抗"疫"时期，语文课的意义不仅仅在语文知识教学上，毕竟，我们更相信，每个手机或者电脑的前面，是鲜活、生动的生命，是在生命与爱之间坚强站立的"我们"。

为春天歌唱

河南省教育厅时任厅长曾在疫情防控新闻发布会上的一段动情讲话引发社会广泛共鸣："这是一个特殊的时期……每个行业、每个人都应拿出自己最强的气势，以最好的状态投入战斗。"和平年代没有硝烟，但是同样考验着我们每一个人，自然也包括居家抗"疫""停课不停学"的学生。

疫情、灾难是一本鲜活又沉重的教科书，是我们虽不愿见到但弥足珍贵的"人生大课"。在事关民族和个人的危机面前，每一个教师和学生都不能做冷漠者、麻木者与精致的利己主义者，而要勇敢地投入抗"疫"队伍中去体验，去思考，去战斗。教育源于生活，这场突如其来的疫情，一定会写进我们每个人的生命历程，也必须化成深刻的生命教育课写入每个学生的生命成长史中。

灾难教育既要看到苦难和疼痛，也要看到希望和春天。"为春天歌唱"，一堂网络教学课的构思在春天的气息中完成。

一、春天的窗口

微信群里,我发出这样一幅安静的图画:一堵灰砖砌成的墙,中间一扇窗开着,窗台上一盆绿色植物在悄悄生长,窗中间一位戴着口罩的女孩,她双肘支在窗台上,双手托着下巴,望向窗外。

师:请同学们认真观察这幅图,给它取个名字,要求两个字,并作解释。

(微信群里,答案很多。我选择了五个答案,供大家讨论。)

生:窗口! 因为画面上有一扇窗,女孩透过窗望向外面,她期待看到美丽的世界。

生:口罩! 这么美丽的女孩,很长时间被口罩闷着,她很不开心。

生:春天! 安静的画面,压抑的口罩,但是绿色还是在告诉我们,春天来了。

生:生命! 窗台上那盆小小的绿色植物,预示着生命。

生:盼望! 女孩宅在家里,只有一个小小的窗口,她的眼睛望着外面,一定是在盼望疫情过去。

师:同学们,你们觉得哪个最有味道?

(学生纷纷讨论,各抒己见,教师耐心等待,并快速筛选。)

生:我喜欢"春天"这个题目,春天有生命,有盼望,预示着胜利,很有震撼力。

生:我觉得"口罩"太忧郁了。这个画面很清新,女孩的眼睛很美丽,很清澈,她一定是在盼望什么,我觉得"盼望"可以。

生："生命"更适合,小植物有绿色,女孩看向窗外,一定在寻找更多的春天的生命。

网络教学更要想方设法去唤醒学生的学习内驱力,让学生自己做学习的主人,由"要我学"变成"我要学"。虽隔着空间,师生无法见面,但教师也完全可以利用网络信息传递、资源搜寻和运用的便捷为课堂制造更多的生动和丰富。这幅画,契合语境,学生主动思考,把自己的思想感情融进图画,在取名的同时感受到了必胜的信念,也是在经受生命的教育。

二、春天的旋律

关于图名的讨论,没有标准答案。我也没有确定最终的答案,只在微信群里发出这样一段话:"你们的观察都很仔细,答案都很贴切,因为你们都是用心去思考、去体悟的。那个女孩,可能就是你,趴在窗口,戴着口罩,虽然足不出户,可这是我们的一种责任,这也是在抗'疫'。口罩下的生活,让我们更加珍惜生命,更加盼望春天。在疫情中,打开心灵的窗户,让我们看到希望,看到春天。"微信群教学,其实也有一个无形的教室,也是一个真实的课堂。虽然有着完全不同的教学形态,但对学生的学习兴趣激发还是必须存在的。线上教学,要相信学生,也要努力调动学生。

师:接下来,播放一段音乐,请同学们点击,听听春天的旋律。(教师在微信群里发送钢琴演奏曲《破晓》的音乐链接,爱尔兰著名音乐人菲尔·柯尔特演奏。)

师:听完了,你听出了什么?我请几位同学发言,直接用"音频"说。

生：我听到了春天的来临。这段旋律很美丽,好像把我带到了原野上,然后,看到春天的各种颜色。

生：很好听。会让我安静下来,很舒畅。

生：好像走进了一幅美丽的图画中。

师：这首钢琴曲,叫作《破晓》。大家"百度"一下"破晓"。

生：破晓,指早晨刚开始发亮,朝阳或好似朝阳发出光亮,天已破晓。因为词语很独特,被广泛应用于艺术方面。

生：宋杨万里的《明发阶口岸下》诗:"破晓篙师报放船,今朝不似昨朝寒。"宋陆游的《杏花》诗:"念当载酒醉花下,破晓啼莺先唤人。"清曹寅的《横林逆风口号》:"破晓吴波转清脆,钓筒收得小鱼儿。"陶斯亮的《一封终于发出的信》:"第二天破晓,我就起来了。"

师：天刚亮,特别清新,特别温和,特别感动。那么,能不能在音乐中再次看看前面那幅女孩的图画,用一段话描绘呢? 请大家写一写。(教师再次发送图片,微信群里很安静,学生写作,几分钟后请两三位同学拍下写的文字,发到群里,并以音频的方式讲解。)

生：窗开了,女孩戴着口罩站在窗口,她忧愁地望着窗外。好多天了,她都没出过门,一种苦闷浓浓的。嗯,她突然看见窗台上的盆栽绿了,喃喃说:"哦,春天来了。"然后再望向窗外,突然觉得心情好多了。阳光开始照耀着她,还有几只鸟在飞翔,窗外的草越来越可爱了。春天,来了!

生：白色的口罩,灰色的窗,可是那盆栽却泛着绿意。女孩望着窗外,虽然还是空无一人,但是她仿佛已经看到一个春天的世界。"今日闷在家里,就是为了明天我们能在春光下奔跑。没有什么会夺走我们的春天",

女孩这样想着,眼睛里闪烁着一抹笑意……

寒冬终将过去,期待春暖花开。"许多人都在用自己身上最让人动容的颜色,为抗'疫'呈现出浑厚而明亮的生命底色,涂上一抹温暖的金色。"我敲出这样一段话,送给学生:"一个真正优秀的人,除了修炼自己的知识技能,更要修炼自己的精神内核。"学生纷纷发来点赞图,其中平时课堂上较少发言的学生也积极参与。网上课程资源丰富,共享互动性强。隔着屏幕不需要真实地面对面,也不需要举手,只需要打字,学生发言的积极性反而增强了。网络教学并不是冰冷的,当你能理解彼此的心灵,能感应彼此的生命气息,用真诚将智慧输入这无形的网络空间,线上教学同样能够拥有温暖。教师要做的是传递积极价值!

三、春天的歌唱

教育,不能走固化老套的道路,要开掘多种方式、途径。疫情时期,我们不仅仅是在教育学生,更是在重塑自我。教师如何利用现代信息技术进行远程教学,学生怎样在不同于传统意义的教育教学中体现自律,都是"停课不停学"网络教学需要思考的问题。网络教学由于具有方便、快捷、仿真,且不受时间、地理位置的限制等优越性,势必会成为传统教学的一种补充和完善。我们要识其利弊,妥善利用网络学习资源,让教学能够紧紧地抓住学生的心,把人性关怀深入到教学的每一个环节,努力提升网课的含金量,让教学有意思,有意义,学生才会"不停学"。

师:同学们的写作文段,让我们看到了春天,看到了信心,也给我们抗"疫"送上一份力量。武汉,本来就是一座英雄的城市。这里打响过辛亥革命第一枪,经历过抗日战争时"保卫大武汉"的烽烟岁月,迎战过1998年的特大洪水……所以,即便疫情严峻,即便困难重重,武汉未被吓到、被压垮。如果那窗口的女孩想为武汉人民唱首歌,你觉得该唱什么歌? 注意,和家长一起讨论。呈现歌词的关键句来说明。

生:我爸说,唱《我的中国心》——"长江,长城,黄山,黄河,在我心中重千斤"。

生:唱《英雄赞歌》——"为什么大地春常在,英雄的生命开鲜花"!

生:唱《为了谁》——"我不知道你是谁,我却知道你为了谁"。

(学生出示各种答案)

师:老师准备了一首歌《手牵手》。请大家看歌词——

(《手牵手》歌词截图):这世界,乍看之下有点灰/你微笑的脸有些疲惫/抬起头,天空就要亮起来/不要放弃你的希望和期待/沙漠中的一滴泪,化成绿洲的湖水/真心若能被看见,梦会实现/手牵手,我的朋友/爱永远在你左右/不要再恐惧,绝不要放弃/这一切将会渡过/因为你和我/才有明天的彩虹/手牵手,我的朋友/爱永远在你左右……

《手牵手》是一首为2003年"非典"创作的歌曲。歌曲尤其感人,创作阵容也极其庞大,是由王力宏、陶喆、陈镇川作词,王力宏、陶喆作曲,台湾群星合唱。听音乐,读歌词,选择你最有感触的一句说说。

生:我最喜欢"手牵手,我的朋友/爱永远在你左右"。告诉我们要团结,众志成城。

生:我最喜欢"抬起头天空就要亮起来/不要放弃你的希望和期待"。我们一定胜利,我们加油!

师：最后，我们一起听一首歌《真心英雄》，为春天歌唱。说说在这场抗"疫"中，谁是你心中的英雄？

（教师播放音乐，在微信群里发抗"疫"感动图片，学生说英雄。）

最后，教师截图发送"2019 年感动中国十大人物"的颁奖词。布置作业：给你心中的英雄写颁奖词。

非常疫情，非常课堂，非常成长。把语文教学和生命教育、爱国主义思想教育结合，把平时抽象的说理转化为清晰的理解植入我们的灵魂深处。和学生讲讲钟南山、李兰娟院士，讲讲医护人员救死扶伤的事迹，讲讲快递小哥志愿奔赴一线的勇敢，讲讲全国人民上下一心、共克时艰的团结和力量，等等。"春天的歌唱"这个环节，用歌声触动心灵，用文字寄托崇敬，带领学生追寻生命的价值。给英雄写颁奖词，提升语文素养的同时，构建学生正确的世界观、人生观、价值观，培养学生的担当精神和家国情怀。正如河南省教育厅时任厅长郑邦山所说："在抗击疫情的战役中进一步树立和塑造正确的世界观、人生观、价值观，培养学生坚忍不拔、从容不迫的奋斗精神和赤诚仁爱、胸怀天下的家国情怀，真正与祖国一起成长，在灾难和不幸面前，让灾难见证我们坚定成长的足迹，让不幸成为通向幸福的桥梁。""停课不停学"不是指单纯意义上的网上上课，也不只是学校课程的学习，而是一种广义的学习，只要有助于学生成长进步的内容和方式都是可以的。如此，从实际出发科学安排、合理选择学习资源，发挥线上优势，教学形式出新意，让网络教学发出生命的强音，让我们和我们的时代同频共振，让我们为春天歌唱。

世界，我们有共同的语言

积合力以致胜，汇众智而成功。在抗"疫"中，全国人民上下齐心，众志成城。各地医务工作者逆行出征，公安、环卫、交通运输等领域快速联动，构筑生命安全之堡垒，这场疫情的全球大流行，让人类再一次清醒地意识到自身所面临的生存危机，也让教育工作者反思我们的教育和我们的课堂。三峡大学特聘教授夏风先生说："今天，在疫情面前的我们，会更深刻地意识到教育的重要性——当这种传递不能发生或受到影响，当集体记忆被遗忘、群体智慧被遗漏，人类将随时面临自然世界的沉重打击。"灾情是最有分量的课程，生活是最具意义的课堂。我们有责任让孩子从这一段独特的生活中提取独特的记忆，因此，要利用"疫情教材"持续地对学生进行生命教育、科学素养教育、人文精神教育。基于这样的思考，午后不经意传来的鸟啼声，很快引发了写作的冲动，更催生了又一堂特殊的线上语文教学课。

一、春风鸟鸣

师(微信群打字)：一天下午，我正在午睡，窗外的鸟鸣声突然把我唤醒。同学们,我听出了那是好些鸟在啼叫,时长时短,但每一声都叫在我的心里。(播放鸟鸣音频)窗帘隔绝了我的视线,我还是那么感动地静心聆听。那久违的鸟鸣,一声声地震撼着我。想想看,我当时想到了什么?

(学生通过微信发来各种答案)

生:老师,您想到的一定是春天来了,漫长的冬天终于过去了。

生:想到生命,想到要珍惜我们现在来之不易的生活,要好好活着。

生:想到因为疫情而宅在家里,很不容易,终于可以去外面走走了。

生:现在不是抗"疫"吗?您从鸟叫中体会到春天的来临,抗"疫"即将迎来胜利。

生:鸟象征着自由,鸟在自由地飞。此时,人们就像笼中鸟一样被疫情所束缚,没有办法自由活动。听到鸟鸣,想到鸟在春天获得了自由,人也应该获得自由,疫情应该会马上结束。

生:想到天空,想到这美丽的春天,我们对生活充满了信心。

师:鸟叫的声音会引发很多联想,可能有对自由的呼唤,对春天的渴望,对生命的赞扬,等等。真好。后来,我把自己那一瞬间的心情写成了一篇文章。(节选自己的文章发到微信群里,教师读,要求学生也读。)

春天的歌唱(节选)

肖培东

厚厚的窗帘如同卧室的口罩,这几声晶莹润畅的鸟鸣却如破空而来的阳光,顿时把这幽暗的蛰居生活照出一片灿烂。我闭上眼睛,天籁般的鸟鸣声声而来。先是急促地叫,然后又是急促地叫。这几声急促的叫声气息运用各自不同,有着急的,有惊喜的,有嗔怒的,好像是迷了路,又好像是有了新发现，直到悠长的几声做了应和，故事才叽叽喳喳地顺着它们的节奏和旨意铺展开来。我不知道是几只鸟，但一定不是一只，因为声音是从四面八方传来的。我也不知道它们各自是什么颜色，我已经很久没听到鸟鸣的声音了。

惊蛰刚过，冬天的寒气并未消退，新冠病毒还在幽灵般地穿越，阴冷的雨滴声加入了鸟的合奏，淅淅沥沥的，倒是更好地衬起了鸟声的清越、悠扬。我动了动被这个冬天僵硬了的身体，鸟儿张翅般地左右摇晃，也开始想象自己是一只鸟。我的眼睛，已经穿透厚帘进入窗外的那片空旷与高远。有一只鸟好像飞进了我的阳台，我甚至能听到它在我头顶处转身翕动。然后就是连续的焦虑的几声，不用猜想，我就知道它是找不到妈妈了，或者它的伙伴故意躲藏了起来，看它在落单的时候怎么喊出春天来。鸟叫声忽远忽近，忽高忽低，它一定是从我的阳台飞到对面的树上，再从对面的树上飞到高高的楼顶，然后飞到空中盘旋。它的声音越来越急，越来越悲，等我不忍心再听下去的时候，远近高低却都传来了鸟的叫声。这个神奇的空间，究竟隐藏了多少只飞鸟，它们就隐蔽在这只鸟的周围，幽暗的叶下，偏僻的檐角，甚至漏风的空调管洞口。微笑的，歉意的，疼爱的，温柔的，嬉戏的，打趣的，呼唤的，追逐的……各种鸟声拥抱着它，长短不一，却是同样的干净、悦耳、饱满、富有节奏。不用说，那鸣声悠远、绵长又有无尽温柔的，一定是它的母亲了。它们好像就落在那棵树上，啄啄羽毛，梳理一下惊慌的眼神，然后安安静静地看其他鸟儿跳跃翻飞在枝条树叶间或是追逐在遥远的天地空间，生命况味尽在其中。

师：你看，老师的文章和你们的想法很多是契合的。鸟叫声，让我们想到春天,想到自由,想到生命,想到亲情,想到疫情下我们的渴望、我们的努力。当时,没看到这只鸣叫的鸟。那么,老师是怎么写出这些文字的呢?(学生通过微信发来各种答案)

生:有感而发。

生:对于最近发生的事情,您有很多感想。

生:善于想象,善于联系。

生:闷在家中久了,突然的鸟叫声让人欣喜,提神了。

生:源于对生活的想象,把细节写出来了。

生:鸟叫声触动了您的感受,您听懂了它的呼唤。

二、不同的语言打开不同的世界

师:各位同学说得都非常在理。简单说,我们是用心用彼此的语言在交流。这个世界,很多感动其实很简单,只是一声啼叫、一道溪水、一片飞雪,甚至一个清澈的笑容。这些平常之物,我们好多时候不会珍惜。这场灾难让我们懂得了珍惜生命,懂得了爱和感恩,懂得了彼此的语言。幸福、和谐的生存,就是读懂和珍爱彼此的语言。那个下午,我听着鸟的啼叫,读着它们的语言。同学们,经历了这样一个苦难的冬季,你们想读懂大千世界谁的或者怎样的语言呢?

生:春天的树,我在它无声的站立中读懂它的坚强。

生:我读懂了小草的语言,它告诉我,春天来了,生命来了。

生:小河欢乐地流淌,我读出了它的希望,它想要去远方,去大海的怀抱中。

生：河边的石头，不会说话，可是它会告诉我很多很多。比如过去的欢乐，比如现在的污染……

生：那条小巷会说话，它知道我的童年，它见证了时代的变化。

生：爷爷的锄头，说着爷爷的勤劳，说着爷爷在土地上的劳作。

生：老家的门槛，无声地记录着过去的时光。

师(截图语文教材《一棵小桃树》和《紫藤萝瀑布》的语段)：同学们，贾平凹的小桃树会说话，宗璞的紫藤萝也会说话，好作家都善于聆听有声的、无声的语言。有爱的心才会写作，懂得聆听的心才懂得写作。我们来看看江苏省2018年高考作文题。(截图发出)

　　根据以下材料，选取角度，自拟题目，写一篇不少于800字的文章；文体不限，诗歌除外。

　　花解语，鸟自鸣，生活中处处有语言。不同的语言打开不同的世界，音乐、雕塑、程序、基因……莫不如此。语言丰富生活，语言演绎生命，语言传承文明。

师：不同的语言打开不同的世界。心有灵犀，高考作文我们初中生也能写。老师用鸟声打开一个世界，你会用什么语言去写你的世界呢？请用"＿＿＿＿，我读懂了你的语言"为开头写一小段话，可以适当写出场景。(学生写作后拍照上传)

生：楼梯，我读懂了你的语言。你诉说着奶奶的勤劳，诉说着奶奶的爱。每天早上，奶奶都下楼出门去买菜。每天晚上，奶奶做完了所有的家务，就下楼去倒垃圾。那段楼梯，记录了奶奶多少汗水。

生：拐杖，我读懂了你的语言。爷爷老了，腿脚不灵便，行走都要挂着拐杖。可是我读小学,他还坚持要接送我。他拄着拐杖,慢慢地走,有时还帮我背书包。那时我不懂事,现在想来觉得自己很幼稚,也很幸福。霞光中,爷爷的拐杖很温暖。

生:老屋,我读懂了你的语言。小时候,住在老屋里,童年的很多事情都在那里,老屋里有我幸福的童年。老屋的门,老屋的窗,我还记得。爷爷奶奶给我做好吃的,给我讲故事。老屋充满着回忆,老屋会说话。

生:家乡的小桥,我读懂了你的语言。小桥上记载着我们的欢声笑语,记载着童年玩伴的友情,记载着溪水的清澈。现在,溪水干枯了,小桥一定很寂寞。

生:教室里的灯在说话,说着老师的辛劳和同学的友谊,说着我们读书过程中的成功与失败。

师:有声的可以是语言,无声的也可以是语言;有形的可以是语言,无形的也可以是语言。在生活中,有多少弥足珍贵却被我们疏忽了的语言啊。生活处处有语言,我们不能忽略,必须学会珍视和理解。那么同学们,如果以这场疫情为背景,我们可以写什么样的语言呢?(截图发出医生治病、方舱医院、各地救援物资等图片。)

生:白衣天使的语言,他们主动请战,说"我报名",是有声语言。

生:我妈妈每天早上用焦虑、担忧的话语,说今天又确诊了多少例等,以此表达出她对疫情的关注。

生:口罩。每一个口罩都会说话。

师:口罩会说什么呢?

(学生讨论,口罩可以说医生的辛苦,说待在家中的憋闷,说我们的憧憬和希望,口罩见证了很多很多。)

生:护士的眼睛,她们用眼睛说话。

生:护目镜和医生护士脸上的压痕。这些无声的语言,见证了他们的奉献精神。我可以把它写成故事。

三、世界,我们有共同的语言

2020 年 4 月 6 日,世界卫生组织与国际公益组织"全球公民运动"(Global Citizen)宣布:2020 年 4 月 18 日,共同举办一场在全球电视和网络媒体直播的名为"One World:Together At Home"(同一个世界:团结在家)的慈善音乐会。他们想用歌声或者演奏来传递爱与力量,以致敬全球共同抗"疫"的一线工作者。这场具有轰动效应的演唱会由音乐巨星担任总策划,代表着人类面对毁灭性灾害时的共同联手,将媲美 30 多年前轰动全球的"拯救生命"慈善音乐会。相隔 30 多年的两场音乐会留给人类的不只是群星璀璨的光辉记忆,更是流行乐坛的高尚时刻,它为"人类命运共同体"写下直击人心的注脚。

教学中,可以利用网络传播的便利,引入这两场音乐会,让学生感受具有震撼力的"语言"。

师:花解语,鸟自鸣,生活处处有语言。音乐更是我们人类共同的语言。

(截图发送"One World:Together At Home"的慈善音乐会海报,其中有很多学生熟悉的著名歌手,如席琳·迪翁、安德烈·波切利、泰勒·斯威夫特等一线巨星,还有张学友、陈奕迅等,甚至连足球明星贝克汉姆、钢琴家郎朗都有参与。学生很感兴趣。)

　　师:这个阵容让很多人不禁回想起 1985 年那场为埃塞俄比亚等闹饥荒的非洲国家筹款而举行的"拯救生命"慈善演唱会。全世界很多著名摇滚歌星、乐队轮番登台。大卫·鲍伊、鲍勃·迪伦、保罗·麦卡特尼、滚石、黑色安息日、海滩男孩、皇后、菲尔·柯林斯、艾尔顿·约翰、尼尔·杨、恐怖海峡、齐柏林飞船、斯汀、麦当娜……每一种声音都是那个时代的符号。多个国家的电视台同步转播这场音乐会,并创下了 15 亿观众的收视高峰,同时募集到了 8000 万美元善款。(截图发送相关图片和文字)

　　师:最重要的是,诞生了人类最伟大的公益歌曲、不朽的传世经典 "*We Are the World*"(天下一家)。30 多年过去了,灾难没有停止肆虐的脚步,人性之光也在闪烁始终。"One World：Together At Home"的慈善音乐会用永不褪色的经典旋律,凝聚四海一家的大爱,发出人间皆安的祈愿。

　　(播放"*We Are the World*"演唱视频)

　　师:音乐是语言! 正如人们所说,音乐不分国籍、种族、流派、性别、年龄,回归了它温暖的本质。这个世界,美好的语言都是一致的。从一片叶的萌芽到母亲温柔的凝视,从一滴水的滑落到我们稳健前行的步伐。岁月无声,语言在心。同学们,这个世界应该有怎样的共同呼唤? 世界的语言都在诉说什么?(截图世界其他国家的疫情数据和相关图片,学生打字回答。)

　　生:爱!

　　生:温暖! 感恩!

　　生:和平,力量,幸福。

生：温馨，美好，没有灾难，充满希望。

生：坚强，平安，生命，永远。

生：远离灾难，远离病痛。

生：天下一家，四海兄弟！

师：人类只有一个地球，各国共处一个世界。在这个特殊的艰难时期，人类命运共同体意识将我们紧紧凝聚在一起。愿世界有爱，愿人类美好！下课！（布置作业，完成"语言"话题的写作。）

我们为逝去的生命悲痛，为患病的人们祈福，也要静下心来反思我们自己、我们的教育和我们的未来。怎样的教育，就有怎样的未来。教育的场景、教育的样式最终都要服务于教育的目的和意义。人民教育家于漪先生说："万众一心奋战'新冠肺炎'疫情的艰苦卓绝的斗争，给人的教育与启迪极其深刻、极其丰富。立德树人必须站牢社会主义伟大祖国和全人类生存发展的制高点，竭尽全力培养学生的大视野、大情怀、大担当，积极有效地冲破目光短浅、分数至上、一己之利的藩篱，引领学生把国家安全昌盛、人民幸福安康、人类命运共同体的理想追求镌刻于心，立志一辈子锲而不舍落实到行动中。"春天的鸟儿还在翩飞，希望的歌声永远传唱。这世界有很多美好的语言，语文教学的课堂处处可寻。教育不能仅有分数，更要有生命，有世界。疫情下的特殊教学，语文教师要摆脱焦虑和短视，告别功利主义，充分利用语文学习的丰富性和灵动性，努力发掘并巧妙利用教学资源，把知识教学和生命教育、精神品质培养相结合，引导学生走向更加广阔的语文天地和更加丰富、精彩的生命世界，还时代更有意义的教育良田。

新课标理念下语文教学好课的追求

《义务教育语文课程标准(2022 年版)》(以下简称"新课标")以核心素养统领课程目标、内容和实施等重要环节,提出了诸如"核心素养""大单元教学""学习任务群"等多个概念,需要我们整体设计、重点突破,建构结构化的课程内容。新课标的颁布,为语文教学的创新和学生语文素养的提升明确了方向。但概念理解上的困难又不可避免地影响到了语文教师的教学实践,有些教师只把注意力放在提出的新概念上,忽视了语文教学的基本标准和要求,课堂教学中对文本、对语言、对学生的真实学习缺乏必要而足够的重视,有着"若即若离的疏远和漫不经心的忽视",教学效果自然难如人意。我们说,课堂教学是教学质量的晴雨表,无论教学改革到哪里,好课都是一线教师永远的追求。那么,新课标理念下,我们该追求怎样的好课呢?好课风格各异,但都离不开学生的真实学习和真实收获。而要达成这样的教学效果,我们就必须讲究语文教学的实在性、灵动感和尊重度。

一、好课，要实在

强调语文教学的实在性,是在强调语文学科的性质,是要求我们遵循语文教育规律,厘清语文教学的一些基本问题,把握语文学习的规律和特点,注重培养学生的语文实践能力,重视和发挥语文课程对学生价值观的导向作用,实实在在地教,扎扎实实地教。要真教真学,呈现语文的原生态和学习的真实过程,贴近生活,紧扣文本,避免凌空蹈虚。

实在,要立足语言学习与运用。语文教学的核心是语言训练,学会感知、理解与运用语言。新课标指出:"语文课程是一门学习国家通用语言文字运用的综合性、实践性课程。工具性与人文性的统一,是语文课程的基本特点。"可见,语文课程的目标和内容必须聚焦于"语言文字运用",突出"综合性"和"实践性"的特点。"语文课程应引导学生热爱国家通用语言文字,在真实的语言运用情境中,通过积极的语言实践,积累语言经验,体会语言文字的特点和运用规律,培养语言文字运用能力。"语文教育具有多重功能,但根本前提是学生必须能够正确理解和运用国家通用语言文字。离开了这个基础或条件,语文课程的任何功能都不能得到实质性的发挥。以新课标提倡的情境教学为例,一些教师没有透彻地理解其内涵与运用背景就简单操作,只为凸显语文学习的实践性而忽视了情境创设的目的性、实效性,情境运用过多,且多与文本语言学习没有实质性的联系,致使教学低效。语文教学要注重课程内容与生活及其他学科的联系,但关注学生语言实践,提升语文核心素养,让语文学习真实发生,才是好课的首要标准。梁衡先生的游记《壶口瀑布》是他心中黄河的缩影,也是他对黄河精神的理解，但我们不能因此脱离文本语言大谈特谈黄河的前世今生、黄河厚重的文化内涵，以及中华民族不屈不挠、勇往直前的民族精神。"只见那平坦如席的大水像是被一个无形的大洞吸着，顿然拢成一束，向龙槽里隆隆冲去，先跌在石上，翻个身再跌下去，三跌、四跌，一川大水硬是这样被跌得粉碎，碎成点，碎成雾。"这里连续使用"跌"字，生动形象地写出了黄河水的急坠过程，突然性、惊险状和力量感尽在其中，适当的反复又能形成独特的音节效果。沉浸语言之中，细加揣摩感悟，我们才能体悟出绝境处的突破，感受到遇强则抗、宁死不服、勇往直前的黄河性格，作者的思想感情特征与壶口瀑布的景物特征之间的某种"相似""相通"才能更加深刻地植入心中。朱自清先生的散文《匆匆》细腻地刻画了时间流逝的踪迹，表达了对时光流逝的无奈和惋惜之情，但教学不能因此设计成以"珍惜时间"为主题的班会课。文章题为《匆匆》，却非"匆匆"之作。空灵而抽象的时间概念是怎样化为具体的物象，给人以真切的质感和强烈的流动感的？破译作者写时间的语言密码，训练学生语感，在清秀隽永、纯朴简练的散文语言中感悟深刻的生命意蕴，才是本课教学的内容和目标。语文教学就是要从语言出发，解读文本内容，然后再反观其语言，从而获得语言能力和人文素养。实在，就是要记住我们教的是母语，记住母语学习的特点，记住学生的思维能力、审美创造、文化自信是以语言运用为基础的，并在学生个体语言经验发展过程中得以实现的。用温儒敏先生的话来说，"语文课就是学习语言文字的课，同时把文化修养、精神熏陶很自然地带进来"。

实在，还意味着语文教学要用语文方法来解决，要实实在在地展开听说读写的训练。语文教学既然本质上就是语言(言语)教育,那么上课时最令人关心的问题是什么? 钱梦龙先生是这样回答的:"学生是通过怎样的途径进入文本的? 是通过浮光掠影的阅读、一知半解的猜测,还是通过对文本中词语、句子的理解、咀嚼和品味?"这种思考,实质上是在提醒我们:听说读写能力的训练与培养,是语文教学的基础,语文课必须有效落实以听说读写为基础的教学活动。语文学习的功效是长期的,从来就没有也不可能有脱离听说读写训练而取得立竿见影的语文教学效果。听说读写能力是语文教学之本,必须贯穿于语文学习的全过程。只有将听说读写渗透到课堂教学中,读好每句话,写正每个字,语文学习才能得以真正落实。《壶口瀑布》中瀑布的磅礴气势及黄河水的雄浑壮美、跌宕多姿,不应是借助视频资料播放而传递给学生的,非朗读、细品不能得其妙。《荷塘月色》诗一般美的意境,《秋天的怀念》中的母子深情,也不应是因为某首歌曲或者几张摄影图片而走进学生心田的。当下,"语文学科的学习提倡核心素养,提倡跨媒介学习,提倡任务驱动,都没有错,但核心素养也好,任务驱动也好,项目学习也好,跨媒介学习也好,最后的指向仍然是听说读写实践活动。没有实在具体的听说读写,核心素养、任务驱动、项目学习、跨媒介学习都是空谈"(黄厚江语)。很多教师注意到"活动""情境""任务"等词,却忽视了其背后的指向和目的,看不出或者难以看出它们和学科的基础知识、基本技能之间的关联,离开了语文教育应求之"实",一味为活动而活动,为情境而情境,为任务而任务,脱离听说读写,课堂摆尽花架子,致使教学走偏、语文失味,语文能力的养成和发展也就无从说起。北大中文系教授陈平原先生强调语文教学要培养学生"发现的目光"，去发现表面上平淡无奇的字里行间所蕴含的汉语之美、文章之美、人性之美及大自然之美。这种"发现"的能力，并非自然而然形成，需要长期的训练与培育。学生的多读、多写、多思、多问，是最重要的语文实践，是实现语文积累、提高语文学习文化品位的基本途径。叶圣陶先生曾为福州一中题词："何以为教，贵穷本然，化为践履，左右逢源。"穷本然，化践履，才有"左右逢源"的希望。怎么化为践履？扎根于踏实的读写听说训练，力戒凌空蹈虚的浮华，如钱梦龙先生所说，"只有一个办法，就是老老实实地把学生引领到读、写、听、说的实践中去"。

实在，要凸显语文教学立德树人、培养时代新人的追求。教育的根本任务就是育人，而育人不仅仅指向知识层面，还指向道德层面。新课标突出学科育人、课程德育的价值取向，继承了语文课程"文以载道""以文化人"的传统，提炼出了文化自信、语言运用、思维能力、审美创造的核心素养四个方面。核心素养正是立德树人要求在各课程的具体化表达。语文育人不仅是时代要求，也是学科的特质和优势。从教材的设计到单元主题的凝练，从课文的精选到学习任务的设计，语文教学无不渗透着对核心素养的落实。语文教学中渗透德育，既能突出教材本身的育人优势，还能让学生在语文学习的过程中受到美好情感的熏陶，受到正确价值观的引导，对促进学生身心健康发展具有重要意义。以八年级下册为例，六个单元的主题分别为"民俗风情""自然科学""古人智慧""主题演讲""山水游记""古人哲思"，其中，《安塞腰鼓》《社戏》等展示了中华民族传统文化和民俗风情，《〈诗经〉二首》《〈庄子〉二则》等反映了祖国的悠久历史、灿烂文化，《最后一次讲演》《灯笼》等反映了中华儿女为国家富强、民族振兴而奋斗的英雄气概等。可以说，教材蕴含着大量的德育教育资源和德育元素。教师要积极探索语文教学与立德树人的有效途径，实现学科教育与德育教育的有机结合，自然、巧妙地将立德树人的理念渗透到教学中，帮助学生树立正确的人生观、价值观和世界观，形成良好的思想道德品质。

二、好课，要灵动

教育既是科学，又是艺术。在保证语文课纯净的质地、专业的特质的同时，我们还要充分发挥主导作用，优化教学方式，激发学生的学习兴趣，激活语文课堂，让语文教学因灵动而保持其独特的魅力，也让学生因灵动的课堂而发生真实的、投入的学习。新课标倡导语文课程的"学科实践"，强调"增强课程实施的情境性和实践性，促进学习方式变革"，提出了"学习任务群""情境教学"等新概念，这并不是对传统语文教学的颠覆，而是适应时代需求的必要补充和优质丰富，其实质就是要求我们在务实的基础上，努力把语文教"活"，注重思维开发，注重语言实践，让课堂变得开放而有活力，让学生学得生动活泼，学会迁移和转化，从而达到真实的"发展"。

灵动，是出其不意。传统的教学设计理念多强调教学结构的严谨与细密，教学步骤的清晰与有序，教学流程的设计也呈饱和封闭状，模式化特点明显。每堂语文课，几乎都是按照如"整体感知—重点突破—语言赏析—主题拓展"般的序列推进，学生也因熟悉"招数"而渐渐失去学习的好奇心与探索欲。出其不意，就是基于学情背景与学习进程而换个节奏，打破常规,创新教法,激发学生"学"的自主性和创造性,使其学习活动具有持续不断的内生动力。如教学《紫藤萝瀑布》,有一定阅读经验的学生初读就知道作者是在托物言志,教师就以"人间草木万千,为何偏偏托紫藤萝来言志"这一"问"来投石问路,单刀直入,引发学生更深层次的阅读与思考。再如教学《壶口瀑布》,教师没有按照游记教学的常用模式"所至—所见—所感"去推进教学,而是紧紧抓住"第二次我专选了个枯水季节"中的"专选"一词,问学生从哪些地方可以看出这次"专选"的妙处,于无疑处激疑,在忽略处激思,出奇制胜,很快就把学生引入游记的再次阅读中。

灵动,是曲径通幽。文似看山不喜平,很多语文教学名师的课堂教学忌讳直来直去,而是留有一定的深度,让学生拐几个弯才能找到答案,这正是激活课堂、深化思维的用力处。如钱梦龙先生著名的"曲问""深题浅问"、宁鸿彬老师在讲课过程中的理性导引等,都给当下的课堂教学以很好的启发,值得教师们深思和学习。如大家熟悉的钱梦龙先生的经典课例《愚公移山》,同样学习"年且九十"一句,传统教法是"串讲""直译",钱老师的教法则是"曲问",通过"愚公几岁了"一问,让学生发现"且"字该做"将近"解。"这个年纪小小的孩子跟老愚公一起去移山,他爸爸肯让他去吗?"学生一时不能回答,稍一思索,七嘴八舌地说:"他没有爸爸!"学生由此深刻理解了"孀妻""遗男"的意思。运用"迂回战术",变换提问的角度,让思路"拐一个弯",从问题侧翼寻找思维的切入口,投石击破水底天,教师教法灵活,学生学有兴趣。经常这样训练,对提高学生的思维能力,改变学生"直线式"的思维方式很有好处。当然,问宜"曲"，不等于问必"曲"。我们需要的是从中借鉴，提升提问的艺术，不要使课堂教学停留在知识层面的复述和记忆性的低层次提问上，仅止于浅层化、碎片化的教学是无法调动学生的兴趣、积极性以及激活他们的思维的。"知之者不如好之者，好之者不如乐之者。"曲问讲艺术，环节设置同样要有智慧，要学会另辟蹊径，另设角度。新课标提倡在教学过程中创设适宜的教学情境，其实也是换个角度教学，激活课堂，让学生处于真实的学习情境中，变成知识的主动探索者和积极体验者，最大限度地发挥其学习的主动性、创造性，曲径寻幽，最终抵达学习的高境界。"四方杯"全国优秀语文教师选拔大赛一等奖获得者苗新坤老师教学古诗《春望》，在学习"感时花溅泪，恨别鸟惊心"时，设置了"猜鸟"这一情境："老师好奇，大家在说到鸟的时候，想象如此生动，那这鸟是什么鸟呢?"创设阅读情境，触动生命体验，学生很快以沉浸式的姿态进入诗歌的想象空间，通过对"麻雀""鸳鸯""喜鹊""鸽子"等各种"鸟"可能经历的"恨别"去揣摩"惊心"之感，在亲历、体悟、解决问题的过程中，形成了自己独特的认知和能力。

灵动，是信手拈来。好课从来都不是静态预设的，课堂因灵而活，因活而动。灵动的教学强调学生学习的自主建构，强调课堂的动态生成，教师要善于抓住契机，因势利导，要善于在预设外的教学细节中捕捉到最具生命力的教学资源，充分利用，及时点化，使课堂朝着更积极的方向发展。苗新坤老师教学《春望》时，课至尾声，发现课题没有板书，便很机智地问学生："老师真粗心，诗题目都没写。大家说说看，老师该用哪种颜色来写?"学生很有兴趣地参与到粉笔颜色的选择中，有的说"白色，最普通的颜色,意味着最普通的安定生活才是人们向往的生活",有的说"红色,战火四起,血流成河,红色也代表诗人赤诚的心",有的说"绿色,悲痛中仍有希望"等,如此,学生对《春望》的理解也就更深刻。教学鲁迅小说《孔乙己》,我受课前学生赠送的生日贺卡启发,触发了教学灵感,小说教学就从"记住"自然切入:"你们记住了我的生日,你们是否记住了孔乙己的生日?"信手拈来,聊天式的切入,紧紧扣住一个"记住",把课堂教学层层推进。"你们记住了孔乙己的什么?""小说中的其他人物最能记住孔乙己的又是什么?""这些人真的记住孔乙己了吗?"如此,以问题思考为再次学习的出发点,激发学生对小说思想与主题更深层次的思考,有效拓展了学生课堂学习的深度。信手拈来,窗外的蓝天绿树都可以在课堂里化为精彩的一笔,这样的例子很多。举重若轻,左右逢源,关键在于教师的课堂智慧,教师要把文本与生活看成一个有机的整体,要讲求新旧知识勾连和内外知识交融,要积极唤醒学生的经验,促进学生的自主学习。

三、好课,要尊重

好课的背后是尊重。罗素曾说:"教学艺术是熔铸着知识、智慧、人格的真实表演。"教学的实在与灵动,其基石都是尊重。教学实在,是对语文、语文教学规律和性质的尊重,是对母语学习的尊重,是对教材和文本的尊重。教学灵动,是对课堂教学的尊重,对学生学习的尊重,对自我语文生命的尊重,更是对语文教学改革的尊重。归根结底,是对人的尊重,对生命的尊重。生命是教育最基本的出发点,实施教育教学,必须尊重教育规律和生命成长规律。好的语文课堂不是纯粹知识技能传授的课堂,而是指向学生生命自觉和自我超越的课堂，始于尊重，也成于尊重。于永正老师说过，教学时，眼睛不要只盯着"语文"，还要盯着"人"。一只眼睛盯着"语文"，一只眼睛盯着"人"，这才叫完整的语文教学。心中有语文，眼里有学生，这样的老师才能成就好课，才能让学生真实地收获学习的进步。语文教学，教给学生语文知识和方法，训练学生听说读写的语文能力，养成学生语文学习的习惯，点燃学生心中的梦想，使学生有美好的憧憬和追求，这些都离不开对学生生命的尊重。在"四方杯"全国优秀语文教师选拔大赛中的示范教学《一棵小桃树》，我要求学生用一个字来帮助作者表达对小桃树的感情，同学们纷纷发言，"谢""爱""怜""念""愧"等字各得其意。我注意到角落里的一位女同学，她站起来沉默了一会儿，惭愧地说"我没想好"。我及时抓住这句"我没想好"，鼓励她从四个字中选择一个字，女生思考后用一个"好"字来表达对小桃树的赞美之情，为自己赢得一片掌声，课堂学习也更加自信、更加投入。尊重，就是多给学生送去信任和等待，善于发现和赏识学生在课堂上所闪现的灵性，在严与爱中促使他们最大限度地发挥积极性和主动性。诗歌群文阅读教学研讨会上，我教《外国诗二首》，其中针对《未选择的路》最后一节，问学生哪个词最有味道。我原来是想从"叹息"入手，走进对人生选择的思考。诗人也许并不十分懊悔自己的选择，但一定会在某个时刻想起那条未选择的路。生活的无奈就在于我们不能返回选择的起点，只能徒留一声轻轻的叹息。可我没想到学生自有更多的选择，如"路"，如"选择"，如"决定"，而且每个词语都能指向诗歌的某种深沉意蕴，都能勾连学生自身的生活体验，阐释出其中的哲理内容。尊重学生的思维，尊重学生的体验，注重诗歌内涵的开放性,才能让每个真诚的读者都能找到共鸣和慰藉,真正做到"能说会道",语文学习也因此更有实效。

帕克·帕尔默在《教学勇气:漫步教师心灵》中指出:"真正好的教学不能降低到技术层面,真正好的教学来自教师的自身认同和自身完整。"课堂如镜,实在、灵动和尊重,既是对好课的要求,也是对教师的要求。在教学这面通达灵魂的镜子面前,我们只有真正审视自己,质疑自己,找到滋养心灵的养料和继续前行的原动力,全方位地砥砺和修炼自己,才能走向好课,走向真正的教学。

基于真实学习的语文情境教学

　　真实、富有意义的实践活动情境是学生语文学科核心素养形成、发展和表现的载体。创设真实而有意义的学习情境，凸显语文学习的实践性，也是《义务教育语文课程标准（2022年版）》（以下简称"新课标"）的重要内容。韦志成指出："情境教学，指在教学过程中为了达到既定的教学目的，从教学需要出发，引入、制造或创设与教学内容相适应的具体场景或氛围，引起学生的情感体验，帮助学生迅速而正确地理解教学内容，促进他们的心理机能全面和谐发展，提高教学效率。情境教学是从教学的需要出发，教师依据教材创设以形象为主体、富有感情色彩的具体场景或氛围，激发和吸引学生主动学习，达到最佳教学效果的一种教学方法。"[1]在教学过程中，学习情境的选择和创设对学生的学习非常重要。情境教学以真实的生活情境为创设起点，在情境中引出学习任务，激发学生的学习兴趣和情感，引导学生沉浸到学习情境中，主动积极地阅读与思考、表达与探究，有效地进行学习，从而实现从"以教为主"到"以学为主"理念的转变。教学情境的创设利于学生主动探究知识，真正实现学生对知识的理解与应用，但实践过程中也出现了"为情境而情境"的教学现象——教师刻意用情境包装教学，取情境之"形"而忽视内容之"实"，以致迷失了教学的方向——这必须引起我们的高度警惕。情境教学如何跳出误区，如何真正服务于学生学习的需求，我们需要强调语文学科的本质属性，基于学生的学习立场，回归教学常识。

一、情境教学要有必要性

情境教学解决的是学生认知过程中的形象与抽象、感性与理性、旧知与新知的关系和矛盾的问题，若能善加运用，便可激发学习兴趣，创设出良好的教学氛围，从而提高教学质量。但是我们不能把情境教学当作一种时尚，更不能想当然地在情境教学和好课之间画等号。情境教学作为一种教学方法、手段，在教学中适当应用是有益的。教学中创设情境要慎重，要讲究必要性，不能为了情境而情境，如温儒敏先生所说，"要避免过于重视情境和活动而忽视经典阅读的问题"。我们要根据课文的不同类型、难易程度和学生的年龄特征、心理特点及学习状态来考虑创设需要。浅显易懂的文章，更适合学生自然阅读；文意深涩、内容枯燥且障碍明显的文章，则要教师积极地在文章的重点、难点、亮点，以及观点凸显处创设情境，激发学生的学习兴趣，促使学生积极、迅速、准确地感知、理解和运用，有效地进行学习。当然，情境设置有没有必要，从学生的学习来看，要看能否驱动学生深读文本、伸展阅读中的思维、实现能力的迁移、培养其解决问题的能力。而从情境本身来看，则要考虑它能否有效地蕴含教学的重要内容，能否起到很好的承载作用。不然，冗余而浪费。执教《从百草园到三味书屋》，有教师要求学生现场扮演，把童年鲁迅在百草园的活动展现出来。学生纷纷离开座位，模拟翻断砖、按斑蝥、爬树等儿童活动，课堂虽热闹非凡，却只是顾着"情境和活动"，置文本和语言阅读于不顾。再如教学《孔乙己》，有教师设计了"孔乙己眼中的孔乙己"这样一个情境教学环节：请同学们把自己想象成孔乙己，结合课文内容，答记者问。学生扮演记者，开始了诸如"孔先生，你为何如此酷爱穿长衫""孔先生，你生活困顿，却为何从不拖欠酒钱"的提问。扮演"孔乙己"的学生或回答"穿习惯了""我是读书人"，或回答"欠人家的东西不好"，等等。这些回答，其实已经带有确定的结论性，学生在该环节并没有很好地进行文本的阅读伸展，情境未起到有效的驱动作用，也未能很好地统摄起下面环节的教学。情境教学应是一座架起直观到抽象、感性到理性、教材到生活的桥梁。但是对"孔乙己"这样一个经典的文学形象的探究，是否有必要通过"采访"这一"情境"来进行呢？演者嘻嘻哈哈，看者前俯后仰，学生与文本太"隔"，并未能够有效地伸展学生的阅读思维，实不如让学生认真阅读、揣摩的效果更好。因此，情境不具备必要性而被创设，只会干扰学生与文本的对话，增加学生与文本对话的难度。

二、情境教学要体现语文味

情境创设要立足学科特点，体现学科本质，紧扣教学内容，凸现学习重点。新课标指出："语文学习情境源于生活中语言文字运用的真实需求，服务于解决现实生活的真实问题。"核心素养的四个方面不是并列的，并非要一项项分开来完成。温儒敏先生多次强调，应当坚持"语言运用"

为本,整个教学过程都要把"语言运用"的学习作为教学任务,同时"以一带三",很自然地、综合地用语文课特有的形式达成各项素养的学习指标。

语文教学,要紧紧围绕"语言"这一核心,在语用以及增强语用体验上下功夫,要重视并落脚于"语言运用",强调其"本位"的引领和覆盖作用。语文学习情境的设置,也必须指向语言,落脚于语言学习,以学生的语言生活实际为基础,拉近语言学习与学生现实生活的距离,使课堂教学更加充满活力。教学《老王》,我把师生课前问候作为情境背景,借助一句"老师好"快速导入教学。"老师"的"老"和"老王"的"老"有什么区别? 生活实际中的人物称呼和文本中的人物称呼瞬时关联起来,引导学生直入散文中写"我"与"老王"关系的语段,去感悟他们彼此之间的真诚相助、善良和温暖。为了深入体悟人物的内心世界,更要利用原文加以情境创设,让学生给彼此之间最后的对话补白。"老王,这么新鲜的大鸡蛋,都给我们吃?""我不吃。""我不是要钱。"学生根据对原文的理解,加以语境创意补写,给每组对话都添上一句。有想象,也有语境的揣摩,这就是指向语言体验的情境创设。我们可以利用情境促进学生读进文本,细嚼语言,让"读"真实发生,实现"阅读输入"。我们也可以利用情境达到"阅读输出"的目的,既可以实现对原文的意义建构,又可以呈现出学生的阅读效果,强化语言体验。如《一棵小桃树》的教学,我创设了这样一个情境:如果贾平凹先生只能给小桃树写一个字,你觉得哪一个字最能代表他对小桃树的感情? 一石激起千层浪,"敬""念""梦""怜""美""思"等先后被学生创意性地表达了出来。这是学生在深读之后对文本意义的自我言语建构,也是作品在学生体验之后精神世界的意义建构。

需要强调的是,语文味的情境教学要指向语言学习,还要落在"这一篇"的学习上。余党绪老师提出,基于文本、指向文本、回到文本应该是情境设置的基本原则。情境教学要把语文学习对象、内容本身所构筑的"情境"作为根基,要真实地服务于文本教学,与教学目标保持一致。我们在展开情境教学时,要以文本本身的情境为核心,贴近文本的体式与蕴含的情境色彩,充分地在文本所塑造的人、事、景、物的丰富世界中去感受、联想、想象。创设的情境与文本的教学目标要有关联性,要指向文本的深入理解,否则就消解了文本阅读的意义,脱离了语文教学的根植语境。教学郦道元的《三峡》,有教师设置了"为三峡写广告宣传语"的情境任务,学生很感兴趣,说出了"三峡,我们共同的家园""我们在三峡等您"等好句子。可是,这和文言文《三峡》的学习缺少教学的直接关联。情境的创设要紧扣文本特质,要围绕学习文本而展开,教师在创设情境布置任务时,可以加上一句"利用《三峡》中的语句(来创写广告语)",这样就可以促使学生在教师创设的情境中去理解文本内容,吸取文本中的精华部分,实现对文本真实有效的阅读。

三、情境教学要适切

创设有价值的教学情境是教学改革的重要追求。新课标指出:"创设情境,应建立语文学习、社会生活和学生经验之间的关联,符合学生认知水平;应整合关键的语文知识和语文能力,体现运用语文解决典型问题的过程和方法。"情境创设的适切性,意味着情境的创设要基于学情和学生的最近发展区去展开,顺应学生心理需求,能调动和启发学生的思维。问题要具有一定的思维容量和思维强度,难易适中,以"学生跳一跳,才能够得着"为最佳。如教学《苏州园林》,要求学生画出苏州园林游览路线图,就不太实际。文章并未具体介绍某一座典型的园林,而从主到次、先整体后局部的说明顺序也不代表参观路线。情境脱离学情,教学则无意义。但如果让学生扮演导游,就苏州园林"假山池沼的配合"或者"花草树木的映衬"做介绍,来体现苏州园林"务必使游览者无论站在哪个点上,眼前总是一幅完美的图画"这一特点,既紧扣学习内容,又与学生年龄特征、心理特点、认知水平和思维方式相适合,这样以学习者为中心的情境创设才会获得真正有效的成果。情境创设的适切性,还意味着要符合生活的真实性。新课标强调"要引导学生关注家庭生活、校园生活、社会生活等相关经验","建设开放的语文学习空间"。余文森教授提醒我们要"在学生鲜活的日常生活环境中发现、挖掘学习情境的资源""只有在生活化的学习情境中,学生才能切实弄明白知识的价值"[2]。语文教师要调动学生的生活经验和语言基础,将语文学习与学生的生活联系起来,尽量使情境真实或接近真实,有在现实生活中找到或实现的可能。要追求能走进真实生活的、形象的、具体的情境,为学生提供攀爬支架,通过对真实可感的情境的相关问题进行探究,完成对主题的意义建构。"飞雪连天"就不适合南方的学生,"水乡泛舟"也不适合北方的学生,要缩短学生与作品之间的距离,情境就必须是学生相对熟悉又与作品契合的。情境创设的适切性,还意味着创设的情境要适时适度。教无定法,贵在得法。情境只有在为教学服务的时候才能叫作好的情境。情境创设只是手段,不是目的。事实上,不是每节语文课都能够或都需要创设情境,更不是每节语文课所创设的情境都能收到好的效果。所以,一堂课,什么时候要创设情境,要创设几处情境,教师都要慎重。宁鸿彬老师的经典课例《七根火柴》,第一个环节就有一个情境设计:"假如你是'红军博物馆'的一名讲解员,在你负责的展台上摆放着六根火柴,请你以讲解员的身份,用讲解员的口吻,根据这篇课文的内容,向你的观众简要介绍这六根火柴的来历。"[3]它有效地激发了学生的兴趣,也在考查学生对文本的整体把握能力与口语表达能力,在"整体感知"阶段介入非常适时,一节课由此就有了一个"好的开始"。但是,也有很多课堂教学,教师在一开始就急着设置情境,不是指向整体把握,而是角度失准地指向了"问题解决",结果很难达到思维、情感的整体性建构,使核心素养培育无所适从。也有教师情境创设过多,喜欢在情境中"流连忘返",致使学生语文学习浮光掠影,难以深入。情境的创设并非越多越好,要讲究简洁,绝不可过度创设而使学生忙于应付,无法达成真实学习。

四、情境教学要有时代特色

李吉林老师构建了具有中国特色和时代气息的情境教育理论和实践体系。杨再隋教授在《李吉林情境教育的时代特征》中指出:"情境教育找准了传统文化和现代文化的契合点,活化了传统文化,使之既为当代教育服务,又注意吸纳世界多元文化,拓宽儿童教育的文化视野,导引中华文化和世界文化的沟通。"[4]科技时代、信息社会,教育的发展势头迅猛无比,对于学习主体的学生,也需要我们用动态的、发展的眼光来看待。教学永远是一门创造性的艺术,教师要努力创设富有时代性、与学生的生活联系紧密的教学情境,激发学生的学习兴趣,唤起学生的探究欲望,使学习迁移,观照生活和社会,培育学生的社会责任感。这是时代的要求,也是提升学生语文核心素养的要求。新课标指出:"学习情境的设置要符合核心素养整体提升和螺旋发展的一般规律。"叶丽新在《"情境"的理解维度与"情境化"试题的设计框架——以语文学科为例》中指出:"核心素养语境下关注情境,是因为情境作为现实生活的局部的缩影,可能蕴含丰富或复杂的信息、关系,学生需要综合运用各种知识、技能才能完成任务。情境的复杂性,不完全取决于要实施的活动类型,以及要调动的知识、技能和态度,它主要取决于要调动多少知识、技能和态度。"[5]好奇心和求知欲是内部学习动机的核心成分,在这个信息社会里,学生的逻辑思维能力、智力发展水平以及对社会生活的关注与认识水平都要比以往高出许多,小孩子过家家式的游戏情境根本无法打动学生,"微信朋友圈""自媒体公众号"等也日渐平常,引入彰显时代特色的真实情境很有必要。我们要以具有时代性和现实感的素材创设情境,从学生熟悉和感兴趣的生活情境和现实世界出发,丰富语文活动,发展实践意识。教师要置身于新时代的潮流中,自我更新思想,关注互联网时代语文生活的变化,关注当代学生的学习需求,引时代活水进课堂,将语文学习、思考与时代的新问题连接起来,保证新设情境能激起学生的认知冲突,激起学生的积极思考,让学生在情境任务的驱动下开展学习活动,真正提升语文核心素养。

参考文献

[1]韦志成.语文情境教学论[M].南宁:广西教育出版社,1996:25.

[2]余文森.论情境教学的教学论意义、类型及创设要求[J].中小学教材教学,2017(1):16.

[3]宁鸿彬.《七根火柴》教学实录(上)[J].中学语文教学,1994(9):21.

[4]杨再隋.李吉林情境教育的时代特征[M]//顾明远.李吉林和情境教育学派研究.北京:教育科学出版社,2011:347.

[5]叶丽新."情境"的理解维度与"情境化试题"的设计框架:以语文学科为例[J].课程·教材·教法,2019(5):111.

语文课堂教学目标设计"四出发"

　　没有目标的教学和没有目标的学习都可能是无意义的。教学,是师生围绕着具体的教学目标展开的教与学的活动。教学目标引导着教师的教学行为和学生的学习实践,是教师教学活动开展的前提和基础,是教师设计教学过程、选择教学方法和安排互动活动方式的依据,也是教学结果测量和评价的依据。教学目标定位,也就是通常所说的确定"教什么",这是课堂教学效率的起点[1]55。教学目标的精准确定,有利于教学重难点的确立和教学程序的合理安排,有利于教学质量的提高和学生语文核心素养的养成。符合教材内容、课标要求和学生需求的语文教学目标,才能有效地指导学生的语文学习,其对语文教学的导向、调控、激励和评价功效也才能真实落地。《义务教育课程方案(2022 年版)》将发展学生核心素养确定为课程改革的新方向与总目标,课程目标由知识本位转向素养本位,课堂教学也不再仅仅是传授知识,强调"增强课程实施的情境性和实践性,促进学习方式变革",一切教学活动都应"以促进学生的发展为核心"。但由于理解不到位,新课标下的语文教学流于形式或走向极端的现象常有发生，其中大多与教学目标设置的随意性、盲目性和模糊性有关。"目标的错位，甚至目标的错误，在我们的语文教学中屡见不鲜。"[1]56那么，如何精确设计语文教学目标，明确语文教学的方向性，提高其针对性和有效性，实现学生的真实学习？对课程的深刻理解，对文本的透彻解读，对教材单元编写思路的精准认知，对学生学习情况的准确把握，是教学目标实现和学生语文素养养成的关键。

一、从语文学科的视角出发

语文课堂教学目标的确定，首先取决于教师对语文学科性质和语文教学规律的认知。让语文学习真实发生，教学目标就必须是"语文"的，是引导学生"学习语文"的。教学目标的设置必须体现语文学科的规律和性质。新课标指出，语文课程是一门学习国家通用语言文字运用的综合性、实践性课程。语文课程围绕核心素养，体现课程性质，反映课程理念，确立课程目标。义务教育语文课程培养的核心素养，是学生在积极的语文实践活动中积累、建构并在真实的语言运用情境中表现出来的，是文化自信和语言运用、思维能力、审美创造的综合体现。由此可见，语文教学有其自身的规律，学生的思维能力、审美创造、文化自信，都是以语言运用作为基础的。语文教学应以语言和思维训练为核心，中学语文课程的目标和内容必须聚焦于"语言文字运用"。语文教师在处理教学内容、确定教学目标时，必须从语文、语言的视角来加以呈现，关注学生语言能力的提升，在此目标引导下的语文学习才可能是真实、有效的。

新课标强调"增强课程实施的情境性和实践性，促进学习方式变革"，多数教师习惯于从文章的内容和思想内涵角度设置情境，语文课堂的教学目标就很容易转向重文章内容、思想内涵挖掘，而忽视语言的品味。教学茅以昇的《中国石拱桥》，即便学生真的设计出了一座拱桥，也不等于完成了这篇说明文的语文学习任务。教学史铁生的《秋天的怀念》，即便学生回家后更懂母亲的养育深恩，主动为母亲洗脚，也不等于完成了这篇散文的语文学习任务。品味语言是语文课的基本任务。语文教学更应当关注的是文本的语言形式，我们首先要从"学习国家通用语言文字运用"的角度去定位所教文章的教学目标。作为一篇典型的说明文，《中国石拱桥》的教学重点是引导学生体会说明文的特点，学习说明文的写法，因此，要带领学生具体分析和领会文章的写作特点。教学目标的设置要体现出这样的学习走向，要"学习常见的说明方法，体会它们的作用""了解本文的说明顺序与段落的内部结构，理解作者的行文思路""结合具体语句，体会说明文语言的准确性"。《秋天的怀念》一文的情感蕴意相当丰富，但是文章的思想感情不是作者直接抒发出来的，而是蕴含在字里行间，需要读者用心体会、感悟的。要避免课堂上学生空泛地理解，而要反复朗读和品味细节、关键词语的情味，这就必须在教学目标中得以体现。而且，一篇课文在存在许多教学价值点的情况下，教学设计不仅应该关注文本的核心价值，更要抓住"语文核心价值"[1]115。要适当弱化文本中可能隐含的其他教育价值，把"语文课"上成真正的"语文"课。杨绛先生的《老王》，语言形式方面的教学点很多：可以教散文语言，这篇文章语言平和冲淡却字字含情，足以体现杨绛"朴素本色"却"别致耐读"的语言风格；可以教文章的结构和线索，作者是兼用逻辑顺序和时间顺序来编排的,全文以彼此交往为线索,一脉相承,是一个有机的整体;可以着眼于文章"选材典型,各有侧重";也可以立足于文章描写人物的方法而教。应该说,对《老王》这篇散文的选材、结构、语言,以及主旨、意蕴的探究和把握,都是适宜的教学目标。但只为阐释小人物的优秀品格而把课堂教学引向感受"感动中国的十大人物"或者"寻找身边的好人"等活动,就与教学目标中的"语文价值"有所背离。学习语文,不能以灌输抽象概念为教学目标,而要使学生在具体的语言现象的品味中发现这些概念的内涵,建构自己的知识,养成语文的素养。

二、从文本的视角出发

学生的语文学习,具体到课堂教学中,首先是对文本的理解和把握。文本,是语文内容的主体,是实施语文教学的主要对象和依托,是用来提高学生语文学科核心素养的材料。文本教学是语文教学的主体环节,教师对文本本身的理解和把握自然会影响到教学目标的设计。文本解读偏离甚至错误,教学目标就会随之发生错乱,由此产生连锁反应,学生学不得法,学不得当。所以,确定教学目标,教师首先必须熟知文本内容,准确地解读文本。"朱自清的《背影》可以作'随笔'的例,可以作'抒情'的例,可以作'叙述'的例,也可以作'第一人称立脚点'的例,此外如果和别篇对照比较起来,还可以定出各种各样的目标来处理这篇文章。"[2]教学目标关联着我们对文本内容熟悉和掌握的程度。叶圣陶先生是读透了《背影》,才能有此得心应手。深读深悟,我们才能精准确定目标,催生出好的设计和好的教学过程,实现"文本解读—教学设计—教学实践"的转化,才能为学生学习语文搭建好的支架与平台。教师是文本解读的引领者,基于文本自身设定教学目标,教师要注重对课文内容的理解和感悟,要立足文本具体剖析教学内容的重点和难点,突出文本的核心价值,为达到这一最终目标,要让知识传授和能力训练发挥积极的作用。教师自身阅读粗浅,思考不深入,教学目标也会因此模式化、标签化。

我们来看看一教师关于冰心的《谈生命》这一课的教学目标:培养学生默读的习惯,整体感知课文;理清文章思路,归纳中心思想;品味含义深刻的语句,理解作者对生命的感悟。细心一看,我们就知道该教师并没有深度钻研教材。这样随意的、概念化的教学目标,几乎适用于他所有的语文教学课堂,适用于所有的文本。《谈生命》是一篇带有比喻、象征特点和哲理意蕴的"生命体验"散文,文章以"一江春水"和"一棵小树"为喻,揭示生命由生长到壮大再到衰弱的过程和一般规律,以及生命中苦痛与幸福相生相伴的共同法则,展现了生命不息、奋斗不止的意志和豁达乐观的精神,哲思深邃,宏阔形象,鲜明生动,文字精练老道。教学目标的设计就应该从"这一篇"文章的思想感情、思路章法、语言运用上去思考,去设计。而例子中的这种笼统、粗疏、零碎的所谓"教学目标",从满足教学设计的基本需要和开发文本的核心价值来看,都是远远不够的。文本解读,是语文老师的基本功,它决定了教学目标的走向和质量。在解读过程中,我们往往会因不同的视角而对文本生发出不同的理解,形成不同的教学意义,设计出不同的教学目标,最后产生不同的教学效果。

教学史铁生的《秋天的怀念》,一教师问学生初读后的感悟,有学生说"读出了生命",有学生觉得"文中人物过得很苦",更多学生则是说读出了"母爱"。教师随即绕过了前面两个更有深度的思考，只把课堂教学转向对"母爱"主题的探究学习。叶嘉莹教授说："不仅要明白作品所写外表情事方面的主题，还更可贵在能掌握作品中流露的作者隐意识中的某种心灵和感情本质，从而自其中得到感发。"散文带有强烈的主观色彩，《秋天的怀念》负载了太多的人生苦难、生命哲思。教师对文本的简单解读，致使教学目标也停滞在浅层次上，错失因阅读理解的个体差异显现而带来的深度推进教学的良机，学生的学习也因此大打折扣，实在可惜。当然，文本解读是指导教师如何设计、建构课堂的参考或指南，并不意味着它就等同于教学目标或教学设计。解读文本的过程，是提取信息的过程，也是梳理信息的过程。郑桂华老师曾经以《藤野先生》为例，开发出多种教学价值，比如《藤野先生》作为写人叙事散文来教，作为纪念性文章来教，作为语言表达的典范来教，作为研究性学习的材料来教等，制订出差异性明显的有针对性的教学目标。真实学习的情境中，文本解读视角的选择应与教学目标的指向一致。解读视角不同，教学目标的设置也不同，学生的学习收获也因此发生变化。从解读文本出发，考虑文章的体式、特质，以及教材的特色和考试等因素，才能充分挖掘教材本身的资源，制订出更合理、更科学的教学目标，帮助学生学习得更透彻、更深入。

三、从单元的视角出发

语文是一门系统性的学科，学生的学习也应该具有系统性。教材中的每一篇课文既具有独立性，又都被编排在单元教学的体系之中。语文教学目标应立足于文本，又要体现教材的编写意图，尤其是单元编写意图。统编初中语文教材采取双线并行的方式编排单元内容,各个单元兼具人文精神和语文要素两方面的主题。每个单元的单元导语都提示了导学目标,在功能上能够揭示单元主题、提示学习目标和学习方法、建立情境,拉近与学生的距离。单元导语在编写时都注意保持与整册教材、整套教材的有机联系,对教师的教和学生的学都有着重要的参考价值。具体为某一课设计教学目标的时候,我们需要先解读单元导语,读透编者意图,以整体单元的教材构造为切入点,依照单元的编排规律,把所教文章置于单元教学中去化解教学的重难点,合理制订出教学目标,有效带动学生对语文的真实学习。

以七年级上册第三单元为例,单元导语这样阐述:"学习本单元,要在默读中把握文章中心和主要内容。默读时要做到集中注意力,一口气读完全文,保证阅读感知的完整性和一定的阅读速度;要通过标题、开头、结尾及文段中的关键语句等,梳理文章内容,了解文章大意,概括文章中心。"单元目标为课程目标服务,我们在给单元课文《从百草园到三味书屋》或者其他课文设置教学目标时,就要紧紧围绕这个单元目标展开,要特别注意"默读"的落实,注意引导学生重点关注文章的标题、开头、结尾及文段中的关键语句,绝不能无视单元目标和编者意图而任性设计,致使课文之间互不关联,教师的教与学生的学处于杂、乱、散的状态。《一棵小桃树》的教学,要"学习托物言志的手法";《驿路梨花》的教学,要"重点学习略读";《黄河颂》的教学,要"学习精读,注重涵泳品味";《故乡》的教学,要"学会梳理小说情节,试着从不同角度分析人物形象,并结合自己的生活体验,理解小说的主题"。所以,教学目标不是依据我们自身的喜好而任意制订的,拟定一篇文章的教学目标,要强化单元目标的引领意识,要把教师的教和学生的学纳入单元体系中去细化,从整体性出发。当然,单元教学的编写意图还在其他教材资源中有所体现,比如编者给出的批注、预习提示、阅读提示、思考探究等。它们对合理取舍教学内容、选择合适的教学手段、有效提升语文教学质量也都起着重要的作用,教师在设定教学目标的时候也要多加注意,善加利用,以把握方向,实现意图,帮助学生更好地学习语文。

四、从学生的视角出发

教学目标的制订要从学生的视角出发。教学目标用什么表示?程红兵老师指出:"应聚焦学生的行为,即用可以观察到的学生学习行为来表述,证明。""教学目标要聚焦在学生的行为上而不是简单地聚焦在教材上。"[3]教学目标是为学生学习制订的目标,教学目标是否科学、有效,主要看是否适合学生。从"教师中心"向"学生中心"转移,是新课标下语文教学的重要理念。新课标理念下的教学目标,是核心素养导向下的教学目标。教学目标的展开,就要符合学生的认知规律,转化到学生的学习行为上。必须从学生的实际需要出发设计教学目标,要充分考虑学情,体现学生学习的主体性,既符合学生的认知特点和已有经验,又处在学生的最近发展区。这样以学生的语文学习水平为出发点来设计教学目标,才能实现学生对语文的真实学习。

比如杨绛的散文《老王》分别在初、高中的语文教材里出现,那么,针对不同学段的学生,教学就要分级确定教学目标。七年级学生学习《老王》，根据单元目标，要读出小人物身上闪现出来的优秀品格的光辉。"阅读课文，想一想，在作者眼中，老王是个怎样的人？""再读一遍课文，想一想，在老王眼中，杨绛又会是个怎样的人呢？"从教材提供给七年级学生的预习中，我们可以明确感受到编者希望通过本文的教学引导学生"向善，务实，求美"。而把思考"那是一个幸运的人对一个不幸者的愧怍"放在了文本后面的"积累拓展"栏里。作者为什么"愧怍"？这种"愧怍"的感人之处在哪里？就《老王》中的"愧怍"思考和讨论，对七年级学生而言不必挖掘太深，能读出散文中人性的美，能读出作者同样美好动人的感情，就是适当的教学了。而高中学段教学《老王》，我们就要引导学生去深度挖掘作者复杂的情感，体悟"愧怍"中深沉的人性思考，感知杨绛散文语言的艺术魅力。教学要看对象，教学目标也应根据具体学情进行设置。教学目标要关注知识点的习得、运用与迁移，重视知识点的联系与整合，以及真实情境中解决问题的能力；强调学生通过特定课程的学习之后逐步养成关键能力、必备品格与价值观念。当然，学情还指学生在课堂中随时出现的变化情况。课堂教学是灵动的，是一个动态的、随机生成的过程，教学目标也不是一成不变的，在教学实践中必须随学情的变化进行灵活调整。教学《桃花源记》，课堂上发现学生"预习"得极为深透，关键的文言字词以及文章内容、思想内涵学生都能理解，此时，就必须调整教学目标，继续往更深处推进教学，比如"理解文章虚实融合的手法"，或"初步探讨古代文人的隐逸情怀"。教师要树立课堂教学的动态生成观，要根据学生的学习动态及其发展变化，关注学生的个体差异和不同需求，有层次，有梯度，有选择的空间，灵活地调整教学的宏观思路和具体策略，让课堂教学目标与学情契合,使教学活动更具针对性和实效性,使学生获得最大可能的发展。这样,教学目标才不再是单纯的"知识点"的目标,而是与核心素养水乳交融的目标,是让学生的学习可以真实看见的目标。

参考文献

[1]郑桂华.语文有效教学观念·策略·设计[M].上海:华东师范大学出版社,2009.

[2]叶圣陶.叶圣陶语文教育论集[M].北京:教育科学出版社,2015:133.

[3]程红兵.听程红兵老师说课评课[M].武汉:长江文艺出版社,2018:9.

语文课堂教学"四打开"

叶澜教授谈及当下的课堂教学改革时说:"真正好的重建是要对教学的基础性的问题有一个把握,要回到'教学是什么'这样一个根本的问题上去。"语文课堂的有效建构,需要我们从语文教学的根本问题上去思考。从教学激发的角度来说,教学是"打开"的艺术。语文学习的真实发生,需要讲究四个"打开"。

一、接纳喜欢: 打开学生心灵之扉

教学是教师和学生共同参与的互动过程,而学习本是一种内生性的智力活动,让学习真实发生,学生就必须经历真实的学习过程,实现由内而外的自然生长。这个生长过程,除了认知方面的信息传递,更有着师生之间情感方面的信息交流,而这一切都必须在良好的师生关系下进行。"亲其师而信其道",好的教学,都是发生在良好、融洽的师生关系下,善教者除了以自身的才华和人格魅力吸引学生外,还要注重学生的情感、心灵和个性需求,营造好的氛围,打开学生心扉,拉近师生的心灵距离,使学生的学习动机由单纯的认知需要上升为情感需要,使学生的学习能力、思维品质和情感因素得到充分展示与和谐发展。

我们来比较两堂《愚公移山》教学课的导入环节。走进课堂,师生相互问候后青年教师开始演讲式地导入课题:"滔滔黄河,巍巍长城,生活中的每个人都会遇到困难。在困难面前,你是畏惧不前,还是迎难而上?你是知难而退,还是不屈不挠前行?今天我们就来学习一个战胜困难的故事。"学生刚坐下,还没转过神,就被摆出师者架子的教师劈头盖脸地洗礼了一番。高大上的渲染式导入不仅没有化解学生初见陌生教师的紧张,反而增加了学生的学习压力,致使学生缩手缩脚,害怕战胜不了阅读中的困难而被耻笑,学习难以推进。2016 年 12 月,耄耋之年的钱梦龙老师执教《愚公移山》。进入课堂后,他不急于教学,而是和学生聊聊天,拉拉家常,亲切自然。而后钱老师话题一转,问学生:"同学们,你们听到我的声音,就知道我是个老人了。那么,我今年多大年纪?你们猜猜。"学生对钱老师的年龄很感兴趣,畅所欲言,纷纷回答,课堂顿时生动活跃,气氛浓郁。钱老师顺势再问:"我的年纪呀,和你们今天要学习的这篇文言文里的主人公差不多,那我到底多少岁了?"学生旋即进入阅读状态,很快就找出了关键语句"年且九十",教学就在"且"字的探究中得以自然展开。打开心扉,师生之间关系协调,感情上有共鸣,教师善教,学生乐学,就能顺利进入到语文教学的高境界。同样的课题,不同的教学效果,不同的学习状态,这在课堂初始阶段就已经露出端倪,说到底就是学生在老师心里的位置有区别,就是课堂上师生关系有优劣。

打开学生心扉,构建良好的师生关系,教师要在自身吸引力、影响力和权威性等很多方面做出努力,但关键在于教师要成为"目中有人"的教师。这"人",指的是所有的学生。尤其对于学习基础薄弱或者性格内向的学生,教师更要给予温暖、信任、宽容和欣赏,让他们感到安全、愉悦、平等和鼓励,使他们的人格得到充分发展,从而激发学习情绪,挖掘创造潜能,从"内部起作用"。教学苏轼的《记承天寺夜游》,某教师要求学生翻译"但少闲人如吾两人者耳"一句,一学生主动举手,翻译成"只是少了像我们两个一样捂住耳朵的闲人",教师为此很是生气,狠狠批评了该学生,此后该学生就再也没有举手回答问题。教师的态度可以决定教学的成败。固然,学生的解释是错误的,可是退一步去思考,这个学生还是有一定的文言文学习基础的,只是简单地把"吾"字通假成"捂"字。教师如果能发现这个亮点,因势利导,带学生读读前面描绘月夜景色的美妙语句,学生就会自然明白这是作者月下全身心的观察和感知,不可能是捂住耳朵的。这样,爱中有严,严而有导,既保护了学生的自尊心,使学生敢于自由表达、自由参与,充分意识到自己的存在和价值,又将错就错,重温关键语句,使学生加深对文言知识和对文本的理解,可谓一举多得。没有经过自我构建的知识和方法终究无法和个人融为一体。真正的教学要先打开学生的心灵之扉,让学生接纳、认同、喜欢教师,进而建立起民主、平等、信任、理解状态下的师生关系,如此,才能促进师生心理相容,营造出和谐、愉悦的教育环境,才能产生良好的教学效果。

二、激发思考：打开学生思维之窗

语文作为一门综合性和实践性较强的课程,不仅仅注重知识的传授,更注重语文教学思维的传递。语文课堂教学应该通过阅读指导学生"丰富语言的积累,培养语感,发展思维",关注思维能力的发展就是关注学生语文能力和语文素养的发展。于漪老师多次表达过这样的焦虑:"老师们最缺失的不是教学的技能技巧,而是思想与批判性思维。"这样的缺失投射到课堂教学中,又会导致学生思维的滞后及创新精神的丢失。语文教学应以思维训练为核心,唯有具备思维能力,一个人才能真正具备语文素养。从这个意义上去思考,真正的语文学习必须打开思维之窗。

课改以后,学生的表现力被激活,语文教学迸发出前所未有的活力,机械灌输、单向传送而造成学生思维惰性与封闭性的语文课堂越来越少了。但随着课改的发展,诸多问题日益凸显。如课堂过于追求"表现"而表面繁荣,乐于"展示"而浮于表面,看似将课堂还给了学生,却仍然没有解决学生学习不投入的问题,课堂不仅缺乏深入的思考,更缺乏思维层面的深度发掘。之前教学《植树的牧羊人》,有教师设置了"种树表演"的环节,学生到讲台前模拟主人公种树的情境。"用铁棍在地上戳了一个坑""轻轻地往坑里放一颗橡子,再仔细盖上泥土",学生表演得生动逼真,参与度高,课堂气氛活跃。但这样的表演目的何在,如何在表演的基础上引领学生深入思考文本的意义,培养学生的思维品质,这些更需要我们做出进一步的研究。表演要建立在对文本内容的深入理解和整体感知上,建立在对文本语言的内化和对学生思维力、表达力、创造力培养的基础上。为表演而表演,忽视阅读和思维,让表演生硬地附体于课堂,这不仅无益于学生阅读思维的打开和阅读能力的提升,还会对教学进程造成干扰和伤害。《秋天的怀念》是史铁生的心血之作,语言朴素真切,意味深远。

在"母爱"的主旋律下,课渐至尾声,教师问学生阅读学习感受,有学生说"读到了生命的意义",有学生说"读后觉得他们过得都很苦"。学生的这两个回答很朴素,也很有高度,追问下去,课堂教学就会进入更高境界。可是教师并不认可这样的阅读感受,最后还是把学生拽回到"母爱"的赞歌上重复歌颂,学生的思维过程被打断,本已打开的思维硬生生地被扼住、被关闭,思维的广度和深度难以促进,很是遗憾。

如何打开学生的思维呢?怎样拓展学生的思维空间,培养和训练学生的思维能力,从而引导学生进行创造性的学习呢?方法很多,最重要的是这两点。一是需要教师善问。用李冲锋老师的话来说:"要在把握学生现有思维层次、已有学习经验的基础上,提出具有挑战性、开放性、逆向性的问题来激发学生思考。"教学郑振铎的《猫》,在引领学生探究第三只猫的死亡原因后,我提出了"文中共有几只猫"这样一个问题,推进学生思考。一个弱小的生命在"我"的强势话语的围攻下、在强势暴力的追杀下含冤死去。其实,在现实生活中遭遇此种命运的又何止一只猫!学生先由猫想到了文中的张妈,因为身处底层的张妈也是"默默无言,不能有什么话来辩护"。那么,"我"和"我"的妻子有没有可能成为这样一只被欺凌、被冤枉、被暴虐的猫呢?丑陋的人性不改,我们都有可能成为这样遭受歧视和被冤枉的猫。教学鲁迅的小说《孔乙己》,得知学生上一节课刚学过季羡林的散文《幽径悲剧》,我就问学生"树的悲剧和人的悲剧有什么共同点",一石激起千层浪,学生很积极地阅读和思考,发现了许多细微处的相似点,学习的自主性和深入性都得到了充分的体现,课堂学习效果显著。二是鼓励学生善疑。疑是思之始,学之端。问题意识不仅是创造力培养的基础,而且在思维和认识活动中占据着重要的地位。激发学生质疑问难,是开启学生思维门扉的有效方法。教学茨威格的《伟大的悲剧》,我问学生:"同学们,作者茨威格不可能目睹这次探险与遇难的过程,那他又是怎么写出这些人的相关细节的呢?"如此一问,抓住矛盾,激发思考,鼓励质疑,引导学生发表意见,形成思维碰撞。有学生认为是"胡编乱造"的,"因为当时又没有照相机、录音机"。这个质疑,很快激发了全班学生探究的欲望,一番阅读、争论、碰撞后,作者基于事实资料的天才想象便被学生更深地理解了,这是学生自己的最终"读得""和"学得",是变教为学的结晶。学生心扉打开,主动质疑,思维就会得到锻炼,表层知识背后隐藏的信息就会被发现,学习就会真正发生。

三、敢于亮声：打开学生言说之锁

语文是重要的交际工具,是人类文化的重要组成部分。我们通过语文教学,去培养学生的倾听、应对和表达能力,使之具有适应实际需要的口语交际能力。说话是与他人交流思想、表情达意的一个重要途径。语文学习,必须在"说"上下功夫。语文课,要让学生敢于亮声,乐于亮声。

这里的"亮声"首先是读,包括朗读和默读。三分文章七分读,学语文,多读一定没错。语文教学是和读书紧紧相连的,朗读更是进行口语训练、提高语文能力的重要手段和必由之路。新课标特别重视读,指出"各个学段的阅读教学都要重视朗读和默读""要让学生充分地读,在读中整体感知,在读中有所感悟,在读中培养语感,在读中受到情感的熏陶"。钱理群教授说过:"文学的教育,有时声音极其重要,这声音是对生命的一种触动。文学是感性的，而不是理性的。所以，读，让学生感动，用心朗读是感受文学的一个重要方式。"朗读，既有再感受的魅力，又有再体验的动力，是文本与阅读之间的桥梁。教师要留给学生充分的阅读时间，鼓励和指导学生朗读文章，由声音世界过渡到文字世界，增加对语言的感知能力，加深对作品思想的理解。《老山界》这篇文章重进教材，学生对红军长征以苦为乐的生活情趣缺乏实际的体验，单纯依靠教师理性的分析很难走进作品的境界，教学很容易概念化和标签化。我先用插图引导学生进入重点语段的教学，又借助朗读开展课堂教学的高效对话，对红军战士黑夜行军过程中的语言进行有滋有味的朗读、揣摩和感悟，掀起了课堂教学的高潮。"不要掉队呀！""不要落后做乌龟呀！""我们顶着天啦！"对课文中这三句呼唤语的诵读，很有代入感。我让学生注意呼喊句中的感叹号，指导学生"呼喊"起来，去感受翻越老山界时的情境和情绪，产生共鸣。一些内向的学生不敢读，放不开，声音极小，感情平淡，就让他们加上语气词再来读读。"嗨！不要掉队呀！""嗨！不要落后做乌龟呀！""哈！我们顶着天啦！"这一加，果然不一样，学生不但读出了气势，还读出了红军的精神品质。结合这三句呼喊语的朗读，学生展开讨论，读读说说，在朗读中体会作者的意图，在朗读中理解语句的内涵，对红军精神的体悟也因此更为深刻。《紫藤萝瀑布》一课中，我抓住"我在开花"一句，让学生扮演紫藤萝花反复读这句，读出不同的重音位置，唤醒其对语言文字的感知。学生自由选择喜欢的读法，对这句话也有了属于自己的解读，从紫藤萝强烈的生命宣言里读出自己的情感体验，最后传递出"用花的姿态，面对未来，面对现在，面对风雨"的人生观和价值观。

　　亮声，还要求学生敢于表达，乐于表达。课堂教学过程是生命体之间情感交流、思想沟通、人格完善的过程。真实发生的语文学习，学生要敞开心扉，主动分享，真说多说，畅所欲言。语文课上，教师要让学生有备而说、有话敢说、有话想说、有话可说，才能使其通过语文学习内化于心，外化于言，知行合一。教师要积极创设民主、和谐的教学氛围，使学生在课堂上没有畏惧感，能够积极思考，大胆发言，说出自己想说的话。课堂教学不能只盯着班级里少数的几个发言积极的学生，不能只和学习能力强的学生进行小范围对话，要着眼于全班，尤其是那些怯于表达、逃避发言的学生，更要给予关注和鼓励，减轻其心理压力，帮助其消除畏惧感，激发自我表达的欲望。学生的发言很多是零碎的、不连贯的，甚至会出现偏差，这个时候，教师要做出延迟评价，等学生充分发表自己的见解后，再引导讨论，适时点拨。问题的设置和抛出，都要充分考虑学情，鼓励学生积极发表个人见解，强化学生敢于、乐于、善于表达的习惯。教《一棵小桃树》，我要求学生用一个字来帮助作者表达对小桃树的感情，同学们纷纷发言，"谢""爱""怜""念""愧"等字各得其意。我注意到角落里的一位女同学，她站起来沉默了一会儿，惭愧地说"我没想好"。我及时抓住这句"我没想好"，鼓励她从四个字中选择一个字，女生思考后用一个"好"字来表达对小桃树的赞美之情，为自己赢得一片掌声。受到鼓励后，这位女生学习更加自信，更加投入。自然发生，自然推进，真实成长。开口读，开口说，乐说，善说，并以此带动写作，提升语文实践能力，真正做到"能说会道"，语文的学习才真有实效。

四、激发动力：打开学生写作之门

写作，是学生重要的语文素养。事实上，学生对写作是有很大畏惧的。一方面，来自心理上的高远感，缺乏信心；另一方面，缺乏教师的具体指导，不知道如何写。所以，学生的写作兴趣不足，动力不足。语文老师要在教学中激发学生的写作热情，努力引导他们乐于写作，勤于写作。首先，教师要摆正观念。初中生的写作定位是学习写作基础。文从字顺，规范表达，这是基础教育阶段学生学习运用国家通用语言文字非常重要的水平要求。尽管新课标有"文学阅读与创意表达"的学习任务群设置，也有"尝试创作文学作品"的要求，这也只是"尝试"，属于非常态性的、非主要的目标任务。况且，创意表达和创作文学作品也是从扎实的写作基础上生成的。所以，教师要实事求是地从学情出发，注意学生的最近发展区，让学生"跳一跳，够得着"，消除高远感和心理距离，进而增强自信。钱梦龙老师早就给我们做出了一个范例。钱老师新接手一个班时，发现班级学生的语文水平非常薄弱。在一次作文课前，钱老师给学生说到，只要格式规范，就达到要求。学生一下子就感觉这太简单了。等到作文本发下来，他们一看得分，欣喜万分。很多学生得到了较好的成绩，一下子对自己、对写作文产生了信心与兴趣感。相比较之下，一般教师习惯让学生读优秀的习作，以为读优秀习作就可以解决学生作文提升的问题，或者就优秀作文对学生提要求，以为提要求就可以提升，殊不知，优秀的习作对于很多学生来说是可望而不可即的存在，彼此之间水平相差太大，以至于对于作文贴近发展所起效度并不很大。其次，教师要多关注学生的生活体验,以之为原点,引导学生自由地生长。我在指导学生诗歌创作的时候,以时值深秋的季节为背景,调动学生周末出去游玩的生活经验,去完成以"秋叶"为题的一首小诗——"坡上,坡下,_____,散落一地。""金黄的蝴蝶""舞动的精灵""宁静的回忆""金黄的惆怅""远方的思念"等,背后都蕴含着学生心灵的一段故事。学生有了生活的体验,被关注聚焦调动激发,就有话可说,就有了表达的动力,自信心与成就感就能得以提升,其言语生命也就慢慢有了。再次,教师要提供给学生以具体的写作指导。具体的就是深刻的。只有有了具体指导,学生才能得到切实的方法点拨,写作方向才会更加明确。我在教学《好久不见》这节作文课的时候,发现学生的思维狭窄了,需要"打开"。得有一个具体的点拨指导的引领过程,学生的思维才会逐渐开悟。于是,先从窗外的真实景物开始。天上的云、树上的绿叶、空中的飞鸟等,将主体"我"与外界建立联系,这是"我"与"物"的联结,继而是"我"与"人"的联结。我又进一步将主体转移,以"我"的视角来观察外界事物,去发现一个主体与另一主体的"好久不见"。在这里,"主语转换"就是将思维打开的具体方法指导,思维有序发生伸展,学生得到启发,就会越来越有灵感。有了思维的轨道,就会有很好的激发。最后,教师还要更新关于"写作"的观念,要以多模态写作来丰富学生的写作体验。我们习惯将写作定位为文章写作,但写作的结果也包括诸多非文章的成果,对联、广告语、口号等都是写作的结果。我们可以在生活中以多种真实的情境任务来激发学生的写作热情。比如,每一年学校都会营造毕业年级的应考氛围,学校的语文老师就向全校学生征集对联、标语,将被采纳的作品制作成条幅、书法作品,悬挂、展示在相应的位置。学生需要写出寓意或者出处,附在展示栏,其作品及阐释都是学生写作的成果。这样可以在真实的同伴关系中大面积、多维度地强化写作,激发学生的写作热情。这种真实的情境,可以帮助建立同伴关系,有了同伴关系,就很容易起到激发积极性的效果。

敞开心扉,激活思维,敢于亮声,乐于写作,如此,教学才真正是一个动态的交互过程,才能最终实现学习目标的达成。"打开"就是激发,就是开放,就是生成。"四个打开"帮助我们重新审视语文课堂,给语文课堂正确的打开方式,让学生在每节课都能听到生命拔节的声音,让语文学习真实、自然地发生。

优化朗读，让学习真实发生

朗读在《现代汉语词典》中的释意是"清晰、响亮地把文章念出来"。《教育大辞典》在肯定朗读是出声阅读的过程外，还将朗读视为"大脑对文本进行理解和记忆的过程"[1]。从课堂教学的角度看，朗读就是学生把语言文字转化成有声语言的创造性活动，是阅读的起点和基本功。

朗读是语文学科最重要的教学内容之一，也是最基本的教学方式之一，它是帮助学生积累语言、提升语感、促进理解、陶冶情操的有效途径，是学生学习语文的重要组成部分。温儒敏教授在谈到诗歌教学效果不好的原因时说，一方面是多媒体的过度使用，不利于培养学生的想象力及直觉思维、形象思维能力；另一方面是教学方式不当，许多教师为了创新而创新，一味强调小组讨论、任务式学习，有的学校也只注重革新形式，一反常用的教学模式，一味地推崇"任务驱动""项目活动""翻转课堂"等创新性的教学模式，如果把这些作为语文教学的唯一方式，可能会出现新的偏误[2]。朗读能力是学生语文素养的重要体现。学生要能用普通话正确、流利、有感情地朗读课文[3]。统编教材非常重视学生"读"的活动，各个单元都有指定的"读"的要求,如默读、浏览、朗读等,各篇课文也有明确的朗读要求。教材通过层级性设计落实朗读教学,旨在充分发挥朗读在语文教学中的教学功能和教学价值,让文本朗读贯穿语文课堂,促进学生对文本内容、情感、内涵、意蕴等的深度理解,进而提升学生的阅读品质和语文素养。

然而,当前的朗读教学依然存在教学目标模糊、缺乏整体设计、情境创设单一、指导策略缺位等问题。针对这些问题,优化朗读设计,让学生借助朗读学会学习,让学习在朗读中真实发生,就很有现实意义。

一、向学而思：带着问题去读

学生阅读各类作品,主要有两条通道来获得阅读理解,一条是视觉通道,另一条是听觉通道。视觉通道,构筑了"文字—词义",即以文字的视觉表征为中介达到词义的理解路径;听觉通道,构筑了"文字—语音—词义",即通过语音转录达到词义的理解路径。困难的、需要记忆的以及不熟练等因素都会使读者选择语音通路。在语文阅读教学中,阅读者对文本是不熟悉的,文本的视域也高于读者的原有视域,文本的语言需要读者反复咀嚼、体味,进而产生意义的理解与建构,情感体验也才会随之内生[4]。

朗读要和问题结合起来。任何一种教学行为都必须有明确的指向,朗读教学要杜绝随意性和模糊性,不能为读而读,必须让学生带着问题读,在读中整体感知,在读中有所感悟。《语文新课标朗读教学指导》一书认为,朗读教学就是在朗读中教学,在朗读与体验、感悟、想象和创造等教学状态中实现语文教学意义,它在课堂上表现为反复出声的朗读与螺旋上升的情感体验、理性思考相结合的教学活动[5]。

指向问题解决的朗读设计,具有任务驱动特征,问题设计往往具有开放性、挑战性和探索性。朗读是呈现学生对文本理解程度的显性标尺,带着问题朗读,能够为学生读书提供根本的动因。像《紫藤萝瀑布》这样意味隽永的散文,宜于细细品读,并不适宜冗长、琐屑的解读或以阅读练习的方式展开教学。如此,基于核心问题的驱动来设计朗读就很有必要,朗读时需要紧扣文本要素,从文本整体入手,统筹设计朗读活动。笔者结合《紫藤萝瀑布》的散文特点,在课堂教学中设计了以下朗读问题链:

1.今天,我们来学习宗璞的散文《紫藤萝瀑布》。同学们也许很好奇,紫藤萝不是一种植物吗? 怎么变成了瀑布? 究竟是怎样的紫藤萝花引发了作者的无限感慨? 我们先来朗读这篇文章。

2.这篇散文的首尾两句话很相似。第一句话能不能改成“我不由得加快了脚步”呢? 请大家读一读,思考这个问题。

3.再次朗读宗璞笔下的紫藤萝,究竟是怎样的紫藤萝吸引住了作者? ……有没有同学能把这株紫藤萝描绘得更漂亮?

4.“我在开花!”这句话很有意蕴,哪位同学读一读紫藤萝的这句自白? 如果你是其中的一根紫藤萝,你会怎样说这句话?

5.让我们用开花的姿态,再读结尾。思考:我们应该怎样正视现在、面向未来、面对风雨?

散文教学策略的设计应建立在学生的认知实际、已有经验与作者情感表达的结合点上,其基本着力点应聚合在学生自己对文本言语形式的充分触摸、发现、咀嚼和体味上,这种触摸、发现、咀嚼和体味源于学生对散文的主动阅读。而这种主动需要教师用问题来激发和推进。分析以上五个问题,我们不难发现,整堂课是以问题链的形式来设计朗读的,朗读要求次第呈现,朗读设计丰富且有梯度,是立体且有深度的。这种设计摒弃了烦琐的分析,学生可以借助朗读而整体感知文本,通过逐层深入的朗读进入对文本重点内容的探究,直抵语言、情感的内核,最后读出自己的独特思考。学生在问题链的指引下,可以美读描写紫藤萝的文字,揣摩怎样把它读得优美,感受作者心中如瀑奔流的生命感悟;可以在朗读中尝试怎样把它读得丰盈,并融入自己的个性体验。

问题设计的过程就是对文本解构、意义化的过程。设计指向文本核心的驱动性问题,形成有层进性的问题驱动链,是打开散文情感的一把钥匙。带着问题读,让学生通过"读"去触摸、理解语言,借助"读"发现疑难问题并找到解决问题的钥匙,依靠"读"产生丰富的理性与非理性的思维体验。这样的朗读设计,可让学生通过解决问题逐步触及作者心灵,感受文本意蕴,这样的课堂才会真正实现以语言为核心,才能提高学生独立阅读文本、理解文本的能力。

二、依学而创:创设真实的情境去读

促成学习真实发生的朗读,也需要相应的情境支撑。建立在真实而有意义的情境基础上的语文学习,更有利于促成学生对文本意义的理解和阅读能力的迁移。朗读活动,是学生在课堂中触摸文本的最直接也最灵动的方式之一,它的起点是学生对文本的主动品味和自觉感悟。好的朗读需要学生的情感投入，需要学生主动融入文本，把朗读化为情感的真诚流露，在朗读的情境中加深对文本的理解。朗读设计不必刻意去"创境"，也不必以形式化的项目、生硬的专题去增加学生的阅读负担，冲淡学生对文本本身的关注。文本情境是最自然的情境，创设文本情境，卸去教学设计精巧架构的束缚，可让课堂充满激情与活力，让学生真实地与文字相遇，以"启"促"学"，以"境"促"读"。

创设朗读情境需要从两个方面入手。一方面要依托文本特质，锚定关键特征。八年级下册第四单元的《应有格物致知精神》是丁肇中先生在北京人民大会堂"情系中华"征文颁奖大会上的演讲，基于演讲词实践性强、适合开展活动的特点，教材将这个单元设计为"活动·探究"单元，以活动任务为核心，通过对阅读、写作、口语表达、比赛、评议等活动的整合，形成一个带有活动性、综合性、复杂性和交际性的自主学习体系。这样的任务设计，不仅给学生提供了确定性的演讲知识，也给学生作了操作性极强的演讲实践活动的指引。教学这篇文章，教师需要为学生营造真实的朗读情境，模拟真实演讲。课堂上还原讲演的情境，可以让学生以演讲者主体的身份进入学习过程，亲历语言运用的过程。比如文章的第一段，也就是本次演讲的开场白，丁肇中先生表达了对活动主办方授予其特别荣誉奖的感谢，说明了自己写《怀念》的初衷，然后很自然地转向教育问题，转入演讲的主题。这段开场白朴实真挚、恳切感人、要点清晰，很适合学生现场演讲。教师可以抓住这一段，让学生先朗读后演讲。这样的朗读活动，更具有过程性、开放性和真实性，有利于在生动的模拟情境中培养具有创新力和实践力的人才。

另一方面,朗读情境创设还需关注"这一篇"的特质,以多元朗读设计优化情境体验。朗读是文本情境再现的一种方式,训练朗读要倡导多样化,常见的朗读形式有学生齐读、分角色演读、男女生比读、对读、师生共读、听教师或名家范读等,其中,教师的范读非常重要。教师声情并茂地范读,学生在聆听的过程中,可以体会节奏,感受情感,产生想象,产生情感共鸣。在课堂教学中,运用较多的朗读形式是分角色朗读,因为这种朗读形式强调朗读情境,可以调动学生的朗读积极性,学生的参与度较高。如朗读《孔乙己》时,运用分角色朗读的方式,可以直观再现看客与掌柜调侃、谈论孔乙己的话语,在角色扮演的情境中读出冷漠的社会对孔乙己的鄙视和孔乙己无法掌控命运的无奈。在课堂教学中,教师也可以强化环境的渲染,营造与文本情境契合的氛围,指导学生朗读,促使学生入情入境地朗读,如为《老山界》营造红军黑夜艰难行军的情境,为《山羊兹拉特》营造无边风雪的情境,这样的朗读与文本情境融通贴合,既能检验学生对文章内容的感悟,也能考量学生对文章语言蕴含情感的把握。

三、促学而导: 从不同角度设计朗读活动

作为教学方法的朗读教学可以理解为"用朗读教",即教师借助朗读这种教学方法,带领学生通过多样的朗读活动达成或提高朗读技巧、提升朗读能力、形成良好的语感,或增进汉语言文字的美感体验、促进思维的发展与提升等既定的教学目标[6]。"读"须有"得"。"读"是学生学习的行为形式,是深入理解文本的途径与解决问题的方法、手段;学生在"读"的过程中可获得丰富的体验,可有效促使教学目标的达成,进而生成新

知,这便是"得"。要让学习真实发生、让"读"有所"得",必须基于多个视角设计朗读活动。

从学情角度出发,引导学生对文本意蕴进行挖掘。比如,在指导学生朗读《紫藤萝瀑布》时,教师可依据当代学生追求个性的学情,选取"我在开花"一句进行不同的朗读设计,让学生从重音变换的朗读中,读出生命奋力绽放的光彩,读出自信张扬的自我意识,读出学生个性化的体验,读出对文本要旨的丰盈理解。

从文体角度出发,引导学生与作品共情。文体不同,朗读方式也应有区别,对于抒情类文本,教师要引导学生激情朗读;对于议论类文本,教师要引导学生理性朗读。笔者指导学生朗读《皇帝的新装》时,根据文体特点,设计了"读出文章中最具夸张力的语句"的朗读要求,旨在引导学生借助朗读感受童话人物的独特体验。这是共情式的感悟,也是共鸣式的感悟。在朗读中想象和移情,可以使童话跨越时空,作用于每个读者身上,使其感受到情感的魅力和童话的内涵。

从作者角度出发,引导学生揣摩作者的创作意图。学生的学,需要教师精准的导。朗读揣摩的对象应聚焦文本的关键句。例如,指导学生朗读《就任北京大学校长之演说》时,教师可聚焦"请更以三事为诸君告"这一关键句,指导学生反复朗读,如此,演讲词结构清晰、话题鲜明的特点就化为了真实的演讲诵读,学生就能借助语速、语气等来表现演讲的中心及结构特点。

从编写意图的角度出发,指导学生理解文本核心知识。朗读活动要尊重教材和编者意图,要关注教材单元对朗读提出的系统化、进阶型的要求,关注教读、自读等能力要求。朗读活动的设计要基于"这一篇"文章的特点,必须是主问题引导下的朗读活动。《走一步,再走一步》是心理学家写自己成长经历的文章,入选2016年版统编初中语文教材。教学中,教师应该指导学生借助旁批朗读,让学生通过朗读感受作者细腻真实的心理,体味作者当时进退两难、孤立无援的心境。这个过程是层进性的,教师要借助教材提供的助读资源,引导学生通过外在行为体味"我"的心理,通过场景想象感知"我"成长的心路历程。

从读者角度出发,引导学生体味语言形式。设计朗读,要引发学生对言语形式的主动关注和自觉体悟,在比较处、矛盾处、空白处等读出作品丰富的意味。例如,在指导学生学习《孔乙己》时,教师要引导学生揣摩酒客和掌柜对话时的语言特点。当店内酒客说到孔乙己被打折腿时,掌柜的反应是"哦!"。如果教师直接发问"为什么这里的'哦'用感叹号",这就站在了"教"的立场,就容易陷入解题套路式的窠臼。如果站在"学"的立场,从读者角度出发,教师就会让学生反复朗读、比较揣摩,联系语境体会掌柜为什么这样说,推断和复现话语的语调,如此,学生才能走进人物的心灵世界,体察"看客"的卑劣心理。

朗读是把内隐的学习活动外显化的手段之一。抓住朗读,就抓住了切入文脉、理解文意的钥匙。读而有声,读而有思,读而有得,阅读质量自然有所保障。当然,在朗读过程中,评价的方式也可以是多种多样的,如学生互评、学生自评、教师点评等,教学中要灵活使用,真正让朗读评价成为提升学生学习力和思维力的助推器。

四、随学而入：于必要时相机嵌用朗读

学生在阅读的时候，不免会产生疑问或者分歧。这个时候，教师需要交给学生解决疑问的根本方法，就是回归文本语言，通过朗读强化语言体验来寻求破解。这才是在课堂上要学习的真功夫。这就是解决自我真实问题的语言素养。所以，以朗读来解决学习中的真实问题，这就是可见的核心素养培育。如有教师教学《紫藤萝瀑布》，在梳理脉络中，学生对于第 7 段的分层问题产生分歧，教师可引领学生用"读"来消除疑惑。这显然是务本求真的做法。面对问题，唯有回归文本，深入文本细处把握意义，才是解决问题的本真之道，才是培养学生真正阅读素养的根本路径。

另外，将朗读与意义理解的推进有机融合起来是促进学生阅读学习自我建构的有效路径。课堂教学中学生产生即时性的理解与发现、顿悟时，往往要将朗读动用起来，以整合理解，形成意义体验。如笔者教学《青蒿素：人类征服疾病的一小步》，在最后一环节，通过新旧课文的勾连比较，体认语言风格，继而升华到风格背后的人文胸怀——民族的自豪与担当、使命，学生感悟到结构上的"首尾呼应"是源于情感的反复，源于科学发现对解决困扰人类疾病的欣喜与永不止息的期待。此时，师生专门驻足进行有感情的朗读，就将原本符号概念术语的意义凸显出来了。

参考文献

[1]顾明远.教育大辞典[M].上海:上海教育出版社,1990:327.

[2]温儒敏.小学语文中的"诗教"[J].课程·教材·教法,2019(6):4-10.

[3]中华人民共和国教育部.义务教育语文课程标准:2022 年版[M].北京:北京师范大学出版社,2022:7-14.

[4]王尚文.走进语文教学之门[M].上海:上海教育出版社,2007:390-393.

[5]曲英华,马静.语文新课标朗读教学指导[M].沈阳:辽宁民族出版社,2007:165.

[6]郭阳.朗读美学视域下高中现代诗歌朗读教学研究[D].赣州:赣南师范大学,2023:14.

真实：核心素养观下语文学习的 应然之道

  《义务教育语文课程标准（2022 年版）》（以下简称"新课标"）的颁布，为义务教育阶段语文课程改革指明了下一阶段的研究方向。如何以课堂教学为主阵地有效落实语文核心素养，也成了语文教师关注和实践的焦点。但随之而来的诸多教学困惑，使得一线教师身陷众多教改热词之中无所适从，语文教学"失去了感觉""看不清方向"。其实，细细分析这些新概念、新术语、新提法，我们不难看出时代和社会对当下教育提出的更高要求。基于核心素养的单元整体教学、项目化学习、任务群学习、情境化教学等，其实质都是通过教学方式和课堂模式的改变，不断逼近教学和学习的本质，把学习的权力真正还给学生，使课堂教学真正成为学生自主探究和主动发展的过程。简单来说，就是——让学习真实地发生。

  在深度探究课堂教学变革的定位、本质与走势的今天，尽管教学变革的核心逐步靠近坚持学生的立场和学习取向，但依旧存在主体偏移、教学受限的现象；尽管教学变革的首推方式逐步变为自主学习与主动建构，但被动应付与消极依赖的情况仍未消除；尽管教学变革的主导理念注重以学为主、为学而教,但重教轻学、为教而教的现象时有存在[1]。所以,更新教学理念,突破教学瓶颈,变革教学方式,迎接课堂转型的挑战,已经成为教育者的共同呼吁和一致追求。让学习真实发生,引导学生学好语文,落实语文核心素养,是我们教师自觉的使命。它对语文教师的教学思维与方式的转变、教学设计与实施能力的提升提出了更高的要求。为迎接这一变革性的挑战,我们要注重以下几点。

一、真实的语文学习,是坚持"语言运用"为本的学习

文化自信、语言运用、思维能力、审美创造的综合体现,是义务教育语文课程培养的核心素养,这也是学生通过学习语文课程所获得的必备品格、价值观念及关键能力的具体化,是语文课育人价值的充分体现。学习语言文字运用,不仅是语文课程的本质,更是语文教学的根本任务。新课标指出,"语文课程是一门学习国家通用语言文字运用的综合性、实践性课程",简言之,就是"学习语言文字运用"。作为教学的凭借,语文课程的课文或者教材都是可变换的,语文课似乎没有固定的教学内容,但"不同文本的作者运用语言文字进行准确的表情、达意、载道则是它们的共同特点"[2]。语文教学须以"语言运用"为本,要"用课文教语文",以课文为凭借教学生习得语言,学会表达,培养学生具备过好"语言生活"的能力。新课标背景下的语文课程,学生思维能力的提升,审美能力的提升,还有文化传承、文化理解,都应该以语言运用为基础。学生的核心素养应在不断的语言实践中得到提升,温儒敏先生提出的"以一带三"正是这个意思。语文课程落实了"学习语言文字运用",提高了学生吸收和运用语言

的能力,核心素养才能真正落到实处。不发生语言文字运用的学习课堂,不是语文课堂,自然也不会存在真正的语文学习。

近两年,大单元、大情境、大任务等术语大面积地在一线教师的课堂里铺开。缺乏实践支撑的理论导向以及概念理解上的困难,不可避免地影响了语文教师的教学实践。许多教师为创设情境、任务等而投入的精力,比研读文本、品读语言更甚,且大多是没有透彻地理解其内涵与运用背景就简单操作。摹其形而丢其本,课堂活动热热闹闹,语言学习冷冷清清,教学脱离或架空文本的语言,语文教学大有再次迷失之态,这不能不引起我们高度的重视。教学茅盾的散文《白杨礼赞》,教师一进入课堂就布置任务,要求学生看了文章后为西北地区的白杨树画一幅画。学生敷衍性地读了读课文,就开始动笔画白杨树。全班同学真正有画画天赋的其实就几个,几分钟后小组讨论,推荐代表上台展示,教师投影让大家结合课文评价。如此,一堂语文课已经沦为"四不像",白杨树的"不平凡"硬是被学生粗糙的画笔画成"极为平凡",而作者凝练的语言、优美的文字、富有变化的句式,还有对白杨树从外形到内核各个层面的深入刻画等,学生都无从感知。郑振铎的《猫》,教学不在作者隽永的语言、细密的行文上下功夫,不引导学生走进小说语言深处探究,只是让学生化身小法官,积极参与"芙蓉鸟被害案"的调查工作,课堂气氛倒是活跃,学生和小说却隔若天涯,遑论作品中"渗化着"郑振铎的"全人格"。至于用拍电影微镜头来教学《秋天的怀念》,用拍电视纪录片来教《昆明的雨》,用建造纪念馆来教《记承天寺夜游》,用给母亲送一份节日礼物来教《金色花》,用给文章配乐来教《小石潭记》,用代表文旅局征集微视频来教《壶口瀑布》等,若不控制好,看似热闹的课堂实际却是在远离语文,师生对文本阅读和语言学习缺乏必要而足够的重视,就会出现背离语文课程性质、丢失语文课程特点的情况。

发展核心素养要突出"语用",设计学习任务也要聚焦"语用"。不论什么新概念、新提法,都是为更好地促使学生"学习语言文字运用"而进入课堂的。对《秋天的怀念》里的"好好儿活",《昆明的雨》里的牛肝菌的"滑,嫩,鲜,香",《记承天寺夜游》里的月色描写,《小石潭记》里的清幽环境,还有文章主题的理解和情感的体悟,都离不开对语言文字的揣摩、体验和感悟。语文的本体就是语言文字的理解和运用。真实的语文学习,必须沿着"语言文字运用"的方向展开,需要学生在语言文字深处"挖呀挖",而不是通过什么电影电视镜头来"拍呀拍"。

二、真实的语文学习,是凸显听说读写实践的学习

学科核心素养的提出,对语文课堂的教学形态产生了深刻的影响。新课标强调发挥实践的独特育人作用,强调学科实践,倡导"做中学、用中学、创中学"。创设真实而有意义的学习情境,凸显语文学习的实践性,是新课标的重要内容,也是近两年语文教师在教学实践中显著表现、着力提升的地方。具体投射在语文课堂上,就是语文任务多了,教学情境多了,课堂活动多了。但需要指出的是,这些任务或者活动,不能完全替代语文学习。不管语文教学怎么改革,不管推行什么样的课程理念,听说读写训练都是语文教学的基本活动,也是最重要的活动。语文课必须有效落实以听说读写为基础的教学活动。培养语文素养必须有实实在在的积累,

同样,培养语文素养也必须有扎扎实实的听说读写训练。

"语文实践活动"体现了素养立意的语文课程学习观。回到前面所说的那堂《白杨礼赞》公开课,教学此课,朗读不失为一种好的方式。文章开笔是"白杨树实在是不平凡的,我赞美白杨树",最后一段则再一次赞美白杨树,而且是"我要高声赞美白杨树"。这样的文章,不宜分析太多,而要重在指导学生反复诵读,"高声赞美",让学生与文本言语产生碰撞、交流和融合,在朗读情境中理解文章象征手法及其运用,品味生动、形象的语言,感受文章酣畅淋漓的气势和博大深远的境界,把握白杨树的象征意义。朗读是培养语感的重要依托。学生在读中识字、积累词语、理解句子、感悟课文,从而贮存了许多可贵的语言资料和可资借鉴的表现手段,运用语言文字的能力就能真实提高,在说话和写作的时候便可招之即来或妙手偶得。要落实"学习语言文字运用"的根本任务,较好的方法便是重视语感教学。这样,读就尤为重要。用黄厚江老师的话来说,读,"是把形成丰富的阅读体验,在文本阅读中有所发现,形成自己的审美判断作为主要目的"。蒲松龄的《狼》一课的教学,教师可以设计出多种多样的情境活动,有演课本剧的,有设法庭辩论的,但最重要的还是踏踏实实的、沉浸其中的朗读。"屠暴起,以刀劈狼首,又数刀毙之。"急速地读,动词重读,屠夫瞬间爆发的智和勇就跃然纸上了。"久之,目似瞑,意暇甚。"相对缓慢,适当拖音,狼的狡黠就隐藏在其间。钱梦龙先生说:"听说读写能力是语文教学之本,必须贯穿于学习语文的全过程,只有将听说读写渗透到课堂教学中,读好每句话,写正每个字,语文学习才真正落实。"没有听说读写来支撑的语文学习,不是真正的语文学习。真实的语文学习,首先是回归到自然常态的学习,要让读成为课堂常态,学生要从容地读,读进文本,读透文本,读出发现,并且要由课内延伸到课外,由学校辐射到更广阔的生活空间。听、说、写等同样重要,这里不再赘述,它们都是重要的语文实践,是实现语文积累、提高语文学习的文化品位的基本途径。语文教学要提高学生的语文素养,必须在听说读写活动中紧扣语文的本体。新课标背景下的语文教学,要求教师借助情境和任务等来推进、加强学生的听说读写训练,而不是因此疏离、冷落听说读写。让语文学习真实发生,听说读写绝对不可丢。

三、真实的语文学习,是沉浸在"慢"中的学习

在教育综合改革背景下,素养本位的大单元教学成为众多教师开展教学研究的重要话题。大概念、大任务、大情境等接踵而至,着眼于"大"字,一些教师在实践过程中想当然地就让课堂走向大容量、高密度、快节奏,语文课堂上充斥的往往是眼花缭乱的课件切换、亦步亦趋的课堂提问、各式各样的表格呈现、快速达成的教学目标等。如此,语文学习进入高速运转的状态,文本无暇读,语言没空品,教师在匆匆中只把知识术语硬塞给学生,忽略了学生语文学习需要的思考、涵泳和内化,学生很难有时间深入地思考问题、通透地理解知识,也就谈不上真正消化和吸收知识,学习自然就忽略了真实的营养成分。

其实,凡是自然的东西,都是缓慢的。作家毕淑敏写过一段很精致的话:"太阳一点点升起,一点点落下;花一朵朵地开,一瓣瓣地落下;稻谷成熟,都慢得很啊。那些急骤发生的自然变化,多是灾难,如火山喷发、飓风

和暴雨。一个孩子要长大，是很慢的。"万物生长总有其自然规律，人的成长也有其规律性和周期性，不能急于求成。教育是"慢"的艺术。教育要有长远的眼光，遵循学生身心、个性发展和教育自身发展的规律。语文教学的过程是一个教师引导学生逐渐接受语言文字熏陶、浸润的过程。以阅读教学为例，学生阅读文本的过程，实际是知识积淀、情感积累、阅历集合等多元素的外化过程。这个过程中，学生通过积极的反反复复的语文实践活动，习得和重构语言经验，提高语用、审美和思维能力，不能偷工减料，更不能急于求成。我们要发挥语文学科独特的育人功能，通过丰富的语文实践活动，让文字滋养每一个生命个体以走向自我的完满。湖北省第四届"教研名师"徐志勤对其倡导的"慢语文"教学主张做出了这样的解读："语文学科的特点决定了教师在课堂教学中必须放缓教学节奏，多一份从容，少一份急躁，多一份淡定，少一份浮躁，引导学生细嚼慢咽所学知识，在语言文字的浸润下内化语文素养。慢之有道方能学之有得，才可实现教之有效。"语文学习重要的就是积累和运用，学好语文的前提就是有意识地多读，多记，多写，多思。语言材料的积累，语用习惯的养成，语言素养的积淀，都是在"慢"的学习中逐渐完成的。慢下来，多读读，多等等，关注过程，让学生学得扎实、透彻；也只有慢下来，才能让学生的思维过程因充分参与而能完整呈现，让学生从中学会方法、提升思维品质，从而形成能力。慢下来的学习，体现出语文学科的特点，与语文的学习规律符合。快节奏的程序化课堂，匆匆奔向结论，忽略了学生接受知识的过程，忽视了学生思维的过程，学生的学习体现不出自我价值和语文意义。

慢工方出细活，慢火才熬好药。语文的素养需要日复一日的滋养，需要多样的、丰富的学习内容的滋养。不过，这"慢"也要辩证地看待。强调语文教学是"慢"的艺术，并不意味着课堂教学要刻意放缓教学节奏，刻意减少教学容量，而是说要精准地把握慢的"度"，给学生留下与其自身学习情况相契合的充裕的时间去阅读，去思考，去涵泳、品味和推敲。细微的、深奥的、未知的，当慢慢品；而浅显的、明朗的、一望而可知的，自当加快读。慢，是适度，是契合，是真正站在学生的视角为学生学习和成长所需要的。关注学生学习需求，满足学习者的自尊和归属需要。当快则快，当慢则慢，慢而不耗费，慢而有所进，如此"慢"下来的语文学习才能保证学生对知识的消化和吸收，才能谈得上语文核心素养的有效落实，这才是真实的语文学习。

四、真实的语文学习，是融化在"情境"中的学习

新课标中高频出现"情境"一词，"学习情境"已经成为义务教育阶段教学研究和实践的热词。从广泛的方面说，语文课堂上学生的学习都是在"情境"中的学习，对文章的阅读、对语言的揣摩，还有教师的提问以及同学间的探讨和交流都会营造出学习的情境。应该说，有"学习"就必有"情境"，学习是在"情境"中发生的。好的情境能激发学生的学习欲望和兴趣。前面我们指出了情境教学实践中的一些不当的例子，不是在否定情境教学或者情境，而是更希望教师能沉下心来，以审慎而理性的态度对待教学中的情境创设，更好地为学生的学习建构出能发生真实驱动的语文情境，真正对学生的语文学习有所助益。

核心素养视角下的学习，就是个体在与情境持续互动中不断解决问

题和创生意义的过程[3]。程红兵老师认为，真实的语文学习，就是让学生面向并基于真实世界，与社会生活紧密相关。将语文学习还原到现实情境中，让学生学以致用，完成真实任务，即在社会实践中完整地做事，以习得真实的语文素养。新课标所提倡的"学习情境"并非一般意义的"学习情境"，必须是"真实而富有意义的"，并非要在课堂上或教学中无中生有地添加"学习场景或环境"这一要素，而是要"完善或优化固有的学习情境"或"营造适宜的学习情境"[4]。语文学习情境源于生活中语言文字运用的真实需求，服务于解决现实生活的真实问题。语文课堂要突破传统的以静态训练为主的课堂教学模式，教学不再只是知识的简单罗列，而是更加注重问题的探究，创建多样的、有效的、适宜的教学情境，建立起语文学习与生活的联系，真正吸引和激发学生，让学生的思想、情感与学习内容共振，提升学生在真实情境中解决实际问题的能力，实现学习的迁移、跃升。黄厚江老师教郑振铎的《猫》，要学生给三只猫取名字，以此带动学生细读文章来确定猫的特性。黄老师又给出取名指导，要从猫的色彩、形状、性格等角度，结合猫的特点来取名，将情境教学融入语文教学中，学生学得愉快，学得积极。这个基于具体问题的学习情境既有情感共鸣，又有学科认知，就很"真实而富有意义"。教学叶圣陶的《苏州园林》，让学生扮演导游，以文章第四、五段为依据，在认真阅读的基础上，结合苏州园林"假山池沼的配合"或者"花草树木的映衬"的 PPT 图画做介绍，来体现苏州园林"务必使游览者无论站在哪个点上，眼前总是一幅完美的图画"这一特点。这样的情境设置，既紧扣文本学习内容，又与学生年龄特征、心理特点、认知水平和思维方式相适合，容易激发学生的生活体验。这样以学习者为中心的情境创设才会获得真正有效的成果,是"真实而富有意义"的,是把语文学习放到生活实际中去,实实在在地激励和推动学生的学习。至于前面所举的课堂上建造纪念馆、扮演小法官、给母亲送礼物等情境,如果真能为语文教学服务,为语用学习和学生学习所需要,真能把真实生活带进课堂,还原学习的真实性和完整性,当然,也是"真实而富有意义的"。

良好的教学不在于教学技巧的纯熟,而在于学生语文学习的真实发生和语文素养的真实造就。确定真实的语文目标,进行真实的语言运用,提供真实的学习时空,创设真实的学习情境,让语文核心素养因真实的学习而落实于课堂,落实于学生个体;从以教为主转向以学为本,让学生真实感受到语文学习的乐趣,让课堂成为学习真正发生的地方,让教学呈现出新课标期待的理想状态——我们任重而道远。

[1]辜伟节.让学习真正发生:教学变革的核心[J].江苏教育,2016(1):7-9.

[2]倪文锦.语文教学反思论[M].济南:山东教育出版社,2021:27.

[3]郑国民,李宇明.义务教育语文课程标准(2022年版)解读[M].北京:高等教育出版社,2022:61.

[4]钟素丽,施茂枝.语文"学习情境"索隐与思辨[J].语文建设,2023(8):76-80.

任务驱动下语文课堂教学的
"实"与"活"

《义务教育语文课程标准(2022年版)》(以下简称"新课标")将学习任务群作为义务教育语文课程内容的主要组织与呈现方式。新课标指出,学习任务群的实施,要围绕特定学习主题,设计语文学习任务,确定具有内在逻辑关联的语文实践活动。新课标背景下的课堂教学设计,由"问题"向"学习任务"转变。语文教学要结合学生生活创设真实的学习情境,设计富有挑战性的学习任务,以任务驱动方式开展进阶式的语文实践活动,即新课标提出的"以任务为导向,以学习项目为载体,整合学习情境、学习内容、学习方法和学习资源,引导学生在运用语言的过程中提升语文素养"。如此诉诸"学习任务",以试图破解语文课堂教学中教师讲得过多、零碎问答的弊病,将教师的线性传递之"教"转化为学生积极主动的自主之"学"。也就是说,语文学习任务是兼具"教"和"学"之功能的,教师应该教的内容与学生应该学的内容都蕴藏在学习任务之中。在学习任务的支撑之下,语文课堂教学要扎扎实实地指向语文的学习,"在真实的语言运用情境中,通过积极的语言实践,积累语言经验,体会语言文字的特点和运用规律,培养语言文字运用能力"。同时,整个学习过程要关注学生,促进学生的学习更好地发生,使教学过程充满更多的动态生成。但是,在依标教学的课堂实践中,语文学习任务有了,语文该有的元素却又常被淡化、偏离、忽视,学习流于浅表。这就需要我们在任务驱动的教学诉求下让语文教学求"实",求"活"。

一、任务驱动下语文课堂教学的问题审思

语文学习任务是素养导向的语文实践活动,其实质是真实情境下的语言文字运用,涉及主体行为(要做什么)、达到结果(做成什么)、人际关系(与谁一起做)、时空情境(何时何地)、语言文字(用什么做)和育人导向(有什么用)六个要素[1]。相比较原来教学中教师设计的"问题",它更具有综合性、实践性与情境性。它依托于积极的语言实践活动,指向语文核心素养的培育,它可以让学习更好地发生,具有驱动性。

情境任务的设置,是为了促进深度学习,它作为一种方法手段,也是为了促进语文内容知识的学习。但是,在语文教学中出现的一些问题,值得我们深思。

其一,游离文本。文本是语文学习的沃土与具体的情感语境。学习任务最重要的驱动功能就是促使学生去深入文本,潜心阅读,与语言文字亲密接触,在运用语言的实践活动中,领会学科知识,获得运用语言文字的能力,提高语文核心素养。把文本变成具体"任务"去"驱动"学习者进入学习过程,教师就必须研读文本,"精心构思以期符合母语教育特殊性质的手段"(李煜晖语)。但是,在教学中,有的教师有了任务的设计却忽

视了其目的,脱离了对文本语言文字的细细咀嚼,导致在课堂的有限时间内学生没有机会去揣摩、体味文本的妙处,也就感受不到作者的艺术匠心,感受不到语言文字运用的艺术之美,从而脱离语文学习的根本。如教学《周亚夫军细柳》,有教师设置了"把故事拍成微电影,要拍哪些镜头"的任务。课堂上,学生纷纷发言,但只是谈及文章的大致内容,未深入到文本的具体词句运用、谋篇布局等,阅读停留在浅表层面。也就是说,换一篇白话文版的《周亚夫军细柳》也不影响任务的完成。那么,学生就丧失了自己亲身与文本语言文字亲密接触的机会,对于司马迁的行文之妙也就很难领悟,"学习语言文字运用"就流于空谈。

其二,任务不明。要想让学习任务发挥预设的功能,带动文本的深入阅读,就需要贴切地设计。否则,就适得其反,喧宾夺主。还是上述的例子,"拍微电影"是一个综合性任务,"要拍哪些",在设计上指向不够明确,学生的回答自然就会很分散,也很容易脱离文本。这样,语文的学习会成为无根之木。如果教师在任务设计之后,增添一步任务分析,帮助学生厘清微电影的立意与原文的立意的关系,即要表现周亚夫"真将军"之本色,学生的回答就会集中而具体。抑或,直接将任务设计成"要拍一部体现周亚夫将军本色的微电影,要拍哪些",这样,学生就一下子从各个角度抓住相关的文字细节,展开阅读,任务就起到了很好的驱动作用,文字阅读也有力地转化为任务的解决完成。

其三,任务"夺主"。语文学习任务的本质既然是"真实情境下的语言文字运用",是学习主体即学生在真实情境下进行的运用语言文字而展开的语言实践,在教学过程中,教师就要关注语文学习任务完成过程中学习主体的学习表现,即学生是要关注的第一主体。但是,我们在以语文学习任务来推进学习的过程中,往往会不自觉地以任务的完成为中心,忽视学生作为学习主体的过程性表现。这就类似于传统教学,以追求知识结论为目的的问题回答,较多关注答案,较少关注"人",较少提供一些问题解决的"支架",即程序性知识介入的做法。这种现象的实质,一方面是对语文学习任务与知识的关系的短视,另一方面是忽视了教学评价的价值。知识作为事实性知识、程序性知识、概念性知识及元认知知识的统一体,其学习是嵌入在学习任务中的,即要在语文学习任务的完成中学习诸多知识。同时,学生需要多种样态的即时评价来获得指导,以促进更好的学习。

二、在任务驱动中夯"实"学习过程

义务教育阶段,学生的语文学习需要夯实基本功,才能练就核心素养。那什么是基本功呢? 叶圣陶先生在《认真学习语文》中将其概括为四个方面:一是识字写字;二是用字用词;三是辨析句子;四是文章结构。字词句篇,听说读写,就是学生学语文的基本功。[2]32叶老的话为我们展开语文教学指明了方向,这是教学改革之"变"中的"不变"。也就是说,在追求"语文学习任务"设计的今天,"任务"再如何有趣或者"花枝招展",仍要指向"语文"的学习,"语言"的学习,要以夯实学生的语文基本功为目的,要抓实语文学习的关键因素。

首先,"实"意味着"任务"要扎根文本。文本是教材编者精心选择的经典篇目,无论在语言、思想情感还是艺术手法上都是优秀的学习范本。

它们构成了学生最具体的学习环境。思想、情感和语文知识，就是在文本的研习中学得的。这就要求语文教学在落实学习任务的时候要指向文本的阅读与理解，指向文本蕴含的知识的学习、语言的品读、思想与情感的领悟。这就是扎实的语文学习。否则，教学就会流于虚泛。由此，扎实的语文学习就需要言语实践活动来具化落实。执教《怀疑与学问》时，有教师设计了"改换标题"的任务，要求学生用文中的短语或短句来替换原标题。这就是立足文本内容，深刻分析文本蕴藏的语文知识，充分挖掘其教学价值，学生在来来回回的文本阅读中学得了议论文的标题有论题型和论点型之分，学会了议论文论点的提取，练习了长短句转换与分论点的设置等内容。学生通过这些言语实践活动，真正地反复研读文本，身心统一地沉浸在文本中，亲身经历了深度阅读思考的过程，生成了丰富的阅读体验。整个教学过程促进了学生"自能"读书。

其次，"实"意味着"任务"要立足语言。语文学科的性质与根本任务决定了语文的学习要立足于语言。而核心素养的四个方面"文化自信""语言运用""思维能力""审美创造"也是以"语言运用"为基础的。"任务"是要让学生"做事"，以"言"行事，以"言"成事，成为学习的主体。这就要求语文教学在任务支撑之下，要细化到语言的咀摸，培养学生对语言的触觉。如执教《紫藤萝瀑布》，可抓住"我在开花！"一句，要求学生化身为紫藤萝来"嚷嚷"。"如果你就是文中的紫藤萝，请你说出这句花语。"这样带着学生驻足停留，反复品读。经过启悟，学生体验到不同的重音带有不同的心理情感。学生充分体验到了看似普通的一小句话带有如此丰富的含义。再比如教学《猫》一课，可设计"寻找证据"这一任务，引领学生反复朗读"猫"被冤枉的句子,洞察"猫"被冤枉的经历:"我很愤怒"——"于是猫的罪状证实了"——"我以为它真是'畏罪潜逃'了"——"我想,它一定是在吃着这可怜的鸟的腿了"。通过细微的品读,学生体验到了"猫"被"我"的主观臆测而定罪的历程,一桩惨案也由此发生。学生也体验到了文学作品通过看似普通的语言"暗示"旨意的妙用与机理。这样的教学立意,无疑是提升语言素养的关键路径。

最后,"实"意味着"任务"要立足学生。王俊鸣老师认为,阅读教学的所谓"任务驱动",就是根据教材内容"设计"出可以"驱动"学生进入学习"情境"的"任务",到课堂上去实施。学习任务的旨趣是让学生"动"起来,以"言"做事、成事,使得学生在"任务"的驱动之下充分地学习。这就要求,教师要在"任务"完成的过程中充分关注学生的学习情况,进行即时动态的评价,以促进学习更好地发生,促进其最近发展,不能只关注任务完成的结果而陷入"知识中心论"。执教《抓住细节》作文课,可设计亲人等待的情境,引导学生写作。第一环节学生动笔进行片段写作,呈现自己抓住的生活中关于"等待"的"细节",师生一同进行点评。在后续环节逐渐建构起"抓住细节"的知识后,又回归到了第一环节发言中最需要提升的同学身上,教师现场再次去调动全班同学运用知识,助其提升。"知识"可谓"来之于生,用之于生"。这"回归"就是促使学习现场真实提升的评价,是获得知识的真正意义。升格的过程,促进思维持续进阶,让进步可见,就是指向学生发展的关键环节。整个过程动态往复,学习真实地在发生,教学就落到了实处。

三、在任务驱动中激"活"学习过程

语文教学在学习任务的支撑下,不仅要求"实",还要求"活"。什么是"活"呢?"就课堂教学而言,教学要能拨动学生的心弦,激发学生的学习积极性,教与学双方做到和谐地交流。教师引导学生,学生也推动教师;教师得心应手,学生如沐春风。"[2]41

第一,"活"意味着要立足学习实情。美国认知教育心理学家奥苏贝尔说过:"假如让我把全部教育心理学归结为一条原理的话,那么我将以一言蔽之,影响学习的唯一重要的因素,就是学习者已经知道了什么。"[3]语文学习任务的设计是一种学习方案预设,它需要因实而施。也就是说,它要结合实际情况灵活地进行过程性实施,不可以机械地固化套用。在送教《紫藤萝瀑布》的时候,发现学生已经学过,对散文托物言志的写法都已经知晓。我就灵活地将教学预设调整,上课时请学生交流通过这篇课文学到了什么。在交流之中,教师了解到学生学到了的内容,根据学生的体验,自己的教学就在悄无声息之中无痕对接,该堂课的教学重点预设也相机调整,随即给出了新的任务,即探究作者托物言志所托之物为何是紫藤萝而非其他。学生在新的学习任务的驱动下再次深入文本,对紫藤萝这一物象以及"我"的情感有了更深的理解。

第二,"活"意味着要以学生为主体。教学是师生以及学习资源多边交互的动态过程。学生作为学习主体,有积极的能动性,也有很大的潜力。所以,真正地以学生为主体,释放学生的潜能,学生就会在课堂上学而"自得",达到"不教"的境地。课堂也因此而成为"学"堂,成为智慧的

聚集地,处处闪烁着学习思考的光亮。如执教《〈论语〉十二章》时,可巧妙地设计"找最容易读错的字""找最容易写错的字""找最容易解释错的字""找最受用的字""设计座右铭"等任务,使学生不断地自我反问,自我提取,使课堂以"学"为"教"。这样,激活了学生的学习状态,课堂便如活水。前三个问题是基于文本知识的学习,由字词的意思理解达到文本的内容理解。后两个问题由"公共知识"的学习向自我理解递进,学习内容得以内化。从另一个角度来看,整堂课都是学生在动口、动脑、动手,学生的学习占据了整堂课的时空,这就是"精讲多练",学习被激活,意义感也因此被激发。

第三,"活"意味着要善于调动学习资源。学习任务落在学生身上的时候,往往需要一个支点。这个支点的提炼,就需要善于调动学习资源。它可以是书本上的某一个元素,也可以是生活中的事件等。这些资源,能够有效聚合学生的学习、生活经验,或是兴趣点、兴奋点。如《猫》的教学,我调用了书本中的插图,让学生"看图辨猫",说说插图是第几只猫。学生就在这一"支点"的撬动下,深入文字深处,细致地把握住了每一只猫的特点。再比如在执教《外国诗二首》时,在最后一环节让学生以托物言志的手法写两句诗,正巧外面大雨滂沱,教师就机智地将"大雨"引进课堂,让学生去借"雨"言志。而后,"想把诗歌送给谁"这一问题,有效地调用了学生的生活经验,把课内外打通,将生活经验化为焕发诗歌生命的火种,将诗歌化为生活中抚慰心灵的精神力量,让学生感受到了文学的力量,感受到了语文的情味。

总之,在新一轮课改的时代背景之下,语文的教学理念发生了一定程度的变革。但是,在"变"之中我们要坚守语文"不变"的元素,从实际出发,讲究实效,实事求是。正如钱梦龙先生所说,"教学改革不要追求'花样翻新,争奇斗异','要让学生练听,练说,练读,练写,多方面地进行思维和语言的训练'"[2]44。同时,语文教学求"活",能更好地促进核心素养的培育,从而实现教育的与时俱进。

[1]文艺,崔允漷.语文学习任务究竟是什么?[J].课程·教材·教法,
    2022(2):18.

[2]刘国正.语文教学的"实"和"活"[M].济南:山东教育出版社,2021.

[3]奥苏贝尔.教育心理学:认知观点[M].余星南,宋钧,译.北京:人民
    教育出版社,1994:扉页.

点燃·点拨·点化:
钱梦龙《愚公移山》的教学艺术

　　钱梦龙先生是我国新时期第一代语文特级教师,也是享誉全国的语文名师。他的思想和教学深深影响了中国语文教育,乃至整个教育领域。提起钱梦龙先生,总绕不过他的文言文教学课例《愚公移山》。1981 年 4 月 20 日,钱梦龙先生在"西湖笔会"上借用杭州学军中学的学生执教了《愚公移山》公开课,之后迅速在全国产生强烈反响,"钱版《愚公移山》教学设计"成为阅读教学的一个里程碑。[1] 此课教学,钱先生守正出新,"文""道"交融,以学生自读为先导,以师生对话为主,巧妙地落实了文言基础知识,引导学生揣摩了语言文字运用的妙处,理解了文意,同时也揭示了教育过程中"以学生为中心"的重要性。《愚公移山》这一节改变先生人生轨迹的语文公开课,是先生的经典课例之一,也是语文教学的标杆课例,具有恒久魅力。此课既往的研究成果甚多,本文仅从"点燃""点拨""点化"三"点"精彩处再作探究,志在重温、继承、发扬和实践钱梦龙先生的教育教学思想。

一、点燃：身心一体的学习"在场"

"点燃"在现代汉语词典的释义有两项：一是使燃烧，点着；二是激发人的思想、希望、情绪等。成功的教学所需要的不是强制，而是激发学生的兴趣。唤醒学生的求知欲望，激发学生学习的动机，是教学成功的关键。因此，使燃烧，去激发，也就成了教师构建理想课堂的关键要素。苏霍姆林斯基说过："如果教师不去设法在学生身上形成这种情绪高涨、智力振奋的内部状态，那么知识只能引起一种冷漠的态度，而不动感情的脑力劳动只会带来疲劳。"[2]语文课堂教学的理想状态是激发学生的学习热情，导引学生学习的思路，唤起学生对文本阅读和理解的期待，让学生积极探究，主动学习。语文教师要增强作为"点燃者"的角色意识，在课堂教学中点燃学生的学习激情，唤起学生的阅读体验，最终达到优化课堂教学和提高教学效率的目的。钱梦龙先生教学中的"点燃"艺术在《愚公移山》一课中表现得尤为突出。

课堂导入，创设情境去点燃。2016 年底，耄耋之年的钱梦龙先生在浙江省永嘉县授课《愚公移山》，课堂导入极具创意。课前钱先生与学生们自然交谈，上课铃声一响，先生就很自然地问学生："你们听到我苍老的声音，就知道我是个老人了。猜猜看，我今年多大年纪呢？"学生很感兴趣，课堂上就出现了"七十""八十"等各种年龄猜测，气氛很是活跃。钱先生又提示学生说："我啊，跟《愚公移山》中的老愚公年纪差不多。"这样富于启发性的课堂导入创设出了师生心理相容的课堂气氛，紧紧地抓住了学生的注意力，激起了学生的学习兴趣，使他们很快进入"最佳学习状态"，主动地、积极地去阅读这篇文言文。学生很快找出了文中写愚公年龄的句子"年且九十"，探究出了"且"字的意思，顺利地解决了判断老师年龄的真实问题。采用谈话法切入，这无痕又充满趣味的课堂导入，以自身年龄作为教学资源，融通现实情境与文本情境，使文本内容情境化，创造出浓郁的语文学习氛围，把学生带入其中，激发学生阅读的欲望和动机，使之成为真正的学习主人，这就是钱梦龙先生教学的"点燃"之力。

课堂之始需要点燃，引发学习兴趣；课堂过程也需要适时点燃，维持思维热度，推进学习深入。课堂提问是一门艺术，贯穿整个课堂教学过程的始终。富有艺术的提问，是激发学习兴趣、启迪思维的有效手段。钱梦龙先生说："设计问题，是教师的一项基本功。问题设计得好，能激活学生的思维，或引起认知冲突，从而提高学生的学习兴趣。"[3]8不同于直来直去的提问方式，钱先生特别善用迂回的手法即"曲问"来点拨导学，问在此而意在彼，让学生的思维"拐一个弯"再去寻找答案，这样更容易激发学生思考的兴趣。比如检测学生对"且"字的理解，他问的却是"愚公多大年纪"；为落实"叟"字的理解，他问的是"智叟是不是年轻人"；为帮助学生理解省略句，他问"参加移山队伍的一共有多少人"。再比如"邻居家的那个七八岁的孩子也去移山，他爸爸肯让他去吗"之问，本意在于了解学生是否掌握"孀妻""遗男"二词。这样问，使得学生从问题侧翼寻找思维的切入点，比传统教学中的直问如"孀妻或遗男是什么意思"更能激发学生思考的兴趣和回答问题的斗志。"老师教得轻松，学生学得愉快，又把文章的解读和文言知识的学习灵活地融合在一起，跟一般文言文教学的'串讲法'大异其趣。"[4]22西南大学文学院魏小娜教授把这种"曲问"

教学理解为文言知识的"抛锚式学习"，"执教者没有直接讲授文言词汇知识和文本内容，而是巧妙利用文本内容的故事要素创设学习情境，引导学生在故事情节中探究文言词汇知识"，"这类被镶嵌的知识的获得过程是愉快的、充满游戏精神的"。钱梦龙先生用"曲问"的方式点燃学生的思维火花，激发学生的思维活动，鼓励学生自主探究，促进问题解决，是《愚公移山》这一课例成为经典的因素之一，很多研究者也都把本课例中的提问作为经典案例来研究。

二、点拨：开悟启新的思维进阶

课堂教学的顺利推进，有赖于教师的提问艺术，和教师课堂的点拨功力也是分不开的。钱梦龙先生的"三主"教学理念的核心是"学生为主体"，即确认学生是主体，是学习、求知的主动者。如此，教学过程中的"学情"就必然会随着学生思维活动的展开而千变万化，这就促使钱梦龙先生"不得不经常面对不断变化的学情"。"这种学情变化是无法预料的。这对教师的教学智慧确实是严峻的挑战。"[3]11怎样应对这"严峻的挑战"呢？教学是启智过程，点拨正是启智的好方法。"点"者，使之"明"也；"拨"者，使之"正"也。艺术的"点拨"，开悟启新，教以方法，点出规律，注重自学，形成素养，从而达到教学效果的最优化。《愚公移山》一课中，钱梦龙先生语文教学的点拨艺术就很值得我们探究和学习。

[**教学实录** 1]

师：下面请同学们提提看，在自读中有什么问题。

生："河曲智叟"的"曲"是什么意思？

师:谁会解释这个"曲"字?(稍顿)都不会? 那就请大家查字典。

生(读字典释义):曲,就是"弯曲的地方"。

师:嗯,这个解释选对了。后面还举了什么词作例子?

生:河曲。

师:对。河曲就是黄河弯曲的地方。你们看,有些问题一请教字典就解决了。

课堂是学生的课堂,"学生为主体"是钱梦龙先生教学的根本出发点和立足点,"教师为主导"则是学生真正实现其主体地位的必要条件。"导",就是指导、引导、辅导,教师导得恰当,学生才能学得主动积极,成为名副其实的主体。[4]33在教学实录1中,钱梦龙先生导得恰当,是点拨的高境界。学生在学习时出现思维受阻的现象是很正常的。"河曲智叟"的"曲"的意思,学生不会解释,钱梦龙先生没有直接回答,而是反弹给学生,让他们自己去思考、讨论。一句"谁会解释",就把个体的学习难题抛向班级学生群体,让所有同学都参与到学习中来。当全班同学都不能解决的时候,教师还是沉住气,告诉大家最好的老师是字典,要学会自己查字典来解决问题。在学生自己查字典解决字意后,教师又提示文中还有同类用法的词语,让学生学会举一反三,让学生的语文核心素养"在积极的语文实践活动中积累、建构并在真实的语言运用情境中表现出来"。而且正如魏小娜教授所说,如果进一步细究,就会发现实录中的点拨"内在地建构了一个循序渐进的、攀登学习高峰的脚手架"。钱先生顺着学生个性发展、思维流动之"势",指导之、引导之、辅助之、启发之。教学的点拨自然而有序,它不是结论的告知,不是答案的灌输,而是学习方法和思维

的引导,是学习习惯的培养,是根据学情反馈适时做出必要回应,进行有

效性教学。

[教学实录2]

师:文章里有两个人讲的话差不多,你们看是谁啊?

生:愚公妻和智叟,他们两人的态度差不多。

师:差不多吧。好,我们就把他们两个的话一起读一遍吧,比较比较,

看看两人的态度究竟是不是一样。(学生朗读)想一想,他们的态度一

样吗?

生:智叟讲愚公很笨,太不聪明了。愚公妻没有讲。

师:你再说说看,智叟讲的这个句子是怎样组织的?

生:倒装的。

师:那么,不倒装该怎么说呢?

生:汝之不惠甚矣。

师:你知道为什么要倒装吗?

点拨伴随教学始终,而又体现在紧要之处。教育不应仅仅停留在知

识的传授上,更应关注学生的个性发展和终身学习能力的培养。钱梦龙

先生完全是站在学生"学"的立场上来考虑自己"教什么"和"怎么教"。

紧要之处的点拨,也是基于学生"学"的立场展开。当学生遇到不懂的地

方或思维误入歧途、探究学习的结果出现错误时,我们很多教师汲汲于知

识教学任务的完成,习惯于立刻给出所谓正确理解。钱先生又是如何拨

云见日、机智点拨,把学生的学习引向深处的呢?课堂上有学生认为:"愚

公妻和智叟,他们两人的态度差不多。"此时,钱先生没有做出评价,而是

相机引导,把错误转化为有价值的教学资源。钱先生不动声色地要求学生把愚公妻和智叟两人的话一起读一遍,"比较比较",从而疏导"堵点",让思维进阶,使学生释疑明路,"自奋其力,自致其知"(叶圣陶语),最终使教学更加深入。点拨是撬动思维的支点。"智叟讲的这个句子是怎样组织的?""不倒装该怎么说呢?""你知道为什么要倒装吗?"这样的点拨,从内容上看,降低坡度,架设台阶,帮助学生拾级而上。从形式上看,化陈述为提问,变教师告知为学生主动探究,以问题的方式启迪学生的心智,推进思维深度,"逼"着学生认真研读、深入思考,这对提升学生语感和阅读能力有重要作用,真正体现了钱先生的"三主"教学理念。《愚公移山》以外,在钱先生的其他课例里,我们都可以看见他在学生的疑惑处、错误处、空白处、零散处的适时"点拨",启思导学,教文育人,教会学生学习,确实精彩至极。

三、点化:涵养生命的语文育人

人是教育的起点,也是教育的终点。真正的教育是心灵的沟通、生命的对话,其本质是对生命的呵护和终极关怀。[5]生命是教育的本质和课堂的基点,语文课堂要从"人"的角度去珍视学生对文本独特的个性体验,激发学生在语言建构与运用中融进自己对生命的思考,借助"语言"这条跨越时空的通道,丰盈生命,净化心灵。语文好课必须具有点化功能,内化精神,外化语言,要在"言"与"意"的互转中得到水乳交融,让学生认识生命内涵,习得生命自觉,养成生命智慧。钱梦龙先生的《愚公移山》正是这样的好课,课堂教学的点化自然无痕。

[教学实录3]

师：他要移山，可他已经多大年纪了？

生：就要到90岁了。

师：这么大年纪了，他自己能看到山移走吗？

生：看不到。

师：这一点愚公自己也知道，你们看，他是怎么说的？

生："虽我之死"。

师：你解释一下好吗？

（学生解释）

师：对，这里要用个假设的意思。可见愚公移山时早就想到在自己手里是移不了的。他自己能享受到移山之利吗？

生（齐声）：享受不到！

师：这看起来似乎有点傻了，对不对？但我们可以用另外一种观点来看。用什么观点呢？

生：为子孙后代造福。

师：哎，讲得真好，同学们都讲得这样好，真叫老师高兴！我们如果用"为子孙后代造福"的观点去看愚公，他不仅不笨，而且还不是一种小聪明，而是——

生（齐声）：大聪明！

课堂高明的点化要做到融通，要从文本看到生命，要把文本阅读转化成生命智慧和未来人生的滋养。钱先生巧妙地引导学生思考愚公移山背后所蕴含的深意，通过提出问题激发学生主动探究文本，如愚公年迈却依然坚持移山的动机,以及他对"虽我之死"这一表述的深刻理解。钱先生不断鼓励学生表达见解,及时肯定正确的解读,在不知不觉中引导学生剥开了文章的思想内涵,不动声色地诱引着学生触摸到了文本的深刻精髓。这种互动不仅加深了学生对文本的认知,更是在潜移默化中锻炼了他们的批判性思维和自主学习能力。通过这样的情境构建与讨论,学生不仅掌握了知识,更学会了如何学习,如何从不同维度理解问题,如何在面对挑战时做出价值判断。

"他不仅不笨,而且还不是一种小聪明。"钱先生最后的点化可谓润物无声,深刻无痕,恰如钱先生自己所追求的"使思想教育和情感熏陶寓于语文训练。务必引导学生因文解道,因道悟文"。他站在"文本立场"中,关注学生的生活和能力,让学生真正感悟到经典文本的价值所在。钱先生通过精准的提问,激发学生内在的好奇心与探索欲,引导学生从被动接受知识转为主动挖掘文本深处的哲理与情感。对"虽我之死"的精妙解读,不仅纠正了学生的初步理解偏差,更巧妙地将学生的思维引向更高层次的思考,即理解个人行为对后代长远福祉的深远影响。这是对学生思维能力的精心培育,鼓励他们跳出固有的思维框架,学会从不同角度审视问题,培养了他们分析问题的深度与广度。钱先生还非常注重情感教育与价值观的培养,通过文本解读,潜移默化地将诸如毅力、奉献、远见卓识等正面价值观传递给学生,内化为学生的生命动力,使他们在获得知识的同时,人格也得以丰满,意志得以磨砺,闪耀生命智慧的光芒。通过学习,学生明白了,为子孙后代造福的愚公,是"大聪明",是"大智若愚",我们要发扬愚公移山的精神。钱先生的《愚公移山》课堂,是一个智慧被点亮、人格得以塑造的舞台,学生在这里学会了独立思考,学会了为他人着想,学会了从传统故事中汲取精神力量,最终朝着成为学习和生活上都能自立的个体迈进。

好课不仅要点燃激情,点拨思维,还要点化智慧。点燃、点拨、点化是教学的三重境界,它基于教师对教材的深刻研读,对课标的深入理解,对教与学最佳结合点的努力寻找,是理想课堂建设的中轴线、观景台和制高点,彰显着教学的灵感、精神、思维和品格。[6]由此观之,此三"点"精彩,足以撑起钱梦龙先生40多年前的《愚公移山》这一课的经典支架。

(本文原载《福建基础教育研究》2024年第8期)

[1]程翔.再谈"课堂作品":以钱梦龙老师《愚公移山》教学设计为例[J].语文建设,2021(1):77.

[2]苏霍姆林斯基.给教师的建议[M].杜殿坤,编译.北京:教育科学出版社,2009:83.

[3]钱梦龙.钱梦龙经典课例品读[M].上海:华东师范大学出版社,2015.

[4]钱梦龙.教师的价值[M].上海:华东师范大学出版社,2015.

[5]曹明海,白花丽."生命化语文"教学的生命补养与释放[J].江苏省第二师范学院学报,2020(5):86.

[6]王海峰.在"点燃、点拨、点化"中遇见好课[N].中国教师报,2024-06-05(11).

先试新梢儿缕黄

——从钱梦龙《愚公移山》课例看新课标

钱梦龙先生是当代语文教育改革领军人物之一,是我国第一代语文特级教师,也是享誉大江南北的语文名师。钱梦龙先生的教育教学实践和理论探索研究,为新中国语文教育尤其是改革开放以来的教育教学发展开辟了道路。他的"语文导读法"得到了语文教育界的广泛认同,影响并滋润了千千万万语文老师的教学实践。他提出的"学生为主体,教师为主导"的理念,2010 年被写进了《国家中长期教育改革和发展规划纲要(2010—2020 年)》。钱梦龙先生多年躬耕教学一线,留下了许多经典课例,其中于 1981 年杭州"西湖笔会"上的《愚公移山》一课具有特殊意义,其实录被"作为一份向全国语文教育界发出的改革宣言",是无数语文教师研习的经典课例。钱先生的这一课例,因其对古代寓言故事的精彩解读、对教育理念和教学方法的深刻反思,已然成为语文教学的标杆。可以说,在当代语文教坛上,钱梦龙先生和《愚公移山》是紧紧地嵌在一起的。

当下,随着《义务教育语文课程课标(2022 年版)》(以下简称"新课标")颁布,大概念、大单元、大情境、大任务等诸多新词不断涌现,语文教学改革进入了一个新的阶段,也给语文教师提出了全新的挑战。新课标与时俱进,优化育人蓝图,体现了语文学科在促进学生终身发展中的奠基作用。但应运而生的众多教改热词又使语文教师难以适从,课堂教学困惑颇多。其实,如果深入到40多年前钱梦龙先生的《愚公移山》课堂,我们不难发现,钱先生的这一课在教学目标、教学内容、育人方式、教学关系等方面都与新课标的要求有所契合。我们就从如下几个新课标关键词去探讨两者之间的内在关联,去体悟钱梦龙先生语文教学的前瞻性和创造性,进一步理解《愚公移山》这一经典课例的意义。

一、打破常规

新课标以崭新的面貌问世,是契机,也是挑战。新课标提炼了核心素养之文化自信、语言运用、思维能力、审美创造这四个方面,设计学习任务群来整合单元教学,创新课程内容组织与呈现方式,提倡以积极的语文实践,建构学习活动的主线,设置学业质量标准,突出"教-学-评"一体化等,可谓新意迭现。新课标下的语文学习,教师更要引导学生学会思考和运用,培养学生乐于提问、敢于质疑的探究精神和创新精神。可以说,打破常规、致力创新是新课标的重要内容。语文课程是一门学习国家通用语言文字运用的综合性、实践性课程,本身就必须坚持守正创新的根本原则。只有坚守语文的本真和语文教学的优秀传统,再根据教育形势的发展和课程改革的不断深入进行不断探索和创新,语文课堂教学才能永葆魅力。"语文教学随着我国教育改革的步伐与时俱进,无疑需要开拓创新,突破陈陈相因的教学思想、模式、方法,别开生动活泼的教学新生面。

语文教学必须创新,创新的语文课堂才有生命活力。"[1]

　　钱梦龙先生教语文,一开始就不走"讲书"的老路。《愚公移山》一课,他守正出新,以生动的教学将"文"与"道"交融得自然熨帖,既贴近了愚公不畏艰难、坚持不懈的精神风貌,同时也揭示了教育过程中"以学生为中心"的重要性,很好地诠释了语文教师要打破常规、敢于创新的教学追求。他生平的第一篇教学论文,就是《语文教学必须打破常规》。具体到这改写他人生的《愚公移山》教学课,我们可以很清晰地看到他是如何打破"常规"的。

　　第一,改变了文言文传统的串讲法。西南大学文学院魏小娜教授说,文言文教学难在能够"不动声色"地引导学生把他们不愿学习的、艰涩的文言内容轻而易举地、愉快地学会。传统的文言文教法是"串讲",即由教师逐字逐句地讲解,学生只能被动地"听"和"记"。这种教法,很容易扼杀学生的学习主动性,素怀"叛逆"之心的钱先生,很早就废止了这样刻板的教学方式,代之以新鲜活泼的教法。他说:"我的文言文教学,一般都是在学生'自读感知'的基础上,通过'教'和'学'的互动,帮助学生在整体上把握文章情意的同时,领会文言字词的含义和用法,而不是离开了具体的语境去孤立地解释字词或讲解古汉语知识。"[2]20《愚公移山》这一课,钱先生着眼于培养学生自读浅近文言文的能力,以提问与指点代替多讲,把文言文的字、词、句教学和对学生的思维训练结合起来,将字词的讲解巧妙隐藏在问题中,引导学生自己发现、自己探究,减轻学生对教师的依赖性。比如课前学生提出并讨论自读中的疑问,关于"亡""曲""本""残""以"等字的理解,教师随机点拨学习方法,学生在不经意中就掌握了学习内容。这样的教学，以学生自读为先导，以师生对话为主，从抓字、词、句入手，逐步引导学生整体感受文章意蕴，深入理解文章中心，使学生学会文言文知识，习得文言文学习方法，"确实给人耳目一新之感"（钱梦龙语）。摒弃串讲，文言文教学按自读、教读、练习三个环节进行，其实质就是着眼于培养学生独立思考能力和解决问题能力，把学生引导到求知过程中去，让他们在艰苦的思维活动中品尝到思考和学习的乐趣。教育不应仅仅停留在知识的传授上，更应关注学生的个性发展和终身学习能力的培养，这也是新课标提倡的育人理念。

第二，打破了课堂提问的传统方式。课堂提问是教学的重要环节，也是一门智慧的教学艺术。钱先生善于从教学内容的多层角度出发，变换提问思路对学生进行巧问。他喜欢用迂回的手法提出教学问题，问在此而意在彼，让学生的思维"拐一个弯"再去寻找答案。他把这种方法叫做"曲问"。按"曲问"的要求提出的问题，不仅角度较新，而且都有一定的难度，因此比较"有想头"。比如检测学生对"且"字的理解，他问的是愚公多大年纪；为落实"叟"字，他问智叟是不是年轻人；帮助学生理解省略句，他问"参加移山队伍的一共有多少人"。再如钱先生问学生："邻居家的那个七八岁的孩子也去移山，他爸爸肯让他去吗？"学生一时转不过弯来，回答不出，但很快就恍然大悟地叫起来："那孩子没有爸爸！"学生立马找出了"孀妻"和"遗男"来证明，就很自然地理解了词义。曲问多见巧思，这样问，比传统教学中的直问如"孀妻或遗男是什么意思"更能激发学生思考的兴趣和回答问题的斗志，对改变学生"直线式"的思维方式很有好处，学生思维活跃，学习印象自然会更深刻。新课标理念下，我们提倡的情境创设、任务驱动等,从某种意义上看,也是课堂上另一种形式的迂回包抄,也可说是"曲问"的另一种变形。

第三,改变了语文课堂的教学关系。在传统的教学关系中,教师和学生局限于知识传授者和接受者的关系模式,课堂经常被教师"独白式"的表演占据,学生处于被动状态,他们在教师面前缺少平等,对教师只能唯命是从,不能发挥独立性和创造性,也就是我们常批判的"教师满堂灌,学生被动听"的教学关系。钱梦龙先生则不然,他在课堂上的一切教学决策和教学行为都必须从学生出发。"首先考虑的不是自己怎样'讲'文章,而是怎样鼓励学生自己'读'文章。"所谓"教",也不是把自己从课文里读出的结论直接告诉学生,而是鼓励学生像他那样"钻"进课文,靠自己的努力找到结论。从传统的教学观念看,钱先生的课"有些随意",这样的课,自然难以用"课型"概念来衡量,"但学生学得兴趣很高,教学效果居然出乎意料地好"[2]10。《愚公移山》这一课,从学生解疑到教师激疑,让学习真正发生,教学内容的起点和落点始终都是学生的学习。钱先生从检测学生自读入手,由浅入深,循循善诱,致力于培养学生质疑的能力。同时,立足文本,关联生活,引导学生的思想走向纵深,让理解打破界限。最后通过一个核心问题"愚公究竟笨不笨",站在"文本立场"中,关注学生的生活感悟和思辨能力,让学生真正感悟到经典文本的价值所在。如黄厚江老师所说,教的内容是学生需要的,学的内容是对学生有用的,学习活动是学生应该承担而且能够承担的。这种"打破常规"的教学,已经包含了语文导读法的基本理念——学生为主体、教师为主导,让学生学会学习,使之在人格上、意志上能够真正成为"自立"的人,这些和今天新课标的理念都是不谋而合的。

创新思维从何而来？何以能够常教常新？在《教师的价值》的"后记"中，钱梦龙先生说："虽然早已告别讲台，我却仍然时刻关注着语文教学的动向，关注着一切与语文教学有关的新思潮、新理念，其间有欣喜，有快乐，也有忧虑和困惑……"这种"时刻关注"，这种维系在语文教学上的欣喜忧虑，就是最好的答案。

二、核心素养

新课标下的学科教学，都在强调核心素养。核心素养是学生通过学科学习而逐步形成的正确价值观、必备品格和关键能力，是育人价值的集中体现。义务教育语文课程培养的核心素养包括文化自信、语言运用、思维能力、审美创造四个方面。40 多年前的《愚公移山》一课，也能映照出今天新课标核心素养的光辉。

文化自信，立德树人在语文课程中的根本任务。通过多层次、多维度的课堂活动，引领学生深入挖掘中华传统文化的精髓，促进了文化的代际传递与国际理解。钱先生强调对寓言故事背景的文化探究，引导学生了解《愚公移山》的出处，即《列子·汤问》，让学生认识到其作为古代哲学思想载体的重要地位。通过讲述故事产生的时代背景，帮助学生理解古代人民与自然斗争的智慧以及对坚韧不拔精神的崇尚，这是对中华优秀传统文化的一次生动传承。钱先生还注重文化寓意的现代解读。他组织学生讨论愚公移山故事在当今社会的意义，启发学生思考坚持不懈、勇于挑战困难等传统美德如何与当代价值观相契合，鼓励学生从跨文化的视角审视这一故事,探讨其在全球化背景下的普遍价值,促进了文化的国际理解和尊重。课堂上,钱先生让学生讨论愚公、智叟的"智"与"愚",这种互动式学习不仅增强了学生对文本内容的记忆,更激发了他们对传统文化中积极向上的生活态度和价值观的深入思考,实现了文化内化的学习目标。

语言运用,语文课程核心素养的基础与载体。钱梦龙先生在《愚公移山》的教学实践中,深刻展现了对"语言运用"这一核心素养的重视。他超越了简单的字面理解,着重通过深入的语言分析和实际应用场景,促进了学生语言运用能力的提升。特别是在朗读指导环节,钱先生通过情感饱满的朗诵示范,引领学生沉浸于文言文的韵律美感之中,体会其独特的节奏与情感色彩。学生在模仿愚公与智叟对话的朗读过程中,不仅掌握了古汉语的语音特色,还通过调整语调来理解人物性格与情感,这种亲身体验促进了语言的自然吸收与内化结构的建立。而在文本解析部分,钱先生独到地引导学生聚焦于古文中精妙的修辞技巧去思考。例如,当探讨到文本中顶针修辞的运用时,钱先生巧妙提问:"为什么朗朗上口呢?"学生迅速响应:"前面一句最后一个字和后面第一个字相同。"通过这一互动,学生不仅识别出顶针修辞的特征,还领悟了它在增强语言韵律感与预期效果上的作用。通过分析"子又生孙,孙又生子;子又有子,子又有孙"这样的典型语言例子,学生不仅学习了顶针修辞的具体运用,还学会了如何在个人写作中运用此类技巧,以增强语言的表现力和说服力。钱梦龙先生在《愚公移山》的教学中,不仅传授了文言文的基础知识,更重要的是,通过这种深度的语言分析与实践操作,成功地培养了学生在语言建构与运用方面的综合能力,为他们的语言表达和文学创作奠定了坚实的基础,真正践行了"语言运用"的核心素养教育理念。

　　思维能力,内化语文课程核心素养的关键所在。钱梦龙先生通过巧妙设计的问题引导和互动讨论,生动展现了如何从"思维发展与提升"的角度来教授《愚公移山》,特别是针对"愚公笨不笨"这一问题的探讨,深入挖掘了文本背后的意义,有效培养了学生的批判性思维和深度理解能力。首先,钱先生以假设情景为切入点,引发学生对愚公行为动机的思考,提出"愚公自己享受不到移山之利,看起来似乎有点傻"的观点,这一反向提问立即引起了学生的兴趣与讨论。当学生齐声回答"享受不到"时,钱先生并没有直接给出答案,而是引导学生从另一个角度思考,即愚公行为背后的深意。这里,教师成功地激发了学生的逆向思维,鼓励他们跳出传统视角,探索不同角度解读的可能性。紧接着,一名学生插话"为子孙",钱先生立即抓住这一关键点,引导学生深入探讨"为子孙后代造福"的观点。这一过程不仅加深了学生对文本主题的理解,即愚公行为的远见与无私,还巧妙地将讨论引向了对"大智若愚"这一成语的解读,让学生在讨论中自然而然地接触并理解了这一高级词汇,既丰富了语言知识,又深化了对"愚公移山"寓意的领悟。通过对"大智若愚"这一成语的讲解,钱先生不仅为学生揭示了愚公行为的智慧本质,还进一步拓展了学生对"聪明"与"愚蠢"相对性的理解,即有时看似"愚蠢"的行为背后隐藏着深谋远虑和远见卓识。这一环节的讨论,促使学生学会了从多维度、多视角分析问题,锻炼了他们的批判性思维和辩证思考能力。这不仅教会了学生如何分析文本,更激发了学生主动思考、质疑与探索,使学生在讨论和思考中,学会了如何从不同的角度审视问题,培养了他们的逻辑、推理、批判思维,以及对复杂概念的理解能力。

审美创造,提升语文课程核心素养品位的必由之路。通过文本的深度解读和创意性表达活动,激发学生对文学作品的审美感知与创造性思维。在审美鉴赏方面,钱先生首先引导学生品味文言文的韵律美与意境。例如,他会让学生反复诵读愚公与智叟的对话,注意语调起伏与情感色彩,让学生在抑扬顿挫的朗读中感受古典文学的魅力,体会人物性格和情感的细腻描绘,从而培养学生的语言审美能力。通过分析文中"子又生孙,孙又生子"的排比句式,钱先生不仅让学生理解了顶针修辞的工整与音韵美,还让学生领悟到这种修辞在表达坚定信念与时间延续感上的独特效果,加深了对文学语言艺术性的认识。

三、情境创设

新课标共出现"情境"一词 40 余次,可见情境教学的重要性。新课标要求,课程实施要从学生生活实际出发,创设丰富多彩的学习情境,促进学习方式变革。可以说,情境创设已成为能否体现新课标理念的重要指标。自新课改以来,教师普遍注重通过创设情境吸引学生来化解教学难点,凸显语文学习的实践性。其实,情境教学在以往的语文课堂中并不少见,二十世纪八九十年代的诸多名师优课,都有着情境创设的极好示范,钱梦龙先生的这一课《愚公移山》就是其中一例。

导入有情境。钱先生在执教《愚公移山》一开始,就以自身(年龄)作为教学资源,融通现实情境与文本情境,使文本内容情境化。2016 年在浙江永嘉县执教《愚公移山》,钱先生问学生:"老师的年龄和愚公差不多大，猜一猜，老师今年多少岁啊?"这就是新课标所说的"真实的情境"。通过课堂事实证明，它很有趣味性。就在眼前的真实情境往往最能激起人的兴趣，学生就可以用对"年且九十"的掌握，去解决判断老师年龄的真实问题。这就是情境迁移，就是语文素养。

过程有情境。在本课例中，钱先生没有直接讲授文言词汇知识和文本内容，而是巧妙利用文本内容的故事要素创设学习情境，引导学生进入故事情节中去探究文言词汇知识。钱先生很自然地问学生："这个年纪小小的孩子跟老愚公一起去移山，他爸爸肯让他去吗?"此问的本意在于了解学生是否掌握"孀妻""遗男"二词。这种"曲问"实际上就是在创设学习情境，要求学生在具体的情境中，基于一定的问题来思考探究，获得知识和经验。魏小娜教授认为，文言文的这类知识是镶嵌在具体情境中的，没有被机械剥离实际运用的状态，是"被唤醒了"的知识，更容易被学生接纳和吸收。这些问题，就是立足文本情境所作出的关联情境，把学生引入文本营造的情境之中，学生的心灵也与文本有了沟通、对话。对这些问题，从另一个角度思考，用新课标的理念来说，同时也是表现性评价，即学生在回答问题的时候，就可以用问题回答的情况来证明学生对重要文言词语掌握的情况，或者教师也可以之判断学生的学习情况。按照新的学习观与评价观，学习即评价。它归之于学习赖以展开的问题，问题本身可以同时证明、表现学生的实时学习情况。现在想来，在钱先生的课堂，这种对学习的洞察与领悟早已存在。这是对学习本体研究的结果，可谓"本立而道生"。

升华有情境。情境具有很好的潜移默化作用，也具有很好的启新开悟之用。作为教师本身想"教"的内容，通过"情境"可使学生"自得"。这便是变"教"为"学"。在领悟文本寓意的环节,钱先生首先自然地植入了上海公交车售票员的例子,学生以之来领悟外人看来的"傻子"的实质内涵,从而深刻领悟愚公之"愚"的意蕴。更绝妙的是,最后钱先生以自己写作的文言文来升华文本的研习,这个设计堪称"空前绝后"的文言文训练设计(魏小娜语),一改常规文言知识测试的机械与呆板。学生断句,一方面,强化了句读学习;另一方面,增深了对关键句式的掌握,同时实现对寓意的领悟。这种情境创设,是属于语文的情境,是教师的匠心所在,寓"教"所在,很好地实现了语文学习迁移,且是用语文的方式来达到文本意义的潜移默化,远胜道德说教。这种教法,对于现在新课标理念下的情境教学,无疑是有启发和示范意义的。

细品钱先生的《愚公移山》教学课例就会察觉到,情境意识早已有之。在教学环节中,钱先生悄然地植入其中,轻巧机智地展开教学。只是,没有刻意去标上一个专门的术语如"情境创设""情境教学"或者其他。更重要的是,他40多年前的教学情境设计和运用无痕又恰切,这对当下情境教学的泛滥与偏离,都有着深刻的借鉴和启迪意义。

愚公移山大智若愚,钱先生教学大巧若拙。新课标的诸多理念新词,钱先生看似不著一字,其实"尽在其中"。"先试新梢几缕黄",用钱梦龙先生的诗句,也许最能解释这不同时空的教育契合。

[1]顾之川.钱梦龙:传递语文教学正能量[J].课程·教材·教法,2016(3):24.

[2]钱梦龙.教师的价值[M].上海:华东师范大学出版社,2015.

后记

时间，语文，我们

　　如果以语文为单位来丈量时间,我会用怎样的语文来形容你看似漫长又极其短暂的五十余年,而我浸润其中的三十余年又有着怎样的语文风景? 常常,我会这样想。在时间里返照,如同在粮食的呼吸里穿梭,《中学语文教学参考》(以下简称《中语参》),则是其中极富营养价值的一剂。时间,或者语文,前行的路上,《中语参》就是一盏光照的灯。

　　1990 年 8 月,走出大学,走进中学,温州市永嘉县桥头镇中学,我在那里开启了自己的语文讲台生涯。初登讲台的我,稚嫩,单薄,对语文和语文教学其实并不理解。教参成了我教学的全部凭借:把教参重点内容抄在备课本上,课堂教学时再写在黑板上,段落大意、中心思想和写作手法,我的课堂多是如此。学生自是不会去解剖我的教学的,在他们眼里,笑容可掬、青春阳光的我,早已经是他们的好朋友。最重要的是,年轻的我,不专业地教语文,却很认真地做老师,那种投入与专注,让我赢得了极佳的社会口碑。我把教学效果简单理解为考试分数,我要让我的学生都能拥有语文高分数。为此,我所有的休息时间都给了铁笔、钢板和蜡纸。我刻写下了一张又一张的试卷,还自己学会了油印试卷。刻写,油印,批改,校对,订正,再刻写,再校对……我成了学校里最勤奋的老师,我的时间,日日夜夜里散发着油墨的香味。

我几乎没有去思考过我的语文课堂,更多的是通过考试检查知识点的教学疏漏,补漏式的教学成了课堂常态。一次参加县里的语文教研活动,观摩老教师的语文公开课《大自然的语言》和《济南的冬天》,我深深震撼于老师精湛的语文课堂艺术,更觉得自己的教学差之甚远,很有必要去做一些改变。

此时,我开始注意到学校的阅览架上摆放着几本语文教学杂志,《中语参》就在其中。那个年代的《中语参》,纸质还是有些粗糙的,排版也比较密集,但一翻开,我总会嗅到秋天阳光的味道。杂志的封面是教学名师的照片,我很羡慕,却从来不敢想某一天自己也能把笑容绽放在她的封面上。学校的杂志少有人看,时间久了就会沾上灰尘,我一本一本地带回去阅读,见没人催还就都给放着了,积累多了还会把几本穿线订成一大本。就这样私自占有了学校的公物,也不知道他们是否察觉到杂志的"丢失"。我主要是搜索地阅读,看看有没有用得上的教学设计,也看一些有意思的教学案例,那些大文章我少有翻阅,也看不太懂。遇到特别精彩的教学镜头,我都会抄写下来,时间长了,也有了厚厚一本。

几年后,学校购置了复印机,我就复印下来,剪剪贴贴地收集好的教学镜头,几年下来,剪贴本也有了几本。其中,《中语参》的文章复印得最多。很多巧妙的教学设计,我都会尝试着在自己的课堂里复制出来,也因此赢得了很多赞赏,大家都以为我脑袋灵光,特别会想点子。我有点忐忑,下决心要自己想一些出来,结果还真的想了一些出来。《说"话"》一课中的小故事导入,《宇宙里有些什么》一课中的情境表演,《看云识天气》一课中的云朵亮相,都带着语文教学早期我浅浅的创造力,泛出可爱的生机。先模仿,再创造,这真是教学成长的一条好路。

但是,这些设计上的小聪明并不足以改变我教学整体稚嫩的成色。对语文课程的任务、性质和规律的疏离与遗忘,终究会让我的语文课堂漂浮在空中。我很少去深究《中语参》那些精彩教学环节背后的学理,复制也都是形式上的模拟和延续。习惯性地不加选择地承继着杂志上刊登的教学行为方式,却鲜去省察、追问、反思教学中的有效性、合理性,时间久了,自然也就成为我备课或教学的一种惯性。何为语文?语文何为?对最常识的语文教学问题的理解才是关键所在。

2001年的秋天,钱梦龙老师来我们永嘉听我上高中语文课。我教的是史铁生的《我与地坛》。我极为深情地讲那座历尽沧桑的古园,讲摇着轮椅进入园中的作者,讲园子里那一位伟大、苦难的母亲。全场师生无不泪眼泛红,感动至极。钱老师一语道出教学问题所在:"母爱,是要回到文字中读出来的。""你看,'她就悄悄地转身回去',你看,'她端着眼镜像在寻找海上的一条船',只有好好咀嚼这样的句子,母亲形象才清晰可见,母爱才真切感人。语文,就是老老实实地教会学生读书。"我这才明白,师生感动并不意味着语文教学的成功,不在文字中浸泡出来的感动更是语文教学之大忌。语文教学,就是引领学生经由语言文字走向美好的精神世界。"碧波深处有珍奇",语文教学的核心任务就是学习语言文字运用。文何以载道,是语文教学的主要内容。"老老实实地教会学生读书",让语文教学少一些凌虚蹈空的浮华,多一些脚踏实地的听说读写训练。

我开始想起了《中语参》上的那些大文章,那些带有强烈理论色彩的标题,那些指向语文教学的论述。不能光看案例,要吃透语文教学理论,把课堂"小聪明"转化为教学大智慧,你和你的课堂才能真正站起来。以后的阅读，我不再只是功利性地拣教学设计来读，那些原本觉得枯燥的理论，也多少读出点味道来。《中语参》每一期都有一些好文章，或前沿动态探究，或学术观点争鸣，读着读着，我渐渐厘清了语文教学中的一些问题，对语文教学有了更深刻的理解，有了更开阔的视野，对语文课堂实践也有了更真实的追求。可以说，和良师一样，《中语参》也在有效地改造着我的语文教学的庸常状况，让我自觉地摆脱教学的陋习，走出狭小与平庸，开始朝向语文的方向前行。

评上特级以后，我和《中语参》的接触多了起来，我对《中语参》的理解由文字到活动，由阅读文章到和编辑对话。我的文章在《中语参》上发表，我的教学实录在《中语参》上呈现，我也多次在《中语参》举办的语文研讨会上开课。让我敬佩的是"语参人"的职业精神和专业境界，他们对论文的严格要求和对语文教学的精准把握，对我的语文教学实践帮助甚多，尤其是那种一丝不苟的敬业态度，深深地影响了我，促使我在课堂教学中多一分严谨，多一分敬畏。深圳的《一棵小桃树》，海南的《老山界》，南通的《〈傅雷家书〉名著导读》，西安的《雨巷》，《中语参》带着我一路成长，给了我一次次挑战自我的机会，也因此留下了许多难忘的回忆。

2018年，《中语参》设置了《培东有约》专栏，刊登我的语文教学文章。那一年，我在三家语文杂志上开设专栏，另外两个是《语文学习》杂志的《镜头》栏目和《语文建设》杂志的《培东教新课》栏目。同时在三家权威性的语文杂志上设专栏，很稀罕，也很有挑战。我很珍惜这些机会，尽我所能地开掘自己对语文教学的思考，凿建出时光与语文的通道，深或浅，其实都是自己在语文路上行走的真实痕迹。说是"培东有约"，其实更是"培东学习"。从语文教学出发，不断回顾、反思、提取和守望，这不仅仅是对自我价值的再认,更是借语文这根缆绳,把生生不息的思维活力注入未来教育的长河。现在看来,两月一期的《培东有约》,是一种适度的加压方式。日常生活中的很多时间,都是在琐碎中不知不觉流失的。《中语参》则用这样一种方式提醒我,在这个喧嚣又浮躁的时代,要走出舒适区,保持一种生活的激情,把人生过得丰满、张扬、酣畅淋漓,激励自己走向语文生命的更远方。

忘不了 2020 年 12 月 1 日,陕西师范大学出版总社社长和《中语参》的领导们在西安机场为我送来"2019 年度优秀作者"的奖牌与奖金。"语参"有约,我们握手的刹那,时间静止,语文与爱在流淌。今天,再次想起,更会觉得,《中语参》的五十余年与我语文教学的三十余年相遇相融,于我,真是最好的成全。

成全的印证之一便是《培东有约》栏目文章的结集出版(2022 年 10 月出版)及此次修订出版。尤其需要感谢的,是为此次修订出版付出无数心血的陕西师范大学出版总社的各位朋友。正是你们痛切有力的催促,让我在疲惫行进的旅途中一次次撕开惰怠的夜幕,重新滋生出奔跑的力量。一粒种子,大抵不知道自己出生的方式,也不知道将来会长成一棵怎样形态的树。学会生长并努力向上,就成了它生命的全部使命和过程。在不知不觉中,《培东有约》栏目已经积累了许许多多的语文诉说,无关深奥,无关新奇。字里行间的真诚与韧性,呈现着我在语文教学生涯中最真实和最纯粹的思考,简简单单,甚至有的还是老话常谈。但就这些清清浅浅的文字,是我关于语文和语文教学的全部想象和色彩。我真诚地记录下来,也被语文界同人真实地记录着。它时时显得充盈非常,又时时令我觉得荒芜万分。如果您决定通过阅读这本书的方式与培东有约,我很期待您给我更多的光亮与力量，让我从一盏灯里来，走向那个更为广阔和清朗的世界。

肯·罗宾逊和卢·阿罗尼卡合著的《什么是最好的教育》中写着这样一段教育哲理："优秀的教育者面临的'瓶颈'既不是技术，也不是知识，而是教育者自身对世界和自我的认知的深度和高度。所有真正做教育的人都深谙这一点，所以他们会以谦逊和敬畏的心，在'外在世界'做好匠人，在'内在世界'寻求开悟。"一本朴朴实实的语文杂志，用她五十余年的笔歌墨舞来光照着我的语文之路。《中语参》杂志，拓展着我的语文"外在世界"，又凿深我的生命"内在世界"。她沁着墨香，绾结我的生命时光，烛照着我的家园。致敬《中语参》，更致敬所有关爱、帮助我的师长好友。

"培东有约"，过去，现在，未来，不仅仅是为语文，不仅仅只为我们。

2024 年 9 月 10 日